KB271056

산재보험
휴업급여제도의
개선방안

산재보험

휴업급여제도의 개선방안

· 이승길

· 이상국

· 이희자

· 황운희

· 안말수

KSI 한국학술정보㈜

<발간사>

　휴업급여는 근로자가 업무상 부상이나 질병·사망 등으로 생계가 어려운 경우 생활보장을 위해 지급하는 산업재해보상보험법상의 보험급여제도의 하나이다. 휴업급여는 근로자의 업무상 재해로 요양기간 중에 지급받는 것이며, 재해근로자의 안정된 요양을 위해 필수적인 중요한 사회보장의 수단이다. 현행 휴업급여는 근로자가 업무상 재해를 입기 직전의 소득을 기초로 소득을 파악해 평균임금으로 산정해 지급한다. 이러한 휴업급여는 요양기간 중에 생계보장을 위한 사회보장기능의 급여 성격을 가지지만, 산정기준을 일실소득을 기초삼아 지급하다 보니 휴업급여의 격차 문제, 장기요양자의 지나친 지급수준 등 불합리한 문제가 있다. 이에 소득보장의 관념에서 벗어나 사회보장의 성격에 다른 기능에 충실하도록 사회보장급여로서 정책전환이 필요하다.

　또한 휴업급여는 한정된 재원으로 보험사업의 운영, 사업주가 전액 부담하는 재원 조성, 사업자간 연대책임에 따라 산재보상책임을 인정하는 특성을 고려할 때, 휴업급여를 소득기준으로 계산하는 보험기술의 특성을 가진다고 해도 소득수준에 상응하는 보상과는 달리 생각할 문제로 볼 수 있다. 아울러 휴업급여의 산정시 임금수준의 차이로 평균임금이 매우 높거나 낮은 자에 대한 적절한 보호방안을 마련하는 것이 필요하다. 하지만 휴업급여가 단순히 요양기간에 생계 보장이라는 사회보장의 기능에 한정하지 않고 매우 높은 수준이거나 장기간 동안의 지급은 산재보험의 합리적 운영취지에 맞지 않는다. 이에 요양기간과 관계없이 늘어나는 휴업급여의 지급액, 통상의 취업연령을 지나서 장기간 요양 중인 자에 대한 휴업급여의 지급수준 문제, 산정시 노동력 상실률을 일률적으로 70%로 보아 산정하는 경우의 적합성의 문제,

고령자의 휴업급여를 연령기준으로 61세부터 65세까지 연 4%를 감액하는 제도가 법리적으로 타당한 지를 검토할 필요가 있다.

휴업급여는 사회보장급여의 성격을 가지기 때문에 재해근로자의 적정한 보호에 적합하게 합리적인 운영이 필요하고, 그 지급은 장기요양환자, 고령자로서 60세 미만자와 60세 이상자, 저소득근로자와 무소득근로자가 일시 취업해 재해를 입은 경우, 완전 급여받는 자와 부분 휴업급여 받는 자 등에 대한 제도가 합리적인지를 검토해 개선할 필요가 있다. 또한 장해보상연금이나 다른 연금을 수령하는 자가 재해를 입어거나 재요양할 필요가 있다면, 상병보상연금과의 조정방안에 대한 연구도 필요하다.

이번 연구에서는 위와 같은 휴업급여의 쟁점을 분석하고 그 합리성을 검토해 개선방안을 마련하려고 했다. 지난 2009년 노동부 정책연구사업의 하나로 『휴업급여의 개선방안』에 대해서 연구한 결과물을 수정해 책자로 발간하였다. 아무쪼록 이번 책자의 발간을 통하여 산재보험과 관련된 사업의 연구에 널리 활용되거나 산업현장 및 관련 전문가·전공자·일반 독자에게 도움이 되었으면 한다. 그리고 이 책이 발간하기 위해 애써주신 한국학술정보(주) 출판사업부에게 감사한 마음을 전하고자 한다.

2010. 6.

이승길 · 이상국 · 이희자 · 황운희 · 안말수

목차

제4장 고령자의 휴업급여 지급 및 조정방안 ·················· 139

제5장 ┃ 무소득자 등의 요양 시 휴업급여의 지급문제 ········ 219

제6장 ┃ 결 론 ·· 263

제1장

서 론

Ⅰ. 연구목적

산업발전에 따라 다양한 기술의 발달에도 불구하고 근로자는 산업현장에서 각종 유해물질이나 위험에 노출되어 부상이나 질병, 사망 등을 당하게 된다. 이러한 재해로 인한 생존된 위협으로부터 재해근로자와 그 유족을 보호하기 위하여 도입된 사회보장제도가 산업재해보상보험제도이다. 근로자가 재해를 입은 경우에는 본인의 육체적·정신적 고통, 취업활동의 제한 등으로 정상인과 비교해 여러 가지 어려움에 놓이게 되고, 상병상태로 경제활동을 할 수 없는 미취업기간에 생계를 위협받게 되면 치료에 전념하기가 어려워질 우려가 있으므로 휴업급여를 지급해야 한다.

그러나 휴업급여가 단순히 생계를 보장하는 사회보장의 기능에 한정하지 아니하고, 지나치게 높은 소득수준이나 낮은 수준에 따라 지급되는 문제점이 있다. 근로자가 재해를 입은 경우에 지급되는 휴업급여는 재해 직전의 평균소득수준을 기준으로 산정해 지급하는 현행제도는 여러 가지 문제점을 나타내고 있다. 따라서 요양기간에 상관없이 증액되는 휴업급여의 지급액, 취업연령을 지나서 고령자가 장기간 요양하고 있는 경우에 휴업급여의 계속적인 수준인상으로 취업활동기간과 비교하여 고소득수준으로 휴업급여를 지급하는 불합리한 문제점이 있다. 이러한 문제점을 개선하기 위해서는 산재보험급여의 정책을 소득보장급여로서 휴업급여를 생계보장형 또는 생활보장형으로 기능을 전환하고 저소득자와 취약자를 보호하기 위한 사회보장급여의 기능을 강화할 필요가 있다.

본 연구는 휴업급여제도의 불합리한 문제점을 개선하고, 취약자의 생활을 보호하기 위한 사회보장적 기능을 강화하여, 불합리하게 지출되는 휴업급여의 구조적·제도적 문제점을 개선함으로써 보험재정의 건전성을 도모하고, 사업주의 보험료 부담을 완화하고자 한 것이다. 이러한 연구를 통하여 근로복지공단에서 운영하는 산재보험의 휴업급여의 지급현황분석을 통하여 산재보험재정의 건전화, 합리적인 기준에 따른 휴업급여 지급방안의 모색이 가능하다.

또한 이번 연구를 통하여 휴업급여가 제도적으로 불합리해 보험재정에서 불합리하게 지출하는 결과로 매년 보험료를 징수하는 수준이 높아지기 때문에 사업주의 부담으로 전가되며 기업에 준조세 성격의 보험료 부담이 늘어나고, 기업재정에 악영향을 미치게 되는 문제점을 개선할 수가 있다. 이에 불합리한 재정지출의 문제점을 개선하고, 합리적인 지출모델을 통한 보험재정의 건전성을 도모해서, 이를 통해 절약된 보험재정으로 다른 산재보험급여의 종류를 신설하는 등 서비스 재원으로 전환해 활용할 필요가 있다.

합리적인 휴업급여의 지급 근거에 대한 논거를 마련하고 향후에 입법을 추진할 수 있도록 대안을 마련할 필요가 있다. 현장의 각종 불합리한 문제점을 파악·검토해서 ⅰ) 사업주의 불만을 해소함과 아울러 보험급여의 재정적 부담을 완화하고, ⅱ) 재해근로자 간의 소득격차에 따른 불만의 해소, ⅲ) 취업연령이 지난 고령자에게 불합리하게 높은 휴업급여를 지급해서 보험재정이 악화되는 문제점을 개선해야 한다. 산재보험 중에서 휴업급여기능을 소득보장기능에서 생활보장기능으로 정책적 전환을 통해 사회보장적 기능에 충실하도록 생활보장기능을 강화하는 방안을 마련하고, 정책적으로는 취업상실 정도나 연령, 소득 등을 고려하지 아니한 불합리한 휴업급여의 지급실태를 제도적으로 개선해 보다 취약한 계층인 저소득 휴업자를 보호하고, 합리적인 운영모델을 구축할 필요가 있다.

Ⅱ. 연구방법 및 연구범위

1. 연구방법

산재보험(특히 휴업급여)에 대한 노동부 및 근로복지공단의 자료를 수집·분석하고 그 시사점을 도출하고자 한다. 연구방법은 휴업급여에 대한 일반적인 변천과정 및 개관을 살펴보고 구체적인 지급현황을 분석하며 또한 개별사안에 대한 법리적인 검토와 함께 개선안을 검토하고자 한다. 연구 분야에서 재정적 부담 부분에 대해서는 분야별 지급현황을 분석하여 휴업급여의 실태와 문제점을 분석하고자 한다. 그리고 산재보험법을 개선방안으로 필요하다면 법개정안을 검토하고자 한다.

외국제도는 기존의 연구자료 등을 수집해 문헌조사, 조사연구는 통계수집 및 분석, 외국법제 검토를 하며, 이를 위한 구체적인 방법을 다음과 같다.

조사방법	수행 내용
현황분석	휴업급여 지급현황에 대한 자료수집 및 분석
문헌연구	국내외 각종 기초 자료의 수집, 도서 구입, 논문 또는 발간물의 연구
외국법제조사	독일, 일본, 미국, 스위스에 대한 산재보험의 특징, 휴업급여의 지급요건, 지급수준, 지급기간 등에 대한 연구
개선방안의 모색	현행 산재보험의 휴업급여에 대한 문제점을 파악하여 개선방안을 도출

국내에서는 산재보험급여의 체제 합리화 문제에 관한 선행연구가 있으나, 이는 산재보험의 종류와 다른 법률에 의한 국민연금 등과 연계하여 중복급여의 문제를 연구한 자료가 거의 없고 외국의 경우에는 산재보험에 의한 휴업급여의 지급조건, 지급기준, 지급기간에 대한 부분적 연구 등이 있는데 불과하다. 따라서 산재보험제도 중 휴업급여에 관한 전문적인 연구는 아직까지 전무한 실정이다. 이에 휴업급여의 지급기간, 연령별 차등지급문제, 소득수준별 격차 해소문제, 요양 중 재해근로자의 노동능력 상실률과 취업가능 여부를 고려한 휴업급여의 조정방법을 연구한 실적물은 드문 점을 고려할 필요가 있다.

2. 연구범위

연구범위는 휴업급여의 변천과정 및 개관을 살펴보고, 실태분석을 위한 휴업급여 지급현황분석, 휴업급여의 운영상 문제점(요양기간별 휴업급여의 지급액 등), 취업연령을 경과한 고령자에 대한 휴업급여의 조정문제(삭감 또는 중단, 차등지급의 문제 등의 합리성

검토), 휴업급여의 적정수준의 문제와 합리화 방안(국민연금, 공무
원연금, 군인연금 등에 따른 중복급여의 조정문제), 외국의 휴업급
여제도와 특성 및 시사점, 그 밖에 개선방안을 연구하고자 한다.
연구범위에 대한 구체적 사항은 다음과 같다.

첫째, 산재보험 휴업급여의 변천과정 및 개관(의의, 지급요건, 내
용, 종류, 행정적 처리절차 등)을 살펴보고, 휴업급여의 지급현황을
분석한다. 이에 노동부 및 근로복지공단의 최근 6년간의 통계자료
를 활용하여 휴업급여의 지급현황분석, 시사점을 파악하고자 한다.
이를 위해서는 먼저 휴업급여의 지급내역과 지급액의 추이, 휴업급
여 지급총액의 추이 및 휴업급여가 산재보험급여의 종류에서 차지
하는 비율, 연령에 따른 휴업급여의 지급현황, 요양기간의 장단에
따른 휴업급여액의 지급액은 어느 정도인지를 분석해야 한다. 또한
업무상 질병이나 사고에 대한 유형별(상병 종류별) 휴업급여의 지
급현황 등을 분석해 볼 필요가 있으며, 이 외에도 사업종류별 및
평균임금별 휴업급여 지급현황도 함께 분석해 볼 필요가 있다. 휴
업급여 지급현황을 다양한 각도에서 분석함으로써 그 지급실태와
문제점을 파악하여 휴업급여 지급에 합리적인 개선방안을 찾고자
한다. 아울러 요양기간에는 노동력 상실률이 100%인 입원기간의
휴업급여를 조정하는 방안, 일부 요양을 하면서 일부 취업을 하는
경우의 휴업급여 지급방안을 검토하고자 한다.

둘째, 요양기간의 장단에 따른 휴업급여 지급률의 차등을 두는
방안을 연구하고자 한다. 이러한 제도를 도입하기 위해 다음과 같
은 사항을 검토하고자 한다.

① 요양기간의 장단에 따라 휴업급여 차등제도를 도입하는 방안을

강구할 필요가 있다. 이를 위해서 휴업급여의 차등을 두고 있는 외국의 사례를 독일·미국·일본 등을 중심으로 휴업급여의 특징, 지급요건, 지급수준, 지급기간을 각각 고찰해 그 시사점을 도출하고자 한다.

② 현재 요양기간·연령별 휴업급여의 지급실태를 파악하고, 요양기간과 상병 상태, 연령에 관계없이 요양하는 경우에는 정률적으로 지급되는 휴업급여제도의 문제점을 파악하여 그 개선방향을 모색해 본다.

③ 요양기간의 장단에 따라 휴업급여에 차등을 두는 경우 상병보상연금제도와 연계하여 검토할 필요가 있다. 이를 위해서는 상병 상태가 폐질등급 제3급 이상에 해당되지 않는 재해근로자가 장기간 요양을 하는 경우, 고령자로서 계속적으로 장기요양을 하는 경우에 휴업급여의 지급수준에 대하여 차등적용을 할 것인가이다. 그리고 준고령자인 50세가 되면 재직근로자와의 급여수준을 맞추기 위해 평균임금 증감제도의 적용 여부를 검토할 필요가 있다.

④ 요양기간의 장단이나 연령에 따라 휴업급여의 지급률에 차등을 두면, 법률상 휴업기간에 대한 소득보장적 기능의 약화로 인한 소득대체효과의 감소문제가 제기되어 평등권 침해로 인해 산재보험법의 입법취지상 위헌성의 소지가 있는지에 대한 법리적 검토가 필요하다.

⑤ 휴업급여의 차등제도도입 시 재정에 미치는 영향을 분석하고자 한다. 이를 위해서는 휴업급여를 요양기간이나 연령 등에 따라 차등지급을 하는 경우 재정에 미치는 효과를 분석하여 검토하

고 그 대안을 모색하고, 재정에 미치는 영향을 분석하기 위해 요양기간, 연령, 상병부위, 평균임금의 수준을 파악하여 효과를 분석하는 방안도 고려할 필요가 있다.

셋째, 취업연령 이상 고령자의 휴업급여지급과 중단제도에 대하여 연구하고자 한다. 취업연령을 도과하여 요양 중에 있는 고령자에 대한 휴업급여지급을 중단하는 제도의 도입문제와 적합성에 대해 다양한 관점에서 검토할 필요가 있다. 이 경우 문제가 되는 사항을 구체적으로 살펴보면 다음과 같다.

① 취업가능기간과 휴업급여의 지급기간으로서 취업가능기간은 회사에서 설정한 정년기준으로 할 것인지, 아니면 60세 이상의 고령자가 재취업 시 경제활동기간을 언제로 볼 것인지 논란의 여지가 있으므로 취업가능기간에 대한 결정문제로서, 고령자의 휴업급여 시 60세 이상인 자, 63세 이상인 자, 65세 이상인 자 등 고령자에 대한 휴업급여를 차등적용 또는 중단의 가능성에 대해 검토할 필요가 있다.

② 60세 이후에 재취업을 하여 근무 중 업무상재해로 요양을 받은 고령자인 경우, 경제활동능력을 고려함이 없이 일률적으로 휴업급여를 지급하지 않는 중단제도가 산재보험법의 입법취지에 합당한지 혹은 불합리한지, 일정기간 휴업급여를 지급하는 방안 등 재검토가 필요하다.

③ 노동능력을 100% 상실한 자를 입원 당시에 인정한다면 합리성이 있는지, 취업이 불가능하나 입원치료를 필요로 하지 않는 정도의 통원치료를 하는 자에 대한 휴업급여의 지급을 정지하는 것이 타당한지, 고령자라 할지라도 입원을 필요로 하는 휴업급

여를 지급해야 하는지에 대한 검토가 필요하다.

④ 현행 휴업급여의 산정 시 일률적으로 0.7로 산정하는 방식을 폐지하고 노동력 상실률에 의한 일정비율의 취업상실계수를 도입하여 휴업급여의 보상수준을 차등적으로 지급하는 것이 타당한지에 대한 적합성을 검토할 필요가 있다.

⑤ 국민연금 등 다른 법률에 의한 보험급여가 동일 또는 유사한 경우에 중복급여를 조정하거나 연계한 지급방안에 대한 검토가 필요하다.

⑥ 공무원연금이나 그 밖에 법률에 의한 연금수급권자가 재취업하여 업무상재해를 입은 경우 소득보장급여의 성격을 지닌 휴업급여의 지급을 중단하거나 지급률을 낮추는 방안에 대한 검토가 필요하다.

넷째, 무소득자 등의 요양 시 휴업급여의 지급문제에 대해 검토할 필요가 있다. 무소득자의 유형은 매우 다양하나 여기에서는 주로 요양으로 인한 미취업자, 재해 직전 무소득자, 일시적 취업자에 대한 검토와 장해급여 수급권자가 재요양 시 휴업급여를 지급하는 경우 조정방안에 대해 검토할 필요가 있다.

① 휴업급여를 지급하는 경우 문제가 되는 것은 우선적으로 요양으로 취업하지 못한 기간에 대한 정의를 명확히 할 필요가 있다. 재해근로자가 미취업을 하여 소득이 없는 경우와 요양으로 인해 미취업을 하여 소득을 상실하게 되는 경우는 서로 의미가 다르기 때문이다. 본 연구에서 관심을 갖는 분야는 후자의 경우이다.

② 재해 직전 무소득자가 취업을 개시한 이후 재해를 당한 경우로는 근로자가 퇴직을 한 이후 진폐증에 걸리거나 휴업이나 폐업한

이후 퇴직근로자에게 직업병이 발병하는 경우 휴업급여를 어떻게 산정하여 지급할 것인지를 검토할 필요가 있다. 특히 직업병 재해자 중에서도 특히 진폐재해자는 평균임금산정에 있어 보통의 재해근로자와는 달리 여러 가지 특례를 적용받고 있으므로 이와 같은 특례에 대한 타당성 여부를 연구할 필요성이 있다.

③ 일시적 취업자가 재해를 당한 경우 휴업급여를 어떻게 산정하는 것이 합리적인지, 일시적 취업자의 휴업급여를 통상근로자와 같이 휴업급여를 지급하여야 하는지, 아니면 달리 기준을 정하여 산정하여야 하는지 논란의 여지가 있으므로 검토할 필요가 있다.

④ 장해급여를 수급한 자가 재요양하는 경우에 지급되는 휴업급여를 지급하는 경우 소득보장급여의 성격을 고려하여 조정을 하여야 하는지, 폐질등급기준에 해당하는 경우 실질적인 취업을 고려하여 상병보상연금을 조정할 수 있는지에 대한 검토가 필요하다.

휴업급여의 변천과정과 개관, 지급현황

제2장

Ⅰ. 휴업급여의 변천과정과 개관

1. 휴업급여의 변천과정

우리나라의 산업재해보상보험법(이하 '산재보험법'이라 한다)은 1963년 11월 5일(법률 제1438호)에 제정·공포되어 1964년 7월 1일부터 시행되었는데, 초기의 산재보험법 제1조(1970. 12. 31. 개정, 법률 제2271호)는 "산재보험의 목적은 '사회보장에 관한 법률' 및 '근로기준법'에 의하여 산재보험사업을 행하는 것"[1]이라고 규정해 근로기준법의 재해보상책임으로서의 성질과 사회보장의 하위 법률로서의 성질을 동시에 지니고 있음을 명시하였다. 이와 같이 산재보험은 1964년에 도입된 우리나라 최초의 사회보험제도로서 45년여 동안 산업재해를 입은 근로자에 대한 치료와 보상기능을 수행하였다.

초기의 산업재해는 건설현장과 위험한 기계·기구를 설치하고 사용하는 사업장에서 주로 발생하였으나, 산업사회의 현대화, 고도화, 정보화 등으로 재해발생원인도 새로운 종류의 직업병과 과로, 스트레스 등에 따른 재해가 급격히 늘어나고 있다. 산업재해에서 근로자를 보호하기 위해서는 산업재해가 발생하지 않도록 예방하는 것이 가장 바람직하며, 이미 발생한 산업재해로 부상 또는 사망한 경우에 그 재해근로자나 가족을 보호하고 보상해 주기 위한 산재보험이 중요한 의미를 가진다.

---

[1] 산재보험법의 근거법을 규정한 내용은 1976년 12월 22일 제3차 개정(법률 제2912호)에서 삭제되었다.

이와 같이 산재보험은 재해근로자와 그 가족의 생활을 보장하기 위하여 국가가 책임을 지는 강제보험이다. 산재보험은 원래 사용자의 근로기준법상 재해보상책임을 보장하기 위하여 국가가 사업주에게 소정의 산재보험료를 거두어서 그 기금(재원)으로 사업주를 대신하여 재해근로자에게 보상하는 제도이다. 그리고 산재보험법을 입법할 당시에는 근로자 500명 이상을 고용한 광업과 제조업 64개 사업장 8만여 명에 적용되었으나, 그 후 2000년 7월에는 1인 이상을 고용하고 있는 모든 사업장으로 확대되었다.[2] 보험급여는 요양급여 수가의 확대, 장해연금 선급금 제도의 신설, 장해·유족연금의 의무화 등 부분적으로 급여수준을 확충하였다. 그런데 산재보험제도는 확충했음에도 불구하고 요양이 장기화되고 보험급여가 급격히 늘어나면서 제도를 질적으로 내실화하는 데에는 소홀하였다는 비판이 계속 제기되기도 하였다.[3]

그런데 우리나라 산재보험급여제도 중 가장 많은 변화가 있었던 부문이 '휴업급여제도'이다. 여기서 '휴업급여'라 함은 '업무상 사유'로 부상을 당하거나 질병에 걸린 근로자에게 요양으로 취업하지 못한 기간에 1일당 평균임금의 100분의 70에 해당하는 금액을 지급하는 산재보험급여의 하나로서, 취업하지 못한 기간이 3일 이내

---

2) 그 후 2005년 1월 1일부터 건설업 등 면허를 가진 건설업자 등이 행하는 모든 건설공사와 법인이 행하는 농업·임업(벌목업 제외), 어업·수렵업 중 근로자 1인 이상을 고용하는 사업은 당연적용대상으로 확대되었다. 또 2009년 1월 1일부터 건설면허업자가 아닌 자가 시공하는 공사금액이 2천만 원 이상이고, 연면적 100㎡를 초과하는 건축물의 건축 또는 연면적 200㎡를 초과하는 건축물의 대수선에 관한 공사인 경우 고용·산재보험 당연적용(의무가입) 대상으로 확대 시행되고 있다. 2006년 말 현재 129만 개 사업장 1,169만 명의 근로자에게 적용되었다.

3) 근로복지공단, 「2009 산재보험법령 직무교육교재」, 교육자료 급여-2009-다-8, 2009. 2, 1면.

인 경미한 부상이나 질병의 경우에는 휴업급여가 지급되지 않도록 규정하고 있다(제52조).[4] 휴업급여는 업무상 부상 또는 질병에 따른 요양으로 취업하지 못하게 된 근로자를 대상으로 본인과 그 가족의 생계보장을 목적으로 운영되고 있고, 또한 요양급여를 받는 동안 일시적으로 상실되는 임금을 보상하기 위해 지급되는 단기급여로서, 소득보장급여로서의 성격을 갖고 있다고 할 수 있다.

휴업급여제도의 변천 과정은, 먼저 산재보험이 출범할 당시인 1963년 11월에는 휴업기간 1일에 대하여 휴업급여는 평균임금 60% 수준으로 지급하고, 대기기간(waiting period)을 10일 이상으로 규정하였다.[5] 1970년 이후의 산재보험법을 개정하는 과정에서 1차 법 개정으로 산재보상의 수준이 근로기준법의 수준을 벗어나기 시작하였다고 한다면, 그 이후의 개정에서는 근로기준법을 능가하는 수준으로 휴업급여를 양적·질적으로 계속 확대하는 방향으로 추진되었다. 1차 산재보험법의 개정(1970. 12. 31.)을 통하여 대기기간은 7일 이상으로 단축되었고,[6] 5차 개정(1981. 12. 17.)에서는 경미한 재해의 범위를 훨씬 줄여 4일 이상(당시 제9조의 4 제1항 단서)

---

4) 그러나 부상이나 질병의 치유가 3일 이상이 필요한 경우 산재보험법의 휴업급여는 이러한 3일의 대기기간의 규정이 적용되지 않도록 하고 있다. 다만 이 경우 휴업에 따른 소득보전의 의무는 근로기준법에 의하여 사용주에게 발생하게 된다.

5) 당시 근로기준법상 재해보상의 제한 없는 요양급여 지급과 일시보상의 1,340일분에 미치지 못하는 보상내용을 산재보험법이 규정하였다(제9조).

6) 특히 1970년 12월 산재보험법 개정 시 일시급여의 내용도 종전은 근로기준법과 마찬가지로 1년간의 요양기간에 1,000일분의 평균임금을 지급했던 것을 2년의 요양기간이 지나도 치유되지 않는 경우 1,340일분의 평균임금을 지급하도록 개선하였다(근로기준법은 1974년 12월 24일 개정됨). 그리고 6차 개정 시(1982. 12. 31.)에는 요양 개시 후 2년이 경과하도록 치유가 되지 않을 경우 평균임금 1,340일분의 일시금을 지급하고 보상을 중지하였던 규정을 치료되지 않은 상태에서 일정한 폐질 등급 이상에 해당하는 경우 휴업급여 대신 그보다 상향조정 된 '상병보상연금'을 받도록 하여 폐질근로자에 대한 실질적인 보호를 도모하였다.

으로 단축하였다. 다만 각각의 한도에서는 재해보상과의 차이가 여전히 존재하였다.

1973년 3월 13일 산재보험법 개정(2차)에서는 휴업급여제도 중 통상임금의 현저한 변동을 고려해 휴업급여 산정기준을 변경해 '임금변동순응률제'를 도입하고자 그 운용할 근거를 시행령에서 모법에 규정하였다(당시 제9조의 4 제2항). 이에 따라 1974년 1월부터 통상임금의 20% 인상 시 적용, 1978년 2월 13일~1983년 8월 15일까지 10% 인상 시 적용, 1983년 8월 16일부터 5% 인상 시 적용하였다. 1983년 3월에는 진폐근로자의 평균임금 산정특례제도를 신설하였다.

1989년 4월 1일(9차 개정)에는 휴업급여의 지급수준은 종래 평균임금의 60%→70%로 상향조정[7] 되어 오늘에 이르고 있다. 이는 사회보험제도로서 산재보험의 생계보장기능을 강화하고자 하는 정책적 의도로 보인다. 하지만 그 이후 휴업급여가 산재보험의 재정에 큰 부담이 되고, 지나친 휴업지급기준으로 휴업제도를 악용하는 근원적인 출발점이 되었다.[8]

1999년 12월(18차 개정, 2000. 7. 1. 발효)에는 65세 이상의 고령자 휴업급여는 연령에 따른 노동가동능력을 고려하지 못한 비합리성과 불필요한 장기요양을 부추기는 요인으로 작용할 개연성 등이

---

7) 이 당시는 1987년 6·29 이후의 노동단체의 투쟁의 산물로서 각종 급여가 확충되었다, 휴업급여 외에도 예를 들어 장해급여로서 연금 3급까지 의무 도입, 1~4년분의 선급금 선택 가능, 연금 및 일시 급여인상, 유족급여로서 유족보상일시금은 평균임금 1,000일분→1,300일분으로 인상, 상병보상연금은 연금수준으로 인상, 장제급여는 평균임금의 90일분→120일분으로 인상하였다.

8) 그 외에 휴업급여에 있어서 대기업 일부의 단체협약에 20~30%를 추가적으로 지급하거나, 순수 상실소득(통상임금 - 세금 등 공제)이 아닌 평균임금을 지급하도록 규정을 두기도 하였다. 일부 대기업의 경우 휴업급여의 파행적인 운영으로 재직자보다 휴업급여 수급자가 실질적으로 더 많은 급여를 받는 이상한 사례도 발생하였다.

계속해 문제가 되어 휴업급여 지급기준을 평균임금의 70%→65%로 5%p 감액하여 하향조정 되었다. 다만 65세 이상의 고령자라고 하더라도 취업 중 재해로 요양 중이라면 휴업급여는 향후 2년 동안 감액규정을 적용받지 않도록 하는 예외규정을 마련하였다. 또한 평균임금이 당해 연도에 적용되는 최저임금에 미달하는 경우에는 최저임금을 평균임금으로 한 것을 그 '최저임금'이 당사자의 휴업급여가 되도록 개정하였다. 그리고 상병보상연금의 선급기간 중에는 휴업급여의 중복지급을 제한하였다.

최근 2007년 12월 14일 산재보험법 개정(법률 제8694호, 2008. 7. 1. 시행)[9]에서는 산재보험법이 상정하고 있는 휴업급여 수급자의 전형적 현상인 '일시적 완전장해(Temporary perfect disability)'와는 경우를 달리하는 '일시적 부분장해(Temporary partial disability)' 등 비전형적 현상이 발생하여, ① 요양과 취업을 병행하지만 불완전 소득을 얻고 있는 경우에 대한 부분휴업급여(제53조), ② 저소득근로자로서 휴업급여가 생활보장수준에 미치지 못하는 경우에 대한 저소득근로자 휴업급여(제54조), ③ 퇴직연령 이후 가득능력이 객관적으로 저하된 경우에 대한 고령자 휴업급여(제55조), ④ 재요양으로 휴업급여를 수령하게 된 경우에 대한 재요양기간 중의 휴업급여(제56조) 등으로 각각 휴업급여의 내용과 체계를 달리하여 규정하였다.[10]

---

[9] 최근의 개정 산재보험법(전부개정, 2007. 12. 14, 법률 제8835호)은 '산재보험제도 개선에 관한 노·사·정 합의문(2006년 12월 13일 노사정위원회)'을 입법자가 수용하여 종래의 산재보험법을 전부 개정함으로써 '사회적 합의'라는 산재보험법의 새로운 존립 근거를 마련하였다. 주된 내용은 재해근로자에 대한 의료·재활서비스는 확충하되 재해근로자 및 의료기관의 요양관리는 합리화하여 재해근로자의 직업·사회복귀를 촉진하고, 저소득·재활근로자에 대한 보호를 강화하되 재해근로자 간 보험급여의 형평성과 합리성을 높이며, 보험급여결정 등에 관한 심사청구·재심사 청구의 전문성과 공정성을 강화하려는 것이다.

이상과 같이 휴업급여제도뿐만 아니라 산재보험법상 급여수준은 점차 확대과정을 거치면서 근로기준법상 재해보상의 수준을 넘어서서 별개의 독자적인 의미를 가지는 제도로 영역을 갖추게 된 것으로 평가할 수가 있다.

<표 2-1> 산업재해보상보험법 개정연혁

구분	개정방식	공포일	시행일	주요 내용
제정	제정	'63. 11. 5.	'64. 7. 1.	-**11일 이상 요양 필요 시 요양급여 지급** -**휴업급여**, 장해급여, 유족급여, 일시급여
1차 개정	일부개정	'70. 12. 31.	'71. 1. 1.	-**8일 이상 요양 필요 시 인정** -장해 1~14급(1,340~50일분), 유족연금제(선택) 도입 -일시급여: 요양 2년 경과 시 1,340일분
4차 개정	일부개정	'77. 12. 19.	'77. 12. 19.	-최저보상기준제도 도입 -장해 1~3급 및 유족연금수준 상향조정
5차 개정	일부개정	'81. 12. 17.	'82. 1. 1.	-**4일 이상 요양 필요 시 인정** -장해 1~3급, 유족연금수준상향조정 및 장해 4~7급 연금제(선택) 실시
6차 개정	일부개정	'82. 12. 31.	'83. 1. 1.	-상병보상연금제 도입, 일시급여제도 폐지
9차 개정	일부개정	'89. 4. 1.	'89. 4. 1.	-**휴업급여수준 60→70%로 인상** -장해일시금 10%, 연금 5% 인상, 1~3급 연금의무화 -유족일시금 1,000일분→1,300일분, 장의비 90일분→120일분, 상병보상연금수준 5% 인상
11차 개정	전부개정	'94. 12. 22.	'95. 5. 1.	-근로복지공단에 보험사업 위탁
16차 개정	일부개정	'99. 12. 31.	'00. 7. 1.	-최고보상기준금액제도 도입 -**65세 이상 휴업급여** 5%, 상병보상연금 7% 감액제 도입 -유족급여 연금의무화(반액일시금제 도입) -장의비 최고·최저금액제도, 간병급여 신설
18차 개정	전부개정	'07. 4. 11.	'08. 7. 11.	-법률 한글화

출처: 국회환경노동위원회, 「산업재해보상보험법개정연혁」, 산업재해보상보험법 일부개정법률안 검토보고서, 2007, 497면 등 참조.

---

10) 휴업급여에 대응하여 상병보상연금도 '저소득근로자 상병보상연금(제67조)', '고령자 상병보상연금(제68조)', '재요양기간 중 상병보상연금(제69조)' 등으로 구분해 개정하였다.

2. 휴업급여의 개관

(1) 휴업급여의 의의

'휴업급여'란 산재보험법의 적용대상이 되는 사업 또는 사업장에 근로를 제공하다가 업무상 사유에 의하여 부상을 당하거나 질병에 걸린 근로자에게 요양으로 취업하지 못한 기간에 대하여 일정액의 급여를 지급하는 보험급여를 말한다. 산재보험법에서는 일반근로자의 일반적인 휴업급여는 업무상재해를 입은 근로자가 요양으로 취업하지 못한 기간에 대하여 급여를 지급한다. 이는 근로자의 최저생활을 보장하려는 데 그 취지가 있다.

최근 2007년 12월 14일 산업재해보상보험법을 전부 개정(2008. 7. 1. 시행)해 부분휴업급여, 저소득근로자의 휴업급여, 고령자의 휴업급여, 재요양기간 중의 휴업급여제도를 도입하였다. 즉 특수한 경우로서 산재보험법에서는 부분휴업급여(제53조)와 저소득근로자의 최저보상기준금액의 휴업급여(제54조), 고령자의 휴업급여(제55조), 재요양기간 중의 휴업급여(제56조)를 각각 규정하고 있다.

먼저 '부분휴업급여'의 주요내용을 살펴보면, 요양기간 중 취업한 경우 취업한 기간에는 당해 근로자의 평균임금에서 취업하여 발생한 임금을 뺀 금액의 90%를 휴업급여로 지급한다(제53조). 산재보험법을 개정하기 전에는 요양 중에 부분적으로 취업을 한 경우에는 휴업급여를 지급하지 않고 있어 근로능력이 떨어진 상태에서 부분적으로 취업을 하면 취업하지 않는 경우(휴업급여가 지급됨)보다 소득이 오히려 줄어들게 되기 때문에 취업을 회피하는 요인으로 작용하였다. 재해근로자가 요양과 취업을 병행하는 경우에는 취업한 날 또는 시간에 해당하는 근로자의 평균임금에서 취업한 날 또는 시간에 받은 실제 임금과의 차액의 100분의 90에 상당하는 금액을 부분휴업급여로 지급하도록 하였다. 부분휴업급여는 요양 중에 부분취업 시 휴업급여를 일부 지급함으로써 취업 치료를 활성화하고 직업복귀의 촉진을 기대한 입법이었다.

또한 '저소득근로자의 휴업급여'는 현재 평균임금의 70%에 상당하는 지급액이 최저임금액에 미달하는 저소득근로자에게는 최저임금액을 휴업급여 지급액으로 하고 있으나, 저소득근로자를 보호하는 데에는 미흡한 측면이 있다. 휴업급여 지급액이 전체 근로자의 임금평균액의 2분의 1일에 해당하는 최저보상기준금액의 80%보다 적으면 평균임금의 90%에 상당하는 금액을 휴업급여 지급액으로 한다(제54조). 재해발생 시 평균임금의 90%가 최저임금액에 미달하면 최저임금을 휴업급여로 지급한다. 이로써 재해발생 시 평균임금수준이 낮은 저소득근로자의 생계안정에 도움이 될 것으로 기대된다.

그리고 '고령자의 휴업급여'는 휴업급여를 받는 근로자가 61세가 되면 그때부터 65세까지 매년 4%p씩 감액하여 지급한다(65세 이후에는 20%p를 감액하여 지급한다). 다만, 61세 이후 업무상재해를 입어 요양하거나 61세 이전에 질병이 발생하고 그 질병으로 61세 이후에 최초로 요양을 하는 경우에는 2년간 감액을 유예한다(제55조). 재요양기간 중의 휴업급여는 재요양을 하는 경우에는 재요양 당시 임금의 70%를 휴업급여로 지급한다. 다만 재요양 당시 임금의 70%가 최저임금에 미달하거나 재요양 당시 임금이 없는 경우에는 최저임금을 휴업급여로 지급한다(제56조).

(2) 휴업급여의 지급요건

휴업급여는 업무상 사유로 부상을 당하거나 질병에 걸린 근로자에게 요양으로 취업하지 못한 기간에 대하여 지급하되, 1일당 지급액은 평균임금의 100분의 70에 상당하는 금액으로 한다(제52조 본문). 다만, 취업하지 못한 기간이 3일 이내이면 지급하지 아니한다(제52조 단서). 휴업급여는 산재사고에 따른 부상 또는 질병의 치료과정에서 취업활동의 제약으로 인해 발생하게 되는 소득공백의 문제를 해소해 주기 위하여 도입된 현금급여이다.

휴업급여의 지급요건에 해당하는지 여부를 판단할 수 있는 기준은 다음의 <그림 2-1>과 같이 부상 또는 질병, 요양치료, 취업활동으로 구분해 볼 수 있다. 이러한 세 가지의 기준들이 휴업급여의 지급요건과 관련해 어떻게 차별적으로 적용되는지를 살펴본다. 이러한 휴업급여는 업무상 부상 또는 질병에 따른 요양으로 취업을 하지 못하게 된 근로자를 대상으로 본인과 그 가족의 생계보장을 목적으로 운영되고 있다. 다만 취업하지 못한 기간이 3일 이내인 경미한 부상이나 질병의 경우에는 휴업급여가 지급되지 않도록 하고 있다.[11] 그리고 요양급여를 받던 자가 치유받은 이후에 종전 업무상 상병의 재발이나 악화로 산재보험법 제51조[12]의 재요양을 받게 되었다면 재차 휴업급여의 수급자격이 발생하게 된다.

---

11) 그러나 부상이나 질병의 치유가 3일 이상을 요하게 될 경우 휴업급여는 이러한 3일의 대기기간(waiting period)의 규정이 적용되지 않도록 하고 있다.

12) 산재보험법 제51조(재요양) ① 제40조에 따른 요양급여를 받은 자가 치유 후 요양의 대상이 되었던 업무상의 부상 또는 질병이 재발하거나 치유 당시보다 상태가 악화되어 이를 치유하기 위한 적극적인 치료가 필요하다는 의학적 소견이 있으면 다시 제40조에 따른 요양급여(이하 '재요양'이라 한다)를 받을 수 있다.
② 재요양의 요건과 절차 등에 관하여 필요한 사항은 대통령령으로 정한다.

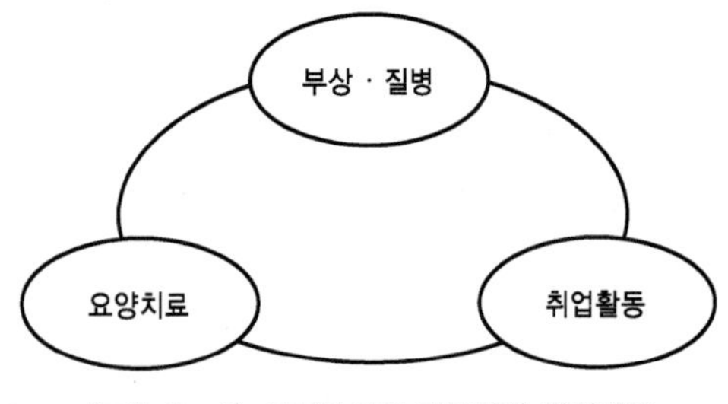

〈그림 2-1〉 휴업급여의 지급자격 판정기준

위에서 설명한 〈그림 2-1〉 '휴업급여의 지급자격 판정기준'에 기초해 휴업급여의 지급사유가 되는 보험사고의 특성을 정리해 보면 다음과 같다.

첫째, 부상 또는 질병의 발생원인, 상태와 관련한 사항이다. 휴업급여는 산재사고에 대한 사용주의 배상책임원리에 따라 운영되는 제도로서 부상이나 질병이 업무수행성 또는 업무기인성에 기초한 엄격한 인과관계를 유지하게 되었을 경우에만 수급자격이 주어지게 된다. 구체적인 업무상재해의 인정기준으로는 사고의 발생형태별 구분에 따라 산재보험법 시행령 제27조 업무수행 중의 사고, 제28조 시설물 등의 결함 등에 따른 사고, 제29조 출퇴근 중의 사고, 제30조 행사 중의 사고, 제31조 특수한 장소에서의 사고, 제32조 요양 중의 사고, 제33조 요양 중의 사고로 세분화하여 각각 명문규정을 두고 있다. 현행 제도에서는 위에서 언급한 업무상재해의 요건에 맞고 아울러 요양이 필요하다는 의학적 판단이 있을 경우 부상 또는 질병의 상태 및 수준에 상관없이 일률적으로 휴업급여를 지급할 수가 있다.

둘째, 휴업급여는 재해근로자가 요양으로 취업하지 못한 기간 동안 지급이 된다. 따라서 요양치료는 휴업급여의 전제조건이 되며, 이는 입원요양, 통원요양, 재가요양 등 형식의 구분이 없이 부상 또는 질병의 치유를 목적으로 의료서비스의 공급 주체(예: 의사, 치과의사, 약사 등)로부터 진료 또는 지도를 받고 있는 상태를 의미한다. 원칙적으로 휴업급여는 요양으로 취업하지 못하는 한 부상 또는 질병이 치유될 때까지 계속해 지급될 수 있도록 하고 있다. 그리고 여기서 '치유'란 부상이나 질병이 완치되거나, 아니면 더 이상의 치료효과를 기대할 수 없게 되고 그 증상이 고정된 상태에 이르게 된 것을 말한다. 이상의 내용에서 주목해야 할 사항으로 휴업급여는 요양의 형태 및 수준에 상관없이 단순히 요양의 필요성에 대한 의학적 판단에 기초하여 수급자격이 있는지 여부를 결정하게 된다.

셋째, 휴업급여는 요양으로 근로를 제공할 수 없어 임금을 지급받지 못하게 된 경우에 지급이 되기 때문에 실제로 취업활동의 여부, 취업능력 등이 수급자격을 결정하는 과정에서 중요한 판단기준이 될 수 있다. (ⅰ) 취업활동과 관련하여 재해근로자가 요양기간 중 소득이 발생하는 업무에 종사하게 되었을 경우 근로시간이나 소득수준에 상관없이 해당기간 동안 휴업급여의 수급자격이 중단되도록 하고 있다. 여기서 '취업'이란 종속노동으로서 고용관계의 유지뿐만 아니라, 자영업 또는 그 밖에 생업활동까지 망라하는 포괄적인 개념이다. 따라서 현행 산재보험법에 따르면 휴업급여와 취업활동은 상호 완전한 배타적 관계를 유지하고 있다고 볼 수 있다. (ⅱ) 휴업급여의 수급자격으로 취업능력의 보유 여부와 관련한 사항이다. 현행법에서는 산재환자에게 업무상 부상의 정도, 치유과정,

요양방법 등을 종합적으로 고려해 볼 때, 취업할 수 있다고 판단되더라도 이것과는 상관없이 실제로 취업활동을 중단하고 있다는 사실 그 자체로 휴업급여의 수급자격이 인정되고 있다.

<표 2-2> 휴업급여금의 수급요건

	부상 또는 질병의 상태	요양치료	취업활동
휴업급여	상병의 상태와 정도 그리고 노동능력의 상실수준에 상관없이 단순히 상병의 존재 여부만을 기준으로 판정	요양의 형태 및 수준에 상관없이 요양의 필요성 여부에 대한 의학적 판단만을 기준으로 판정	경제활동의 형태, 소득수준 그리고 근로시간 등을 불문하고 일체의 취업활동 금지

(3) 휴업급여의 내용

가. 휴업급여의 산정방식

휴업급여는 재해근로자의 1일 평균임금을 기준으로 요양으로 인해 취업하지 못한 기간을 곱하여 산출한 금액의 70%로 결정된다.[13] 이러한 휴업급여는 사업주 또는 근로자의 과실 여부 그리고 개인별로 상병의 정도, 요양치료의 내용이나 수준 또는 노동능력의 상실 정도에 상관없이 일률적인 비율로 지급하게 된다.

<표 2-3> 휴업급여액의 산정방식

- 평균임금의 70%를 1일 휴업급여액으로 해 요양기간 중 미취업기간에 대해 지급
- 휴업급여액 = 평균임금 × 0.7 × 요양기간 중 미취업기간 일수

---

[13] 금액 산정에 있어 단수처리에 대해서는 지급원칙은 1일 단위의 휴업급여액에서 지급일수를 곱하여 1일 휴업급여액을 산정할 때 원 단위 미만은 반올림한다(보상업무처리규정 제100조(보험급여의 소수점 이하의 처리)). 저소득근로자의 휴업급여액 적용 시에도 마찬가지이다.

'평균임금'은 휴업급여, 상병보상연금, 장해연금, 유족연금 등 산재보험 현금급여의 산정기초로 활용이 된다. 일반적으로 '평균임금'이란 재해가 발생한 날 이전 3개월 동안에 그 근로자에게 지급된 임금의 총액을 그 기간의 총 일수로 나눈 금액(근로기준법 제2조 제1항 6호)을 말한다. 이러한 평균임금은 근로자가 정상적인 근로를 제공하지 못하는 경우 등에 평소 지급되던 임금을 반영함으로써 근로자의 기본생활을 보장하기 위하여 도입된 개념이다.[14] 평균임금은 아래와 같은 방법으로 계산이 된다.

여기서 평균임금의 산정기간은 사유발생일 이전 3개월간의 역상 일수를 의미하며 실제 근로일수를 의미하는 것은 아니다(초일 불산입의 원칙). 취업 후 3개월 미만의 경우에는 그 기간만을 산정기간으로 한다. 또한 '임금총액'이란 평균임금 산정기간 동안 근로자에게 근로의 대가로 지급된 임금 및 지급하기로 확정된 임금채권이 모두 포함된다.[15] 임금총액에는 기본급, 상여금, 유급연차휴가수당, 정근수당, 연장근로수당, 그 밖에 정기적·일률적으로 지급되는 여러 수당 등이 해당된다. 만약 근로자가 서로 다른 사용자의 여러 사업장에서 각각 근로를 제공하고 임금을 수령한 경우 평균임금은 재해가 발생한 사업장에서의 근로관계를 기초로 평균임금을 산정하도록 하고 있다.

---

14) 평균임금은 근로자에 대한 여러 가지 급여금, 즉 퇴직금, 휴업수당, 재해보상금(제78조~제87조), 제재로서의 감급액과 연차유급휴가수당 등을 산출하는 기초가 된다.

15) 다만 임시로 지급된 임금 및 수당, 통화 이외의 것으로 지급된 임금(노동부장관이 정하는 것은 제외)은 임금총액에 포함되지 않는다.

$$\text{평균임금} \;=\; \frac{\text{급여의 산정사유 발생일 이전 3개월간 지급된 임금총액}}{\text{급여의 산정사유 발생일 이전 3개월간의 총 일수}}$$

따라서 '휴업급여'는 다음과 같은 특례규정을 통해 사회보장제도로서의 최저생활보장기능을 맡아 오고 있다. 구체적으로 2000년 7월 1일 산재보험법 개정(18차)이 발효하기 이전의 경우 근로자의 평균임금이 그 연도에 적용되는 최저임금에 미달하게 될 경우 이러한 최저임금이 당사자의 평균임금으로 될 수 있도록 하는 규정을 적용하였다. 그러나 이 경우 실제 지급되는 휴업급여는 최저임금의 70% 수준에 불과하므로 재해근로자와 그 가족의 최저생계를 제대로 보장해 주지 못하는 한계가 있었다. 반면 새로이 개정된 법에서는 개인의 평균임금을 기초로 산정한 휴업급여가 그해의 최저임금에 미달하게 될 경우 그 최저임금이 당사자의 휴업급여가 되도록 하였다. 이에 따라 휴업급여의 최저수준은 종전 최저임금의 70%에서 100% 수준으로 상향조정이 되는 효과가 발생할 수 있게 되었다.

일반적으로 휴업급여는 업무상 부상 또는 질병에 따른 요양으로 인하여 근로능력을 일시적으로 상실한 사람들을 대상으로 지급되는 현금급여이다. 이러한 차원에서 볼 때 현재의 노동시장 상황에서 정년연령 이상의 고령자에게도 일반근로자와 동일한 수준의 휴업급여를 제공하는 것은 제도의 취지에 부합되지 않을 수 있다. 따라서 2000년 7월 1일 산재보험법의 개정(18차)에 따라 65세 이상 고령자에 대해서는 휴업급여를 5% 감액하여 65%의 수준으로 지급될 수 있도록 하였다. 다만, 65세 이상의 고령자라고 하더라도 취업 중 재해로 인하여 요양 중일 경우 휴업급여는 향후 2년 동안 감액의 규정을 적용받지 않도록 하는 예외규정을 마련해 두고 있다.

나. 휴업급여의 지급기간 및 지급주기

휴업급여는 단기성 급여로서 요양기간 동안 매회 반복적으로 휴업급여청구서의 제출을 통하여 수급하도록 하는 것을 원칙으로 하고 있다. 그러나 산재보험법 시행령 제24조 제1항의 단서규정에 따라 입원치료를 받고 있는 근로자에게는 그 기간 동안 연금의 경우처럼 1회의 청구를 통하여 휴업급여가 자동적으로 지급될 수 있도록 하고 있다.

다. 근로기준법상 휴업보상과의 비교

산재보험제도는 근로기준법 제78조～제82조에서 명시하고 있는 산재사고에 대한 사업주의 보상책임을 별도로 연대성의 원리와 사회보험의 원리를 바탕으로 해결하기 위한 목적으로 도입된 제도이다. 이상과 같은 제도도입의 취지에도 불구하고 산재보험법에서 명시하고 있는 보상의 내용 및 수준과 근로기준법상 사업주 보상책임의 범위는 상호 일정한 부분에서 차이를 보이고 있다. 아래에서는 이러한 차이점 중 휴업급여와 관련이 있는 조항들을 중심으로 살펴본다.

근로기준법 제79조의 규정에 따르면 업무상 부상이나 질병의 치료로 인해 요양 중에 있는 근로자에 대하여 사업주가 당사자의 평균임금의 60% 수준에서 휴업보상을 하도록 하고 있다. 이러한 근로기준법의 취지에 따라 산재보험제도 또한 시행 초기에는 평균임금의 60%에 상당하는 휴업급여를 제공해 왔으나, 1989년 산재보험법 개정(9차)을 통해 70%로 상향조정하여 오늘에 이르고 있다. 이와 같이 휴업급여의 수준을 상대적으로 높게 책정한 이유는 사회보험제도로서 산재보험의 생계보장기능을 강화하고자 하는 정책적 의도 때문인 것으로 판단된다.

산재보험제도의 휴업급여는 사회보장의 측면에서 근로기준법의 휴업보상과는 달리 다음과 같은 특성이 있다. (ⅰ) 최저생활보장의 기능으로서 재해근로자의 평균임금이 최저임금에 미달하게 되는 경우 그 최저임금을 당사자의 휴업급여가 되도록 하고 있다. (ⅱ) 근로자 상호간 임금의 격차로 발생하게 되는 보험급여의 편차문제를 일정한 수준에서 억제를 하기 위해 매 연도 최고보상기준금액을 정하여 휴업급여의 산정기준이 되는 평균임금이 그 수준을 초과할 수 없도록 하고 있다.

현행 근로기준법에서는 휴업보상기간을 제한하는 규정이 없다. 이에 사업주는 근로자가 업무상 부상 또는 질병으로 실제로 요양기간 동안 계속해 보상책임을 지게 된다. 다만 요양을 개시한 이후 2년이 지나도 완치되지 않았다면, 사업주는 근로기준법 제84조(일시보상)에 의해 평균임금의 1,340일분에 상당하는 금액을 일시보상의 형태로 지급하여 그 후의 근로기준법에 따른 보상책임을 면할 수가 있다.

그러나 산재보험법의 휴업급여는 근로기준법의 휴업보상처럼 업무상 부상 또는 질병의 요양으로 취업하지 못하였다면 원칙적으로 기간의 제한이 없이 지급해야 한다. 다만 요양기간이 2년이 지나도 치유되지 않고, 또한 상병의 상태가 폐질 1～3등급에 해당되는 중증장애의 경우에는 휴업급여를 대신해 '상병보상연금'이 제공되도

록 하고 있다. 그리고 산재보험법에서는 요양으로 미취업기간이 3
일 이내라면 요양급여와 휴업급여의 지급을 금지하고 있다. 이러한
경우 휴업에 따른 소득보전의무는 근로기준법에 의해 사업주에게
발생하게 된다. 그러나 3일 이상의 요양이 필요한 상병이라면 이러
한 대기기간 규정이 있지만 사유의 발생일로부터 휴업급여를 지급
한다.

(4) 휴업급여의 종류

가. 부분휴업급여제도

1) 개설

재해근로자가 요양과 취업을 병행하는 경우에는 취업한 날 또는
시간에 해당하는 근로자의 평균임금에서 취업한 날 또는 시간에
받은 실제 임금과의 차액의 100분의 90에 상당하는 금액을 부분휴
업급여로 지급하도록 부분휴업급여제도를 도입하였다. 현재는 요양
중에 부분적으로 취업을 한 경우에는 휴업급여를 지급하지 않고
있어 노동능력이 떨어진 상태에서 부분적으로 취업을 하면 취업하
지 않은 경우(휴업급여가 지급됨)보다 소득이 오히려 줄어들게 되
므로 취업을 회피하는 요인으로 작용하고 있다. 앞으로 요양 중 부
분취업 시 휴업급여를 일부 지급함으로써 취업치료를 활성화하고
직업복귀를 촉진할 수 있을 것으로 기대된다.

2) 부분휴업급여

요양 또는 재요양을 받고 있는 근로자가 그 요양기간 중 일정기간 또는 단시간 취업을 하는 경우에는 그 취업한 날 또는 취업한 시간에 해당하는 그 근로자의 평균임금에서 그 취업한 날 또는 취업한 시간에 대한 임금을 뺀 금액의 100분의 90에 상당하는 금액을 지급할 수 있다. 다만, 산업재해보상보험법 제54조 제2항 및 제56조 제2항에 따라 최저임금액을 1일당 휴업급여 지급액으로 하는 경우에는 최저임금액(<별표 1> 제2호에 따라 감액하는 경우에는 그 감액한 금액)에서 취업한 날 또는 취업한 시간에 대한 임금을 뺀 금액을 지급할 수 있다(제53조 제1항). 산재보험법 제53조 제1항에 따라 단시간 취업하는 경우 취업하지 못한 시간(8시간에서 취업한 시간을 뺀 시간을 말한다)에 대해서는 동법 제52조 또는 제54조~제56조의 규정에 따라 산정한 1일당 휴업급여 지급액에 8시간에 대한 취업하지 못한 시간의 비율을 곱한 금액을 지급한다(제53조 제2항).

3) 부분휴업급여의 지급요건

산재보험법 제53조 제3항은 "부분휴업급여의 지급요건 및 지급절차는 대통령령으로 정한다."고 하고, 산재보험법 시행령 제49조는 "법 제53조에 따른 부분휴업급여를 받으려는 사람은 다음 각 호의 요건을 모두 갖추어야 한다."고 규정하고 있다.

① 요양 중 취업 사업과 종사 업무 및 근로시간이 정해져 있을 것
② 그 근로자의 부상·질병 상태가 취업을 하더라도 치유시기가 지연되거나 악화되지 아니할 것이라는 의사의 소견이 있을 것

4) 부분휴업급여의 지급절차

부분휴업급여를 받으려는 사람은 노동부령으로 정하는 서류를 첨부하여 공단에 청구하여야 한다(제50조 제1항). '노동부령으로 정하는 서류'란 다음 각 호의 서류를 말한다(산재보험법 시행규칙 제44조). 근로복지공단은 위 청구가 있으면 그 근로자의 부상·질병 상태, 종사 업무 및 근로시간들을 고려하여 지급 여부를 결정하고 그 내용을 그 근로자에게 알려야 한다(산재보험법 시행령 제50조 제2항).

① 취업 사업장의 명칭, 취업기간, 종사 업무의 내용, 근로시간 및 임금 등을 적은 서류

② 취업가능 여부 및 취업에 따른 부상·질병 상태의 악화 여부 등에 대한 의학적 소견서

나. 저소득근로자 휴업급여수준의 상향조정

1) 개설

현재 평균임금의 100분의 70에 상당하는 휴업급여 지급액이 최저임금액에 미달하는 저소득근로자에게는 최저임금액을 휴업급여 지급액으로 하고 있으나, 저소득근로자를 보호하는 데에는 미흡한 측면이 있다. 따라서 휴업급여 지급액이 전체 근로자의 임금 평균액의 2분의 1에 해당하는 최저보상기준금액의 100분의 80 이하인 경우에는 평균임금의 100분의 90에 상당하는 금액을 휴업급여 지급액으로 하였다(제54조). 재해발생 시 평균임금수준이 낮은 저소득근로자의 생계안정에 도움이 될 것으로 기대된다.

2) 저소득근로자의 휴업급여

산재보험법 제52조에 따라 산정한 1일당 휴업급여 지급액이 최저보상기준금액의 100분의 80보다 적거나 같으면 그 근로자에 대해서는 평균임금의 100분의 90에 상당하는 금액을 1일당 휴업급여 지급액으로 한다. 다만, 그 근로자의 평균임금의 100분의 90에 상당하는 금액이 최저보상기준금액의 100분의 80보다 많은 경우에는 최저보상기준금액의 100분의 80에 해당하는 금액을 1일당 휴업급여 지급액으로 한다(제54조 제1항). 산재보험법 제52조 제1항 본문에 따라 산정한 휴업급여 지급액이 최저임금법 제5조 제1항에 따른 시간급 최저임금액에 8을 곱한 금액(이하 '최저임금액'이라 한다)보다 적으면 그 최저임금액을 그 근로자의 1일당 휴업급여 지급액으로 한다(제54조 제2항).

다. 고령자의 휴업급여

1) 개설

휴업급여를 받는 근로자가 61세가 되면 그 이후의 휴업급여는 <별표 1>에 따라 산정한 금액을 지급한다. 다만 61세 이후에 취업 중인 자가 업무상의 재해로 요양하거나 61세 전에 제37조 제1항 제2호에 따른 업무상질병으로 장해급여를 받은 자가 61세 이후에 그 업무상 질명으로 최초로 요양하는 경우 대통령령으로 정하는 기간에 <별표 1>을 적용하지 아니한다(제55조).

2) 고령자 휴업급여의 감액지급 유예기간

산재보험법 제55조 단서에서 '대통령령으로 정하는 기간'이란 업무상재해로 요양을 시작한 날부터 2년을 말한다(산재보험법 시행령 제51조).

라. 재요양기간 중의 휴업급여

재요양을 받는 자에 대해서는 재요양 당시의 임금을 기준으로 산정한 평균임금의 100분의 70에 상당하는 금액을 1일당 휴업급여 지급액으로 한다. 이 경우 평균임금 산정사유 발생일은 대통령으로 정한다(제56조 제1항).[16)

산재보험법 제56조 제1항에 따라 산정한 1일당 휴업급여 지급액이 최저임금액보다 적거나 재요양 당시 평균임금 산정의 대상이 되는 임금이 없으면 최저임금액을 1일당 휴업급여 지급액으로 한다(제56조 제2항). 장해보상연금을 지급받는 자가 재요양하는 경우에는 1일당 장해보상연금액(<별표 2>에 따라 산정한 장해보상연금액을 365로 나눈 금액을 말한다)과 제1항 또는 제2항에 따라 산정한 1일당 휴업급여 지급액을 합한 금액이 장해보상연금의 산정에 적용되는 평균임금의 100분의 70을 초과하면 그 초과하는 금액 중 휴업급여에 해당하는 금액은 지급하지 아니한다(제56조 제3항). 재요양기간 중의 휴업급여를 산정할 때에는 산재보험법 제54조를 적용하지 아니한다(제56조 제4항).

---

16) 여기서 '평균임금 산정사유 발생일'이란 다음 각 호의 어느 하나에 해당하는 날을 말한다(산재보험법 시행령 제52조).
　　1. 재요양의 대상이 되는 부상 또는 질병에 대하여 재요양이 필요하다고 진단을 받은 날. 다만 그 재요양의 대상이 되는 부상 또는 질병에 대한 진단 전의 검사·치료가 재요양의 대상이 된다고 인정하는 진단과 시간적·의학적 연속성이 있는 경우에는 그 검사·치료를 시작한 날.
　　2. 해당 질병의 특성으로 재요양 대상에 해당하는지를 노동부령으로 정하는 절차에 따라 판정하여야 하는 질병은 그 판정 신청을 할 당시에 발급된 진단서나 소견서의 발급일. 여기서 '노동부령으로 정하는 절차'란 산재보험법 시행규칙 제33조부터 제43조까지의 규정에 따른 절차를 말한다(산재보험법 시행규칙 제45조).

(5) 휴업급여의 행정적 처리절차

‘휴업급여청구권’의 발생과 관련해, 산재보험법은 휴업급여 수급 자격과 급부금액 등을 규정하면서, 급부 주체와 상대방 사이의 분쟁을 방지하고 급부의 법적 확실성을 담보하고자 휴업급여청구권을 인정하는 것에 ‘확인행위’로서의 ‘근로복지공단의 승인’을 개재시키고 있는바, 구체적인 급부청구권으로서의 휴업급여청구권은 이러한 확인행위인 근로복지공단의 승인을 거쳐 위 승인의 범위 내에서만 발생시키고 있다. 따라서 휴업급여청구권 발생에 필요한 산재보험법 소정의 요건에 맞는 사실이 있더라도 확인행위인 근로복지공단의 승인이 있을 때까지는 구체적인 급부청구권으로서 휴업급여청구권은 발생한 것으로 볼 수가 없다.[17]

실무에서도 휴업급여를 수급하려면 미리 근로복지공단의 **요양승인**을 받아야 하며, 다음으로 휴업급여청구서를 제출해야 한다. 이에 승인절차와 휴업급여의 청구과정을 살펴보면, 근로복지공단의 승인대상이 되는 요양의 종류로는 최초 요양, 재요양, 전원, 요양연기, 추가상병으로 구분할 수 있는데, 요양의 신청에 대해 근로복지공단의 승인이 있다면 재해근로자는 각자의 상황에 따라 휴업급여의 수급자격이 발생하게 된다.

그러나 실제로 급여를 수급하려면 당사자가 미리 별도의 청구서를 공단에 제출해야 한다. 휴업급여의 청구절차는 다음과 같다. (ⅰ) 재해근로자는 실제로 요양의 여부, 요양기준 중 취업의 여부, 동일한 재해의 사유로 사업주 또는 다른 보험에서 보상을 받았던

---

17) 울산지방법원 2004. 10. 13. 선고 2004구합1999 판결.

적이 있는지 여부를 확인해야 한다. (ⅱ) 사업주는 요양기간 중 취업 여부와 임금의 지급 여부에 대해 확인 날인을 해야 한다. (ⅲ) 휴업급여청구서는 근로복지공단에 접수하게 되고, 근로복지공단은 확인 날인한 사항의 사실 여부를 확인한 이후 휴업급여의 지급을 승인하게 된다. (ⅳ) 국세청의 자료 또는 4대 사회보험 간 정보연계체계를 통하여 휴업급여의 부정수급 사실이 사후적으로 발견되었을 경우 이미 지급한 금액에 별도의 가산금을 추가해 회수를 할 수 있는 법적 규정을 두고 있다.

Ⅱ. 휴업급여의 지급현황분석

1. 분석의 의의

휴업급여의 제도개선을 위해서는 휴업급여의 지급실태를 조사하여 그 현황을 분석할 필요가 있으며, 이를 위해 다양한 접근방법이 있을 수 있으나, 본 연구에서는 주로 2003~2008년도 최근 6년간을 기준하여 휴업급여의 지급현황을 분석하였다. 휴업급여의 지급상 문제점을 개선하기 위해서는 과거에 비해 현행 휴업급여의 보험재정의 수지가 얼마나 개선되거나 악화되는지, 휴업급여 지급총액의 추이 및 휴업급여가 산재보험급여의 종류에서 차지하는 비율이 얼마인지, 연령에 따른 휴업급여의 지급액은 어느 정도인지, 요양기간의 장단에 따른 휴업급여액의 지급액은 어느 정도인지를 분석해 볼 필요가 있다. 또한 뇌·심혈관계 질환이나 진폐 등의 업무상 질병이나 사고에 대한 유형별(상병 종류별) 휴업급여의 지급현황 등을 분석해 볼 필요가 있으며, 이 외에도 사업종류별 및 평균임금별 휴업급여 지급현황도 함께 분석해 볼 필요가 있다.

2. 최근 6년간 휴업급여의 지급현황

(1) 재해율 및 보험급여 추이

산재보험은 재해율 및 수지율 등을 고려하여 매 연도별로 보험료율을 정하여 고시하고 보험료를 부과하여 징수하는 방식을 채택하고 있으며, 보험급여는 업무상재해라는 지급사유가 발생할 때에 지급한다. 2008년도를 기준으로 소급하여 2003년도까지 최근 6년간 재해율과 보험급여의 지급액과 징수한 보험료 등에 대한 자료를 분석하여 얼마나 악화되거나 개선되었는지를 <표 2-4>에서 비교 분석하였다.

2003년도 이후 최근 6년간 재해율을 살펴보면 2003년도 0.9%이던 재해율이 매년 조금이 감소하여 2008년도는 0.71%까지 떨어졌으며, 재해자 수도 감소하다가 소폭 증가하는 현상을 보이고 있는데 2003년도에 94,924명이던 것이 2008년도에는 95,806명으로 2003년도에 비해 9.2%(882명 증가)가 증가하였다. 그런데 산재보험료는 2003년도에 2조 5,374억 24백만 원이던 것이 2008년도에는 4조 7,886억 50백만 원으로 무려 88.7%가 증가되었고, 산재보상금으로 지급되는 보험급여도 2003년도 2조 4,818억 14백만 원에서 2008년도는 3조 4,218억 85백만 원으로 37.8%가 증가하는 현상을 보여 같은 기간 동안의 재해율 및 재해자 수의 추이를 고려해 볼 때 월등히 높은 상승을 보이고 있다.

또한 2003년도 재해근로자 1인 평균 보험급여액이 2,615만 원인 데 비하여 2008년도에는 3,572만 원으로 5년 사이 1인 평균 보험 급여의 증가액이 957만 원으로 36.6%가 상승되어 이 기간 동안 임 금상승률[18]이 약 27.9%인 점을 감안할 때 산재보험급여액이 훨씬 많이 인상되었음을 알 수 있으며, 이는 보험재정을 압박하고 보험 료를 인상하는 요인으로 작용하고 있다.

〈표 2-4〉 재해율과 보험급여 등의 추이

(단위: 개, 명, %, 백만 원)

구분 \ 연도	2003년	2004년	2005년	2006년	2007년	2008년
사업장 수	1,006,549	1,039,208	1,130,094	1,292,696	1,429,885	1,594,793
근로자 수	10,599,345	10,473,090	11,059,193	11,688,797	12,528,879	13,489,986
재해자 수 (전년대비 증감률)	94,924 (15.9%)	88,874 (-6.4%)	85,411 (-3.9%)	89,911 (5.3%)	90,147 (0.3%)	95,806 (6.3%)
재해율	0.90%	0.85%	0.77%	0.77%	0.72%	0.71%
보험료 (A) (전년대비 증감률)	2,537,424 (2.3%)	2,959,030 (14.2%)	3,247,703 (10.1%)	3,827,266 (17.8%)	4,367,341 (14.1%)	4,788,650 (9.6%)
보험급여(B)	2,481,814	2,859,914	3,025,771	3,163,769	3,242,276	3,421,885
수지율(B/A)	81.91%	96.65%	93.17%	82.66%	74.24%	71.46%
재해자 1인 평균 보험급여[19]	26.15	32.18	35.43	35.19	35.97	35.72

자료: 근로복지공단, 「산재보험연보통계표 및 2003~2008년 산재보험·고용보험 실적분석」, 2004~2009.

---

18) 노동부 발표(2008년 4월) 100인 이상 사업장의 연도별 3월 말을 기준할 때 최근 5년간 협약 임금인상률은 2003년 대비 총 27.9%가 증가되었음. 연도별 인상률은 04년 5.3%, 05년 4.1%, 06년 5.8%, 07년 4.6%, 08년 5.5%이다.

19) 재해자 1인 평균 보험급여는 해당 연도 보험급여를 해당 연도 재해자 수로 나눈 것으로 재해자 1인에게 지급된 보험급여액을 말한다.

(2) 보험급여 종류별 지급현황

휴업급여의 지급액이 요양급여, 상병보상연금, 장해급여, 유족급여, 장의비 등 다른 보험급여 종류와 비교하여 얼마나 비중을 차지하고 있는 것인지를 <표 2-5>에서 분석하였다.

산재보험급여 종류별 지급현황을 살펴보면, 2008년도 보험급여 총 지급액은 3조 4,218억 85백만 원이고 이 중에서 장해급여가 1조 2,659억 17백만 원으로 37.0%, 요양급여가 8,122억 79백만 원으로 23.7%, 휴업급여가 7,924억 90백만 원으로 23.2%를 차지하고 있음을 알 수 있으며, 그 중에서 휴업급여는 총 급여지급액 대비 2004년도에는 33.4%를 차지하던 것이 매년 조금씩 줄어 2008년도에는 23.2%이나 여전히 총 급여지급액 대비 20%를 넘고 있는 실정이다. 일본[20]의 경우에는 2003년도 전체 보험급여 가운데 요양급부가 207,560백만 엔(￥)으로 26.4%, 휴업급부가 120,440백만 엔

---

20) 일본의 보험급여 종류별 지급현황(2003~2007년)을 살펴보면 아래 표와 같다.

<일본의 보험급여 종류별 지급현황>

(단위: 백만 원, %)

구분 \ 연도	平成15年(2003년)	平成17年(2005년)	平成19年(2007년)
요양보상급부	207,560(26.4%)	205,108(26.6%)	205,806(26.5%)
휴업보상급부	120,440(15.3%)	115,399(14.9%)	114,215(14.7%)
장해보상일시금	43,570(5.5%)	40,214(5.2%)	38,884(5.0%)
유족보상일시금	5,902(0.7%)	6,121(0.8%)	7,965(1.0%)
장의료	2,338(0.3%)	2,360(0.3%)	2,666(0.3%)
개호보상급부	6,131(0.8%)	6,107(0.8%)	6,911(0.9%)
연금 등 급부	400,735(50.9%)	396,521(51.3%)	399,096(51.4%)
2차 검진 등 급부	358(0.0%)	474(0.1%)	585(0.1%)
계(구성비)	787,034(100.0%)	772,304(100.0%)	776,128(100.0%)

자료: 厚生勞働省 勞働基準局, 『平成19年度 災害補償保險事業年報』, 54~58면.

으로 15.3%, 연금급부가 400,735백만 엔(￥)으로 50.9%를 차지

하였고, 2007년도는 요양급부가 205,806백만 엔으로 26.5%, 휴

업급부가 114,214백만 엔으로 14.7%, 연금급부가 399,096백만 엔

으로 51.4%로 휴업급부가 전체 보험급여 대비 약 15% 수준을 유

지하고 있음을 알 수 있다.

<표 2-5> 보험급여 종류별 지급현황

(단위: 백만 원, %)

연도 구분	2003년	2004년	2005년	2006년	2007년	2008년
요양급여	709,578 (28.6%)	786,792 (27.5%)	769,167 (25.4%)	800,391 (25.3%)	763,003 (23.5%)	812,279 (23.7%)
휴업급여	819,681 (33.0%)	954,612 (33.4%)	938,439 (31.0%)	848,135 (26.8%)	800,305 (24.7%)	792,490 (23.2%)
상병보상연금	105,337 (4.2%)	123,143 (4.3%)	140,345 (4.6%)	151,580 (4.8%)	162,236 (5.0%)	176,158 (5.1%)
장해급여	626,222 (25.2%)	752,287 (26.3%)	922,185 (30.5%)	1,067,385 (33.7%)	1,170,647 (36.1%)	1,265,917 (37.0%)
유족급여	192584 (7.8%)	210,834 (7.4%)	220,577 (7.3%)	253,876 (8.0%)	296,797 (9.2%)	317,714 (9.3%)
장의비	22,678 (0.9%)	22,81 (0.8%)	21,221 (0.7%)	22,162 (0.7%)	22,754 (0.7%)	23,526 (0.7%)
간병비 및 직업재활급여	5,734 (0.2%)	9,434 (0.3%)	13,837 (0.5%)	20,240 (0.6%)	26,534 (0.8%)	33,801 (1.0%)
계 (구성비)	2,481,814 (100.0%)	2,859,914 (100.0%)	3,025,771 (100.0%)	3,163,769 (100.0%)	3,242,276 (100.0%)	3,421,885 (100.0%)

자료: 「근로복지공단, 2003~2008년 산재보험·고용보험 실적분석」, 2004~2009.

(3) 휴업급여의 지급현황

휴업급여 지급현황을 <표 2-6>에서 분석하여 보면, 2004년도

휴업급여 지급액이 9,546억 12백만으로 전년대비 16.46%가 증가되

면서 정점을 이룬 이후에 매년 지급건수 및 지급액이 감소되는 현

상을 보이고 있으며, 수급자[21] 1인당 평균지급액도 2005년도에 774만 원이 지급된 이후에 감소되는 현상을 보이다가 2008년도는 전년도에 비해 소폭 증가되어 657만 원이 지급되었다.

<표 2-6> 최근 6년간 휴업급여 지급현황

(단위: 명, 백만 원, %)

구분		2003년	2004년	2005년	2006년	2007년	2008년
수급자	수급자 수	119,243	123,275	121,180	120,764	123,284	120,699
	전년대비 증감 수	14,108	4,032	-2,095	-416	2,520	-2,585
	전년대비 증감률	13.4%	3.4%	-1.70%	-0.34%	2.09%	-2.10%
지급건수	건수	556,772	613,040	584,388	534,686	501,265	481,243
	전년대비 증감건수	98,384	56,268	-28,652	-49,702	-33,421	-20,022
	전년대비 증감률	21.5%	10.11%	-4.67%	-8.50%	-6.25%	-3.99%
지급금액	지급액	819,681	954,612	938,439	848,135	800,305	792,490
	전년대비 증감액	190,942	134,931	-16,173	-90,304	-47,830	-7,815
	전년대비 증감률	30.4%	16.46%	-1.69%	-9.62%	-5.64%	-0.98%
	수급자 1인 평균지급액	6.87	7.74	7.74	7.02	6.49	6.57

자료: 「근로복지공단, 2003~2008년 산재보험·고용보험 실적분석」, 2004~2009.

(4) 연령대별 휴업급여의 지급현황

연령별 휴업급여의 지급현황을 분석하기 위해서 수급자를 30세 미만, 30세 이상에서 40세 미만, 40세 이상에서 50세 미만, 50세 이상에서 55세 미만, 55세 이상에서 60세 미만, 60세 이상에서 70세 미만, 70세 이상으로 구분하였고, 각각의 연령별 수급자 수와 지급액을 <표 2-7>에서 비교 분석하였다.

---

21) <표 2-4>에서의 재해자는 업무상재해를 당한 모든 자를 말하는 것이고, <표 2-6>~<표 2-14>에서 표현하는 수급자는 업무상재해를 당한 자 중에서 휴업급여를 지급받은 자만을 말하는 것(재해자 중에는 휴업급여를 받지 않는 자도 있음-취업하면서 요양을 받는 자)이므로 재해자와는 약간의 차이가 있다.

가장 활발하게 직장생활을 하는 40대(40세 이상에서 50세 미만)의 수급자는 매년 35,000여 명이 넘는 수준을 유지하다가 2008년도에는 33,144명으로 감소하는 현상을 보이지만 전체 휴업급여의 수급자 대비 약 30% 수준으로 수급자가 제일 많고, 그 다음이 50대 수급자[22](50세 이상에서 60세 미만)로서 2003년 26,006명에서 매년 조금씩 증가하여 2008년에는 31,555명에 이르고 있다. 또한 60세 이상의 모든 수급자[23]도 2003년도에 16,606명으로 전체 휴업급여 수급자 대비 13.9%를 차지하던 것이 매년 조금씩 증가하여 2008년도에는 20,043명으로 16.6%로 나타나고 있다.

2008년도를 기준하여 휴업급여 1인 평균[24] 연 지급액을 살펴보면, 재직기간이 길고 평균임금이 비교적 높은 55세 이상~60세 미만 사이가 가장 많은 750만 원으로 30세 미만의 363만 원에 비해 2배 수준이 넘는 금액이다. 그 다음으로 지급액이 많은 연령대는 50세 이상~55세 미만 사이로서 743만 원이고, 40세 미만은 570만 원, 외국인은 449만 원으로 2008년도 1인 평균 연 지급액인 657만 원보다 적은 금액이 지급되었다. 그리고 65세 이상과 외국인[25]은 최근 3년간 휴업급여 지급액이 매년 조금씩 증가되고 있는 현상을

---

22) <표 2-7>에서 50세 이상에서 60세 미만까지의 수급자는 2003년 26,006명(21.8%), 2004년 27,978명(22.0%), 2005년 28,205명(23.2%), 2006년 29,502명(24.5%), 2007년 30,685명(24.9%), 2008년 31,555명(26.2%)으로 집계된다.

23) <표 2-7>에서 60세 이상의 모든 수급자는 2003년 16,606명(13.9%), 2004년 17,626명(14.0%), 2005년 17,947명(14.8%), 2006년 18,460명(15.3%), 2007년 19,135명(15.5%), 2008년 20,043명(16.6%)으로 집계된다.

24) <표 2-7>에서 1인 평균이란 휴업급여 지급액을 수급자 수로 나눈 금액으로 수급자 1인당 평균 지급된 휴업급여액을 말한다.

25) <표 2-7>에서 외국인 수급자는 나이 파악이 정확히 되지 않아 연령구분을 하지 아니하였다.

보이고 있다. 그러나 전반적으로 휴업급여 지급액은 2004년도와 2005년도를 정점으로 매년 조금씩 감소되고 있음을 알 수 있다.

<표 2-7> 연령대별 휴업급여 지급현황

(단위: 명, 건, 백만 원)

구분\연도	총계			30세 미만			30세 이상~40세 미만			40세 이상~50세 미만			50세 이상~55세 미만		
	수급자	지급액	1인평균	수급자	지급액	1인평균	수급자	지급액	1인평균	수급자	지급액	1인평균	수급자	지급액	1인평균
2,003년	119,243	819,681	6.87	12,073	41,440	3.43	26,090	167,819	6.43	35,730	278,237	7.79	14,110	114,187	8.09
(비율)	(100%)	(100%)		(10.1%)	(5.1%)		(21.9%)	(20.5%)		(30.0%)	(33.9%)		(11.8%)	(13.9%)	
2,004년	123,275	954,612	7.74	11,317	43,582	3.85	26,329	187,114	7.11	36,832	325,681	8.84	15,279	138,892	9.09
(비율)	(100%)	(100%)		(9.0%)	(5.0%)		(21.0%)	(20.0%)		(30.0%)	(34.0%)		(12.0%)	(15.0%)	
2,005년	121,180	938,439	7.74	10,951	41,858	3.83	24,835	172,151	6.93	36,210	317,268	8.76	15,666	142,359	9.09
(비율)	(100%)	(100%)		(9.0%)	(4.5%)		(20.5%)	(18.3%)		(29.9%)	(33.8%)		(12.9%)	(15.2%)	
2,006년	120,764	848,135	7.02	10,588	39,097	3.69	23,342	144,246	6.18	35,244	273,009	7.75	16,491	134,375	8.15
(비율)	(100%)	(100%)		(8.8%)	(4.6%)		(19.3%)	(17.0%)		(29.2%)	(32.2%)		(13.7%)	(15.8%)	
2,007년	123,284	800,305	6.49	9,914	35,959	3.63	23,034	128,341	5.57	36,122	247,183	6.84	17,649	133,245	7.55
(비율)	(100%)	(100%)		(8.0%)	(4.5%)		(18.7%)	(16.0%)		(29.3%)	(30.9%)		(14.3%)	(16.6%)	
2,008년	120,699	792,490	6.57	9,464	34,358	3.63	20,774	118,450	5.70	33,144	233,107	7.03	18,421	136,897	7.43
(비율)	(100%)	(100%)		(7.8%)	(4.3%)		(17.2%)	(14.9%)		(27.5%)	(29.4%)		(15.3%)	(17.3%)	

구분\연도	55세 이상~60세 미만			60세 이상~65세 미만			65세 이상~70세 미만			70세 이상			외국인		
	수급자	지급액	1인평균	수급자	지급액	1인평균	수급자	지급액	1인평균	수급자	지급액	1인평균	수급자	지급액	1인평균
2,003년	11,896	94,027	7.90	9,365	65,994	7.05	4,930	32,841	6.66	2,311	12,609	5.46	2,738	12,527	4.58
(비율)	(10.0%)	(11.5%)		(7.9%)	(8.1%)		(4.1%)	(4.0%)		(1.9%)	(1.5%)		(2.3%)	(1.5%)	
2,004년	12,699	114,582	9.02	9,320	74,132	7.95	5,525	39,450	7.14	2,781	16,245	5.84	3,193	14,934	4.68
(비율)	(10.0%)	(12.0%)		(8.0%)	(8.0%)		(4.0%)	(4.0%)		(2.0%)	(2.0%)		(3.0%)	(2.0%)	
2,005년	12,539	115,698	9.23	8,955	71,724	8.01	5,868	44,414	7.57	3,124	19,004	6.08	3,032	13,963	4.61
(비율)	(10.3%)	(12.3%)		(7.4%)	(7.6%)		(4.8%)	(4.7%)		(2.6%)	(2.0%)		(2.5%)	(1.5%)	
2,006년	13,011	107,695	8.28	8,723	66,682	7.64	6,227	44,903	7.21	3,510	23,436	6.68	3,628	14,692	4.05
(비율)	(10.8%)	(12.7%)		(7.2%)	(7.9%)		(5.2%)	(5.3%)		(2.9%)	(2.8%)		(3.0%)	(1.7%)	
2,007년	13,036	98,492	7.56	8,874	64,930	7.32	6,223	45,374	7.29	4,038	28,065	6.95	4,394	18,716	4.26
(비율)	(10.6%)	(12.3%)		(7.2%)	(8.1%)		(5.0%)	(5.7%)		(3.3%)	(3.5%)		(3.6%)	(2.3%)	
2,008년	13,134	98,496	7.50	9,330	66,259	7.10	6,301	46,427	7.37	4,412	32,839	7.44	5,719	25,657	4.49
(비율)	(10.9%)	(12.4%)		(7.7%)	(8.4%)		(5.2%)	(5.9%)		(3.7%)	(4.1%)		(4.7%)	(3.2%)	

자료: 근로복지공단 내부 통계자료, 2009.

한편 60세 이상의 경우에는 통상적으로 경제활동을 하는 취업연령이 종료되는 경우가 일반적이지만 개인의 신체적인 능력 및 직종 등에 따라 연령에 관계없이 취업을 하는 경우가 있으며, 65세를 넘은 경우라도 일용직이나 전문직종 등에서 경제활동을 하는 경우도 많이 있는 실정이다. 노동법에서 언급하는 고령자[26] 중에서 61세 이상 되는 자(이하 '초고령자'라 한다)에게 지급된 휴업급여의 현황을 <표 2-8>을 통해 살펴보면, 2003년도에 60세 이하의 수급자가 106,500명(89.3%)이고 지급액이 7,352억 79백만 원(89.7%)이던 것이 매년 조금씩 감소하여 2008년도에는 105,107명(87.1%)에 6,791억 45백만 원(85.7%)으로 수급자 및 지급액이 모두 줄어드는 현상을 보이는 데 비하여, 만 61세 이상의 수급자 및 지급액이 2003년도 12,740명(10.7%)에 844억 2백만 원(10.3%)이던 것이 매년 조금씩 증가하여 2008년도에는 15.592명(12.9%)에 1,133억 45백만 원(14.3%)에 이르고 있다.

그리고 2003년도 이후 최근 6년간의 초고령자의 각 연령별 수급자 및 지급액은 전체 수급자 및 지급액의 대비 약 1~2% 사이를 유지하고 있으나, 66세 이상의 수급자 및 지급액이 2003년도 4,756명(4.0%)에 282억 34백만 원(3.4%)이던 것이 매년 조금씩 증가하여 2008년도에는 7,987명(6.6%)에 598억 89백만 원(7.6%)으로 2003년도 대비 수급자는 67.9%가 증가하는 반면 지급액은 무려 212%가 증가하는 현상을 보이고 있다.

---

26) 고용상 연령차별금지 및 고령자고용촉진에 관한 법률 제2조 및 동법 시행령 제2조에서의 고령자는 55세 이상인 사람을 말하고, 준고령자는 50세 이상 55세 미만인 사람을 말한다. 산재보험법 제55조(고령자의 휴업급여)에서의 고령자는 61세 이후인 자를 말한다. 본 연구에는 편의상 61세 이상인 자를 초고령자라 표현하였다.

<표 2-8> 초고령자 연령별 휴업급여 지급현황

(단위: 명, 백만 원, %)

연도	연령	60세 이하[27]	61세	62세	63세	64세	65세	66세 이상	계
2003년	수급자	106,500	2,260	1,783	1,456	1,348	1,137	4,756	119,240
	(비율)	(89.3%)	(1.9%)	(1.5%)	(1.2%)	(1.1%)	(1.0%)	(4.0%)	(100%)
	지급액	735,279	15,998	12,669	10,286	9,369	7,846	28,234	819,681
	(비율)	(89.7%)	(2.0%)	(1.5%)	(1.3%)	(1.1%)	(1.0%)	(3.4%)	(100%)
2004년	수급자	109,344	1,747	2,155	1,720	1,415	1,341	5,550	123,272
	(비율)	(88.7%)	(1.4%)	(1.7%)	(1.4%)	(1.1%)	(1.1%)	(4.5%)	(100%)
	지급액	855,075	13,600	16,451	13,791	10,939	9,273	35,483	954,612
	(비율)	(89.6%)	(1.4%)	(1.7%)	(1.4%)	(1.1%)	(1.0%)	(3.7%)	(100%)
2005년	수급자	106,775	1,749	1,665	1,990	1,524	1,334	6,134	121,171
	(비율)	(88.1%)	(1.4%)	(1.4%)	(1.6%)	(1.3%)	(1.1%)	(5.1%)	(100%)
	지급액	833,263	13,922	13,148	14,688	12,428	10,057	40,933	938,439
	(비율)	(88.8%)	(1.5%)	(1.4%)	(1.6%)	(1.3%)	(1.1%)	(4.4%)	(100%)
2006년	수급자	106,411	1,523	1,608	1,483	1,811	1,426	6,500	120,762
	(비율)	(88.1%)	(1.3%)	(1.3%)	(1.2%)	(1.5%)	(1.2%)	(5.4%)	(100%)
	지급액	744,773	11,523	12,248	11,251	12,602	10,541	45,197	848,135
	(비율)	(87.8%)	(1.4%)	(1.4%)	(1.3%)	(1.5%)	(1.2%)	(5.3%)	(100%)
2007년	수급자	108,596	1,584	1,383	1,461	1,374	1,651	7,236	123,285
	(비율)	(88.1%)	(1.3%)	(1.1%)	(1.2%)	(1.1%)	(1.3%)	(5.9%)	(100%)
	지급액	695,079	10,978	10,288	10,522	10,093	11,870	51,475	800,305
	(비율)	(86.9%)	(1.4%)	(1.3%)	(1.3%)	(1.3%)	(1.5%)	(6.4%)	(100%)
2008년	수급자	105,107	2,036	1,533	1,310	1,420	1,306	7,987	120,699
	(비율)	(87.1%)	(1.7%)	(1.3%)	(1.1%)	(1.2%)	(1.1%)	(6.6%)	(100%)
	지급액	679,145	14,382	10,659	9,038	9,870	9,507	59,889	792,490
	(비율)	(85.7%)	(1.8%)	(1.3%)	(1.1%)	(1.2%)	(1.2%)	(7.6%)	100%)

자료: 근로복지공단 내부 통계자료. 2009.

아울러 최근 12년간(1997년도부터 2008년도까지)을 기준하여 연령대별 휴업급여 지급기간의 장단을 <표 2-9>를 통해 비교 분석하여 보면, 휴업급여 지급기간이 총 1년 미만은 40대 이하[28]가

---

27) 정확한 연령 파악이 어려운 외국인은 편의상 60세 이하에 포함시켜 집계하였고, 외국인에 대한 현황은 <표 2-7>을 참조.

87.3%인 데 비하여 61세 이상[29]은 78.7%로 나타나고 있고 연령이 높을수록 휴업급여를 1년 이상 장기간 지급받고 있는 수급자가 많음을 알 수 있다.

2년 이상 장기 지급된 모든 휴업급여 지급액을 전체 대비 연령대별로 살펴보면, 30세 이하는 4.6%, 36세 이상~40세 이하는 7.3%, 46세 이상~50세 이하는 8.6%, 56세 이상~60세 이하는 9.6%, 66세 이상~70세 이하는 9.9%, 71세 이상은 12.9%로 나타나고 있어 나이가 많은 고령일수록 휴업급여 지급이 장기화되고 있음을 알 수 있다.

〈표 2-9〉 연령대별 휴업급여 지급기간[30]

(단위: 명, 백만 원, %)

연령	기간	6개월 미만	6개월 이상 ~1년 미만	1년 이상 ~2년 미만	2년 이상 ~3년 미만	3년 이상 ~5년 미만	5년 이상 ~10년 미만	10년 이상	계
~30세 이하	수급자	110,288	28,527	10,942	2,145	1,072	546	219	153,739
	(비율)	(71.7%)	(18.6%)	(7.1%)	(1.4%)	(0.7%)	(0.4%)	(0.1%)	(100%)
	지급액	225,620	210,326	162,311	56,463	42,042	25,850	12,056	734,668
	(비율)	(30.7%)	(28.6%)	(22.1%)	(7.7%)	(5.7%)	(3.5%)	(1.6%)	(100%)
31세 이상 ~35세 이하	수급자	67,537	22,920	9,782	2,125	1,070	609	270	104,313
	(비율)	(64.7%)	(22.0%)	(9.4%)	(2.0%)	(1.0%)	(0.6%)	(0.3%)	(100%)
	지급액	194,306	232,718	203,247	78,248	55,810	43,464	27,219	835,012
	(비율)	(23.3%)	(27.9%)	(24.3%)	(9.4%)	(6.7%)	(5.2%)	(3.3%)	(100%)
36세 이상 ~40세 이하	수급자	77,195	28,640	12,650	2,875	1,679	1,098	438	124,575
	(비율)	(62.0%)	(23.0%)	(10.2%)	(2.3%)	(1.3%)	(0.9%)	(0.4%)	(100%)
	지급액	241,793	317,222	283,704	115,916	97,268	85,374	45,283	1,186,560
	(비율)	(20.4%)	(26.7%)	(23.9%)	(9.8%)	(8.2%)	(7.2%)	(3.8%)	(100%)

---

28) 40세 이하의 모든 수급자를 6개월 미만과 6개월 이상~1년 미만의 비율을 합친 것으로 30세 이하는 90.3%, 31세 이상~35세 이하는 86.7%, 36세 이상~40세 이하는 85.0%로 이를 평균하면 87.3%이다.

29) 61세 이상의 모든 수급자를 6개월 미만과 6개월 이상~1년 미만의 비율을 합친 것으로 61세 이상~65세 이하와 66세 이상~70세 이하는 각각 78.2%, 70세 이상은 79.2%로 이를 평균하면 78.7%이다.

연령 \ 기간		6개월 미만	6개월 이상 ~1년 미만	1년 이상 ~2년 미만	2년 이상 ~3년 미만	3년 이상 ~5년 미만	5년 이상 ~10년 미만	10년 이상	계
41세 이상 ~45세 이하	수급자	79,207	31,062	14,672	3,822	2,191	1,465	658	133,077
	(비율)	(59.5%)	(23.3%)	(11.0%)	(2.9%)	(1.6%)	(1.1%)	(0.5%)	(100%)
	지급액	254,614	347,128	334,363	156,769	130,297	113,395	63,180	1,399,746
	(비율)	(18.2%)	(24.8%)	(23.9%)	(11.2%)	(9.3%)	(8.1%)	(4.5%)	(100%)
46세 이상 ~50세 이하	수급자	71,050	28,814	13,808	3,501	2,141	1,583	687	121,584
	(비율)	(58.4%)	(23.7%)	(11.4%)	(2.9%)	(1.8%)	(1.3%)	(0.6%)	(100%)
	지급액	230,513	316,062	310,241	140,911	122,073	114,734	72,210	1,306,744
	(비율)	(17.6%)	(24.2%)	(23.7%)	(10.8%)	· (9.3%)	(8.8%)	(5.5%)	(100%)
51세 이상 ~55세 이하	수급자	55,670	22,878	11,230	3,154	2,032	1,537	567	97,068
	(비율)	(57.4%)	(23.6%)	(11.6%)	(3.2%)	(2.1%)	(1.6%)	(0.6%)	(100%)
	지급액	171,457	239,644	239,508	120,015	113,565	105,924	56,918	1,047,031
	(비율)	(16.4%)	(22.9%)	(22.9%)	(11.5%)	(10.8%)	(10.1%)	(5.4%)	(100%)
56세 이상 ~60세 이하	수급자	40,544	17,126	8,690	2,333	1,709	1,441	416	72,259
	(비율)	(56.1%)	(23.7%)	(12.0%)	(3.2%)	(2.4%)	(2.0%)	(0.6%)	(100%)
	지급액	111,645	162,236	165,331	77,394	73,988	83,388	39,742	713,724
	(비율)	(15.6%)	(22.7%)	(23.2%)	(10.8%)	(10.4%)	(11.7%)	(5.6%)	(100%
61세 이상 ~65세 이하	수급자	23,440	9,741	5,189	1,605	1,295	982	191	42,443
	비율	(55.2%)	(23.0%)	(12.2%)	(3.8%)	(3.1%)	(2.3%)	(0.5%)	(100%)
	지급액	56,527	81,680	82,778	42,307	41,524	45,326	12,112	362,254
	비율	(15.6%)	(22.5%)	(22.9%)	(11.7%)	(11.5%)	(12.5%)	(3.3%)	(100%)
66세 이상 ~70세 이하	수급자	10,182	3,634	1,984	684	659	455	66	17,664
	(비율)	(57.6%)	(20.6%)	(11.2%)	(3.9%)	(3.7%)	(2.6%)	(0.4%)	(100%)
	지급액	19,585	28,073	27,355	13,728	14,479	17,682	3,112	124,014
	(비율)	(15.8%	(22.6%)	(22.1%)	(11.1%)	(11.7%)	(14.3%)	(2.5%)	(100%)
71세 이상 ~	수급자	4,822	896	621	288	340	233	17	7,217
	(비율)	(66.8%	(12.4%)	(8.6%)	(4.0%)	(4.7%	(3.2%)	(0.2%)	(100%)
	지급액	4,847	6,330	6,647	4,088	6,392	7,468	948	36,720
	(비율)	(13.2%)	(17.2%)	(18.1%)	(11.1%)	(17.4%)	(20.3%)	(2.6%)	(100%)

자료: 근로복지공단 내부 통계자료, 2009.

또한 초고령자의 연령별 휴업급여 지급기간을 <표 2 - 10>를 통해 살펴보아도 2년 이상 지급된 모든 휴업급여 지급액이 전체 대

---

30) 10년 이상 지급된 휴업급여 현황을 파악하기 위해 최근 12년간인 1997년도부터 2008년도까지를 기준하여 분석하였고, 요양승인(재요양 포함) 후 휴업급여를 지급받을 때의 수급자의 나이를 기준하여 기간을 산출하였음(연령 파악이 곤란한 외국인은 제외함).

비 61세는 9.6%, 62세는 10.4%, 63세는 9.8%, 64세는 9.7%, 65세는 9.0%로 나타나고 있어 <표 2-9>에서 살펴본 바와 같이 50세 이하의 젊은 연령대에 비해 높은 편임을 알 수 있다.

<표 2-10> 초고령자 연령별 휴업급여 지급기간

(단위: 명, 백만 원, %)

연령	기간	6개월 미만	6개월 이상 ~1년 미만	1년 이상 ~2년 미만	2년 이상 ~3년 미만	3년 이상 ~5년 미만	5년 이상 ~10년 미만	10년 이상	계
61세	수급자	5,878	2,471	1,337	408	311	239	56	10,700
	(비율)	(54.9%)	(23.1%)	(12.5%)	(3.8%)	(2.9%)	(2.2%)	(0.5%)	(100%)
	지급액	15,066	21,620	22,305	11,484	10,519	11,153	3,760	95,907
	(비율)	(15.7%)	(22.5%)	(23.3%)	(12.0%)	(11.0%)	(11.6%)	(3.9%)	(100%)
62세	수급자	5,184	2,188	1,132	347	302	223	48	9,424
	(비율)	(55.0%)	(23.2%)	(12.0%)	(3.7%)	(3.2%)	(2.4%)	(0.5%)	(100%)
	지급액	12,651	18,440	18,562	9,716	10,897	11,074	3,294	84,634
	(비율)	(14.9%)	(21.8%)	(21.9%)	(11.5%)	(12.9%)	(13.1%)	(3.9%)	(100%)
63세	수급자	4,715	1,884	1,038	328	249	202	35	8,451
	(비율)	(55.8%)	(22.3%)	(12.3%)	(3.9%)	(2.9%)	(2.4%)	(0.4%)	(100%)
	지급액	11,393	15,764	16,241	8,193	8,034	9,637	2,009	71,271
	(비율)	(16.0%)	(22.1%)	(22.8%)	(11.5%)	(11.3%)	(13.5%)	(2.8%)	(100%)
64세	수급자	4,094	1,704	906	281	230	186	32	7,433
	(비율)	(55.1%)	(22.9%)	(12.2%)	(3.8%)	(3.1%)	(2.5%)	(0.4%	(100%)
	지급액	9,696	13,915	13,984	7,251	6,853	8,216	1,542	61,457
	(비율)	(15.8%)	(22.6%)	(22.8%	(11.8%)	(11.2%)	(13.4%)	(2.5%)	(100%)
65세	수급자	3,569	1,494	776	241	203	132	20	6,435
	(비율)	(55.5%)	(23.2%)	(12.1%)	(3.7%)	(3.2%)	(2.1%)	(0.3%)	(100%)
	지급액	7,721	11,941	11,686	5,663	5,221	5,246	1,507	48,985
	(비율)	(15.8%)	(24.4%)	(23.9%)	(11.6%)	(10.7%)	(10.7%)	(3.1%)	(100%)

자료: 근로복지공단 내부 통계자료, 2009.

(5) 요양기간별 휴업급여의 지급현황

최근 6년간의 각 당해 연도를 기준하여 휴업급여를 지급받은 기간을 6개월 미만, 6개월 이상에서 1년 미만, 1년 이상에서 2년 미만, 2년 이상에서 3년 미만, 3년 이상에서 5년 미만, 5년 이상에서 10년 미만, 10년 이상으로 구분하여 각각 수급자와 휴업급여의 지급액을 <표 2 - 11>에서 비교 분석하였다.

6개월 미만의 수급자는 2005년도에 54,927명으로 총 수급자 대비 45.3%이던 것이 매년 조금씩 증가하여 2008년도에는 70,991명으로 58.8%까지 올라가는 반면에, 1년 이상의 수급자는 전반적으로 감소하는 현상을 보이고 있다. 또한 2년 이상의 수급자를 살펴보면, 총 수급자 대비 2005년 12.7%(15,361명), 2006년 11.1%(13,415명), 2007년 8.9%(10,923명), 2008년 7.0%(8,371명)로 매년 조금씩 감소하는 현상을 보이고 있으며, 그 중에서 특히 2년 이상에서 3년 미만까지의 수급자가 2005년도에는 7,126명(5.9%)이던 것이 2008년도에는 3,500명(2.9%)으로 반수가 넘는 인원이 감소하는 현상을 보이고 있다.

그러나 휴업급여를 10년 이상 장기간 수령한 수급자는 2003년도에 546명(0.5%)에서 2008년도에는 1,035명(0.9%)으로 약 1.9배가 늘어난 데 비하여, 휴업급여 지급액은 2003년도에 114억 85백만 원(1.4%)이던 것이 매년 늘어나 2008년도에는 305억 67백만 원(3.9%)으로 약 2.7배가 증가하는 현상을 보이고 있다.

〈표 2-11〉 요양기간별 휴업급여 지급현황

(단위: 명, 건, 백만 원)

구분 연도	총 수급자	총 지급액	6개월 미만		6개월 이상~1년 미만		1년 이상~2년 미만	
			수급자	지급액	수급자	지급액	수급자	지급액
2003년	119,243	819,681	59,845	166,483	29,815	246,210	17,376	217,834
(비율)	(100%)	(100%)	(50.2%)	(20.3%)	(25.0%)	(30.0%)	(14.6%)	(26.6%)
2004년	123,275	954,612	56,436	162,360	31,550	272,129	20,935	284,353
(비율)	(100%)	(100%)	(45.8%)	(17.0%)	(25.6%)	(28.5%)	(17.0%)	(29.8%)
2005년	121,180	938,439	54,927	161,004	30,459	259,241	20,433	262,252
(비율)	(100%)	(100%)	(45.3%)	(17.2%)	(25.1%)	(27.6%)	(16.9%)	(27.9%)
2006년	120,764	848,135	61,753	190,488	29,320	246,213	16,276	194,824
(비율)	(100%)	(100%)	(51.1%)	(22.5%)	(24.3%)	(29.0%)	(13.5%)	(23.0%)
2007년	123,284	800,305	65,708	206,437	31,624	253,451	15,029	166,677
(비율)	(100%)	(100%)	(53.3%)	(25.8%)	(25.7%)	(31.7%)	(12.2%)	(20.8%)
2008년	120,699	792,490	70,991	243,705	29,582	254,570	11,755	143,943
(비율)	(100%)	(100%)	(58.8%)	(30.8%)	(24.5%)	(32.1%)	(9.7%)	(18.2%)

구분 연도	2년 이상~3년 미만		3년 이상~5년 미만		5년 이상~10년 미만		10년 이상	
	수급자	지급액	수급자	지급액	수급자	지급액	수급자	지급액
2003년	5,830	78,309	3,597	54,290	2,234	45,070	546	11,485
(비율)	(4.9%)	(9.6%)	(3.0%)	(6.6%)	(1.9%)	(5.5%)	(0.5%)	(1.4%)
2004년	6,774	98,768	4,415	68,899	2,456	51,674	709	16,429
(비율)	(5.5%)	(10.3%)	(3.6%)	(7.2%)	(2.0%)	(5.4%)	(0.6%)	(1.7%)
2005년	7,126	104,314	4,707	74,045	2,567	53,585	961	23,998
(비율)	(5.9%)	(11.1%)	(3.9%)	(7.9%)	(2.1%)	(5.7%)	(0.8%)	(2.6%)
2006년	5,941	82,788	4,077	61,184	2,340	45,343	1,057	27,295
(비율)	(4.9%)	(9.8%)	(3.4%)	(7.2%)	(1.9%)	(5.3%)	(0.9%)	(3.2%)
2007년	4,799	61,219	3,245	48,136	1,814	35,286	1,065	29,099
(비율)	(3.9%)	(7.6%)	(2.6%)	(6.0%)	(1.5%)	(4.4%)	(0.9%)	(3.6%)
2008년	3,500	50,349	2,363	38,212	1,473	31,144	1,035	30,567
(비율)	(2.9%)	(6.4%)	(2.0%)	(4.8%)	(1.2%)	(3.9%)	(0.9%)	(3.9%)

자료: 근로복지공단 내부 통계자료, 2009.

(6) 유형별(상병 종류별) 휴업급여의 지급현황

뇌·심혈관계 질환 또는 진폐 등의 업무상 질병이나 교통사고,

추락 등에 의한 업무상 사고 등을 유형별(상병 종류별)에 따라 수급자 수와 휴업급여의 지급액에 대하여 <표 2 - 12>에서 비교 분석하여 보면, 업무상 질병에 의해 휴업급여를 수령한 수급자는 2003년도에 11,902명(10.0%)이고 2007년도에 19,179명(15.6%)으로 전체 수급자의 대비 10~15% 정도이고, 나머지는 85~90%가 업무상 사고에 의해 휴업급여를 수령한 수급자들이다.

교통사고 수급자는 조금씩 증가되고 있어 2008년도 4,744명으로 전체 대비 3.9%를 차지하고 있으며, 근골격계 및 요통 재해자 수도 매년 조금씩 증가되어 2007년도 11,771명으로 전체 대비 9.5%까지 올라갔다가, 2008년도에는 8,519명에 7.1%까지 감소하는 현상을 보이고 있다.

진폐 수급자는 2003년 3,225명(2.7%), 2005년 3,189명(2.6%), 2008년 2,742명(2.3%)으로 전체 대비 2% 선을 유지하면서 감소하는 추세에 있으나, 휴업급여 지급액은 2003년도에 237억 34백만 원이던 것이 매년 증가하여 2008년도에는 372억 89백만 원에 이르면서 약 1.6배가 증가하였다.

〈표 2-12〉 유형별(상병 종류별) 휴업급여 지급현황

(단위: 명, 건, 백만 원)

구분 / 연도	업무상 질병									
	소계		뇌·심혈관계 질환		근·골격계 및 요통		진폐		기타	
	수급자	지급액	수급자	지급액	수급자	지급액	수급자	지급액	수급자	지급액
2003년 (비율)	11,902 (10.0%)	129,292 (15.8%)	3,549 (3.0%)	37,763 (4.6%)	3,876 (3.3%)	44,526 (5.4%)	3,225 (2.7%)	23,734 (2.9%)	1,252 (1.0%)	23,269 (2.8%)
2004년 (비율)	14,379 (11.7%)	170,753 (17.9%)	3,897 (3.2%)	44,468 (4.7%)	5,760 (4.7%)	76,176 (8.0%)	3,396 (2.8%)	24,418 (2.6%)	1,326 (1.1%)	25,691 (2.7%)
2005년 (비율)	14,333 (11.8%)	187,123 (19.9%)	3,900 (3.2%)	47,676 (5.1%)	5,907 (4.9%)	84,337 (9.0%)	3,189 (2.6%)	27,087 (2.9%)	1,337 (1.1%)	28,023 (3.0%)
2006년 (비율)	14,551 (12.0%)	168,547 (19.9%)	3,627 (3.0%)	43,503 (5.1%)	6,665 (5.5%)	64,679 (7.6%)	2,852 (2.4%)	31,560 (3.7%)	1,407 (1.2%)	28,805 (3.4%)
2007년 (비율)	19,179 (15.6%)	178,243 (22.3%)	3,040 (2.5%)	36,707 (4.6%)	11,771 (9.5%)	76,076 (9.5%)	2,869 (2.3%)	35,436 (4.4%)	1,499 (1.2%)	30,024 (3.8%)
2008년 (비율)	15,193 (12.6%)	164,828 (20.8%)	2,566 (2.1%)	33,591 (4.2%)	8,519 (7.1%)	62,877 (7.9%)	2,742 (2.3%)	37,289 (4.7%)	1,366 (1.1%)	31,071 (3.9%)

구분 / 연도	업무상 사고								계 (업무상 사고 + 질병)	
	소계		교통사고		떨어짐(추락)		기타			
	수급자	지급액	수급자	지급액	수급자	지급액	수급자	지급액	수급자	지급액
2003년 (비율)	107,338 (90.0%)	690,390 (84.2%)	3,404 (2.9%)	20,482 (2.5%)	18,486 (15.5%)	159,067 (19.4%)	85,451 (71.7%)	510,841 (62.3%)	119,243 (100%)	819,681 (100%)
2004년 (비율)	108,893 (88.3%	783,859 (82.1%)	3,550 (2.9%)	23,402 (2.5%)	19,515 (15.8%)	189,098 (19.8%)	85,831 (69.6%)	571,359 (59.9%)	123,275 (100%)	954,612 (100%)
2005년 (비율)	106,838 (88.2%)	751,317 (80.1%)	3,559 (2.9%)	23,646 (2.5%)	18,942 (15.6%)	182,056 (19.4%)	84,346 (69.6%)	545,615 (58.1%)	121,180 (100%)	938,439 (100%)
2006년 (비율)	106,211 (88.0%)	679,587 (80.1%)	4,117 (3.4%)	25,914 (3.1%)	18,824 (15.6%)	167,486 (19.7%)	83,272 (69.0%)	486,187 (57.3%)	120,764 (100%)	848,135 (100%)
2007년 (비율)	104,105 (84.4%)	622,060 (77.7%)	4,410 (3.6%)	27,552 (3.4%)	18,650 (15.1%)	158,087 (19.8%)	81,045 (65.7%)	436,421 (54.5%)	123,284 (100%)	800,305 (100%)
2008년 (비율)	105,506 (87.4%)	627,662 (79.2%)	4,744 (3.9%)	29,340 (3.7%)	19,040 (15.8%)	154,993 (19.6%)	81,722 (67.7%)	443,329 (55.9%)	120,699 (100%)	792,490 (100%)

자료: 근로복지공단 내부 통계자료, 2009.

(7) 사업종류별 휴업급여의 지급현황

사업종류별로 최근 6년간 휴업급여의 수급자 및 지급액을 <표 2-13>에서 살펴보면, 제조업이 수급자와 지급액에서 가장 많으며(2003

년 기준: 50,854명에 3,529억 59백만 원 지급) 매년 5만 명 이상의 수급자를 유지하면서 지급액과 함께 전체 대비 각각 40% 이상을 차지하고 있다가 2008년도에는 수급자가 46,627명으로 감소되면서 전체 대비 38.6%로 내려오는 현상을 보이고 있다. 그 다음은 건설업으로 수급자가 2003년 33,085명(27.7%), 2005년 28,902명(23.9%), 2008년 30,326명(25.1%)으로 전체 대비 23~27% 선인 데 비해 지급액은 2003년 2,875억 12백만 원(35.1%), 2005년 2,898억 45백만 원(30.9%), 2008년 2,486억 46백만 원(31.4%)으로 전체 대비 30~35%에 이르고 있어 수급자 수에 비해 지급액이 다른 업종보다 다소 높은 편임을 알 수 있다.

그리고 임업이 2003년도 수급자가 980명이고 지급액이 46억 27백만 원이던 것이 매년 조금씩 증가되어 2008년도에는 수급자가 2,079명이고 지급액이 111억 20백만 원으로 각각 2배 이상 상승되었으며, 농업과 그 밖에 사업[31]도 수급자와 지급액이 꾸준히 상승되고 있음을 알 수 있다. 그러나 운수창고통신업과 어업은 2003년도 이후 수급자와 지급액이 대체적으로 감소되는 현상을 보이고 있다.

---

[31] 그 밖에 사업이란 농수산물위탁판매업, 건물 등의 종합관리사업, 위생 및 유사서비스업, 골프장 및 경마장운영업, 기타의 각종사업(식당업, 임대 및 사업서비스업 등), 전문기술 서비스업, 보험 및 사회복지사업, 교육서비스업 등을 말한다. 사업종류별 산업재해보상보험료율 및 사업종류의 예시 참조 <노동부장관 매년 고시>.

〈표 2-13〉 사업종류별 휴업급여 지급현황

(단위: 명, 백만 원, %)

연도 업종	2003년		2004년		2005년		2006년		2007년		2008년	
	수급자	지급액	수급자	지급액	수급자	지급액	수급자	지급액	수급자	지급액	수급자	지급액
금융보험	385	3,121	403	4,031	388	4211	400	3,834	341	3,239	371	3,198
(비율)	(0.3%)	(0.4%)	(0.3%)	(0.4%)	(0.3%)	(0.4%)	(0.3%)	(0.5%)	(0.3%)	(0.4%)	(0.3%)	(0.4%)
광업	4,970	37,687	5,464	40,908	5,808	42,877	5,726	43,284	5,907	45,507	5,436	44,892
(비율)	(4.2%)	(4.6%)	(4.4%)	(4.3%)	(4.8%)	(4.6%)	(4.7%)	(5.1%)	(4.8%)	(5.7%)	(4.5%)	(5.7%)
제조업	50,854	352,959	53,228	425,456	52,879	431,783	50,922	370,483	52,240	331,172	46,627	319,954
(비율)	(42.6%)	(43.1%)	(43.1%)	(44.6%)	(43.6%)	(46.0%)	(42.1%)	(43.7%)	(42.3%)	(41.4%)	(38.6%)	(40.4%)
전기가스수도	118	1,060	143	1,292	147	1,203	131	1,223	116	1,019	108	831
(비율)	(0.1%)	(0.1%)	(0.1%)	(0.1%)	(0.1%)	(0.1%)	(0.1%)	(0.1%)	(0.1%)	(0.1%)	(0.1%)	(0.1%)
건설업	33,085	287,512	32,428	324,874	28,902	289,845	28,599	260,039	29,207	251,712	30,326	248,646
(비율)	(27.7%)	(35.1%)	(26.3%)	(34.0%)	(23.9%)	(30.9%)	(23.7%)	(30.7%)	(23.7%)	(31.5%)	(25.1%)	(31.4%)
운수창고통신	6,842	37,396	6,812	39,569	6,391	39,549	6,452	38,233	5,987	34,501	5,844	32,431
(비율)	(5.7%)	(4.6%)	(5.5%)	(4.1%)	(5.3%)	(4.2%)	(5.3%)	(4.5%)	(4.9%)	(4.3%)	(4.8%)	(4.1%)
임업	980	4,627	1,200	6,449	1,395	7,628	1,498	8,069	1,667	8,866	2,079	11,120
(비율)	(0.8%)	(0.6%)	(1.0%)	(0.7%)	(1.2%)	(0.8%)	(1.2%)	(1.0%)	(1.4%)	(1.1%)	(1.7%)	(1.4%)
어업	180	984	141	1,018	51	411	29	321	53	217	75	355
(비율)	(0.2%)	(0.1%)	(0.1%)	(0.1%)	(0.0%)	(0.0%)	(0.0%)	(0.0%)	(0.0%)	(0.0%)	(0.1%)	(0.0%)
농업	365	1,270	377	1,576	425	1,750	498	2,058	493	2,147	559	2,302
(비율)	(0.3%)	(0.2%)	(0.3%)	(0.2%)	(0.4%)	(0.2%)	(0.4%)	(0.2%)	(0.4%)	(0.3%)	(0.5%)	(0.3%)
그 밖의 사업	21,545	93,065	23,174	109,440	24,895	119,181	26,636	120,592	27,372	121,924	29,366	128,762
(비율)	(18.1%)	(11.4%)	(18.8%)	(11.5%)	(20.5%)	(12.7%)	(22.0%)	(14.2%)	(22.2%)	(15.2%)	(24.3%)	(16.2%)
합계	119,243	819,681	123,275	954,612	121,180	938,439	120,764	848,135	123,284	800,305	120,699	792,490
(비율)	(100%)	(100%)	(100%)	(100%)	(100%)	(100%)	(100%)	(100%)	(100%)	(100%)	(100%)	(100%)

자료: 근로복지공단, 「2003년~2008년 산재보험・고용보험 실적분석」, 2004~2009.

(8) 평균임금별 휴업급여의 지급현황

휴업급여는 평균임금을 기준으로 지급하고 있는바, 평균임금을 3만 5천 원 이하, 3만 5천 원 이상~5만 원 미만, 5만 원 이상~7만 원 미만, 7만 원 이상~ 10만 원 미만, 10만 원 이상~14만 원 미만, 14만 원 이상~최고보상기준금액[32]까지로 각각 구분하여 각 평균임금별의 수준에 따른 수급자와 지급액을 <표 2-14>에서 비교 분석하여 소득수준에 따른 휴업급여의 지급실태를 파악하였다.

평균임금이 7만 원~10만 원 사이의 수급자가 전체 대비 평균 26% 선을 유지하고 있어 제일 많으며, 범위를 넓혀 보면 5만 원~10만 원 사이의 수급자[33]는 전체 대비 약 50% 선으로 과반에 이르고 있다. 평균임금이 10만 원 이상~14만 원 미만 사이의 수급자가 2003년도에 11,110명(9.0%)이던 것이 매년 증가하여 2007년도에 19,687명(15.4%)까지 올라갔다가 2008년도에는 17,151명(13.7%)으로 소폭 감소하는 현상을 보이고 있으며, 평균임금이 14만 원 이상의 고임금인 수급자도 같은 맥락을 유지하고 있다.

---

32) 산재보험이 사회보험으로서의 소득재분배 역할과 재해자 간의 위화감 해소 등을 고려하여 노동부장관이 매년 고시하는 최고보상기준금액(전체 근로자의 임금 평균액의 1.8배)을 초과하는 평균임금은 최고보상기준금액을 적용하여 보상하게 된다(산재보상보험법 제36조 제7항). 2003년 133,070원, 2008년 157,220원으로 고시하였다.

33) 5만 원에서 10만 원 사이의 수급자 비율이 2003년 50.8%, 2005년 49.2%, 2008년 49.7%로 약 과반을 차지하고 있다.

<표 2-14> 평균임금별 휴업급여 지급현황

(단위: 명, 백만 원)

구분 / 연도	계		3만 5천 원 미만		3만 5천 원 이상 ~ 5만 원 미만	
	수급자[34]	지급액	수급자	지급액	수급자	지급액
2003년 (비율)	124,054 (100%)	819,681 (100%)	23,815 (19.2%)	62,799 (7.7%)	25,273 (20.4%)	101,868 (12.4%)
2004년 (비율)	128,300 (100%)	954,612 (100%)	21,598 (16.8%)	61,734 (6.5%)	24,182 (18.8%)	99,671 (10.4%)
2005년 (비율)	125,913 (100%)	938,439 (100%)	20,627 (16.4%)	61,752 (6.6%)	23,686 (18.8%)	93,142 (9.9%)
2006년 (비율)	124,527 (100%)	848,135 (100%)	20,040 (16.1%)	58,564 (6.9%)	23,186 (18.6%)	83,223 (9.8%)
2007년 (비율)	128,182 (100%)	800,305 (100%)	23,166 (18.1%)	70,016 (8.7%)	17,661 (13.8%)	58,067 (7.3%)
2008년 (비율)	125,261 (100%)	792,490 (100%)	25,131 (20.1%)	81,184 (10.2%)	14,769 (11.8%)	46,424 (5.9%)

구분 / 연도	5만 원 이상 ~ 7만 원 미만		7만 원 이상 ~ 10만 원 미만		10만 원 이상 ~ 14만 원 미만		14만 원 이상 ~ 최고보상기준금액	
	수급자	지급액	수급자	지급액	수급자	지급액	수급자	지급액
2003년 (비율)	30,230 (24.4%)	185,050 (22.6%)	32,703 (26.4%)	303,585 (37.0%)	11,110 (9.0%)	157,821 (19.3%)	923 (0.7%)	8,558 (1.0%)
2004년 (비율)	29,799 (23.2%)	182,744 (19.1%)	35,306 (27.5%)	342,621 (35.9%)	14,815 (11.5%)	222,363 (23.3%)	2,600 (2.0%)	45,479 (4.8%)
2005년 (비율)	28,244 (22.4%)	168,893 (18.0%)	33,740 (26.8%)	309,681 (33.0%)	15,815 (12.6%)	235,243 (25.1%)	3,801 (3.0%)	69,728 (7.4%)
2006년 (비율)	28,500 (22.9%)	154,671 (18.2%)	32,693 (26.3%)	269,894 (31.8%)	15,591 (12.5%)	201,290 (23.7%)	4,517 (3.6%)	80,493 (9.5%)
2007년 (비율)	27,953 (21.8%)	140,709 (17.6%)	33,499 (26.1%)	255,076 (31.9%)	19,687 (15.4%)	190,159 (23.8%)	6,216 (4.8%)	86,278 (10.8%)
2008년 (비율)	28,694 (22.9%)	135,808 (17.1%)	33,629 (26.8%)	246,691 (31.1%)	17,151 (13.7%)	189,170 (23.9%)	5,887 (4.7%)	93,213 (11.8%)

자료: 근로복지공단 내부 통계자료, 2009.

---

34) 평균임금별 수급자 수는 해당 연도에 임금변동이 있는 중복 집계되는 경우가 있어 다른 표의 수급자 수에 비해 다수 높게 집계되고 있음. 예를 들어 3만 4천 원이던 수급자가 연 도중에 평균임금이 증가되어 3만 6천 원이 된 경우에는 각각 1명씩 총 2명으로 집계되기 때문에 수급자 수가 많게 된다.

3. 분석결과의 시사점

앞에서 살펴본 다양한 각도에서의 휴업급여의 지급현황을 요약 정리하여 보면 다음과 같은 시사점을 찾을 수 있다.

첫째, 2003년 이후 최근 6년간은 재해자 수가 94,924명에서 95,806 명으로 9.2%로 소폭 증가하였으나 재해율은 0.9%에서 0.71%로 점점 감소하였음에도 불구하고, 산재보험료는 88.7%로 증가(2조 5,374 억 24백만 원→4조 7,886억 50백만 원)되었고, 보험급여 지급액도 약 37.8% 증가(2조 4,818억 14백만 원→3조 4,218억 85백만 원)하는 현상을 보이고 있어 휴업급여뿐만 아니라 보험급여 전반에 대한 합리적인 관리의 필요성이 있다는 것을 시사하고 있다.

둘째, 휴업급여가 산재보험급여 대비 2004년도에는 33.4%이고 매년 조금씩 줄어 2008년도에는 23.2%에 이르고 있으나 여전히 보험급여 총 지급액 대비 20%를 넘고 있어 일본이 약 15% 수준인 데 비해 매우 높은 편이며, 특히 60세 이상 휴업급여 수급자가 2003 년도에 16,606명으로 전체 대비 13.9%를 차지하던 것이 2008년도에는 20,043명으로 16.6%로 나타나고 있어 매년 조금씩 증가하고 있는바 취업연령이 종료되는 초고령자 이상인 자에게 현재와 같은 휴업급여 지급체계가 합당한가에 대한 의문점과 함께 개선방안에 대한 연구의 필요성이 요구된다.

셋째, 최근 6년간 연령대별 휴업급여 지급현황을 살펴보면, 60세 이하의 수급자와 지급액은 점점 줄어드는 데 비하여 만 61세 이상의 수급자 및 지급액이 2003년도 12,740명(10.7%)에 844억 2백만 원(10.3%)이던 것이 매년 조금씩 증가하여 2008년도에는 15,592명

(12.9%)에 1,133억 45백만 원(14.3%)에 이르고 있으며, 66세 이상
의 수급자 및 지급액이 2003년도에 4,756명에 282억 34백만 원이
던 것이 매년 조금씩 상승하여 2008년도에는 7,987명에 598억 89
백만 원으로 수급자는 67.9% 증가하는 반면 지급액은 무려 212%
가 증가하는 현상을 보이고 있다. 또한 2년 이상 장기 지급된 모든
휴업급여액을 전체 대비 연령대별에서도 30세 이하는 4.6%, 36세
이상~40세 이하는 7.3%, 46세 이상~50세 이하는 8.6%, 56세 이
상~60세 이하는 9.6%, 66세 이상~70세 이하는 9.9%, 71세 이상
은 12.9%로 나타나고 있어 나이가 많은 고령일수록 휴업급여 지급
이 장기화되고 있다. 이와 같이 고령자는 수급자 수와 지급액 및
지급기간의 장기화의 증가폭이 다른 연령대보다 모두 커 연령 및
노동능력을 고려하지 아니한 현행 휴업급여의 지급방식은 사회적
노동능력 상실자인 고령자에게 장기 요양을 부추기는 요인으로 작
용[35]할 수 있는바 이에 개선방안에 대한 연구의 필요성이 요구된다.

　넷째, 휴업급여의 10년 이상 장기간의 수급자는 최근 6년 사이
546명에서 1,035명으로 1.9배가 증가하였으나 휴업급여 지급액은
2003년도 114억 85백만 원이던 것이 2008년도에는 305억 67백만
원으로 약 2.7배가 증가하여 장기 지급되는 휴업급여 지급액의 상
승폭이 상당히 높음을 알 수 있다.

　유형별(상병 종류별) 휴업급여 지급현황에서 진폐 수급자는 최근
6년간 2% 선을 유지하며 감소(2.7%→2.3%)하는 추세에 있으나 휴
업급여 지급액은 2003년도에 237억 34백만 원이던 것이 점점 증가

---

35) 최율, 「산재환자의 도덕적 해이 실태 및 원인분석」, 고려대학교 석사학위논문, 2004,
　　100면.

하여 2008년도에는 372억 89백만 원으로 약 1.6배가 증가되고 있어 다른 유형에 비해 증가폭이 크다는 것을 알 수 있는바 그 원인과 대책에 대한 연구의 필요성이 요구된다.

제3장

요양기간의 장단과 휴업급여 지급률의 차등화방안

Ⅰ. 서 설

산재보험법상 휴업급여는 업무상 상병에 따른 요양으로 인하여 취업하지 못한 기간에 대해 일률적으로 평균임금의 70%에 상당하는 금액을 지급하도록 규정하고 있다. 따라서 휴업급여는 업무상 부상이나 질병의 치료과정에서 취업활동의 제약으로 인해 발생하게 되는 소득상실을 보전해주는 단기성 현금급여라고 본다. 이와 같은 제도 본연의 취지에도 불구하고 휴업급여는 각종의 도덕적 해이현상 그리고 재해근로자의 재활과 직장복귀를 유도할 수 있는 제도적 인프라의 미비 등으로 인하여 점차 장기성 현금급여로 변질되고 있다.[1]

또한 산재보험법은 휴업급여의 기간에 대해 정함이 없고 요양기간과 휴업급여 지급기간이 상호 연계성을 갖고 있어 단지 요양치료가 필요하다는 의사의 소견에 따라 휴업급여가 지급된다. 그리고 현실적으로 재해근로자가 최초 요양결정 후 요양승인을 받은 기간 내에서 치료가 종결되는 경우는 드물고, 입원과 통원 및 물리치료 기간 등을 포함하여 대체적으로 수차의 요양연기신청과 승인이 이루어진다. 이러한 과정에서 재해근로자는 지나치게 휴업급여의 장기수급자가 되고, 1년이 지난 후에는 평균임금 증감제도가 적용되어 휴업급여의 상승이 이루어져 산재보험재정에도 악영향을 미치고 있다.

---

[1] 이정우, 「산재보험제도 휴업급여의 개선방안에 관한 연구」, 『사회보장연구』 제23권 제1호, 한국사회보장학회, 2007, 83면.

더욱이 우리나라의 휴업급여제도는 수급연령에 제한이 없고, 노동능력상실 정도와 무관하게 지급된다. 또한 일부 대기업의 경우 단체협약에 의한 20~30% 추가지급으로 인해 재직근로자보다 재해근로자가 실질적으로 더 많은 소득을 받고 있다. 이는 일반근로자와의 형평성에도 어긋나는 결과를 초래한다. 따라서 업무상 상병으로 요양 시 장기화되는 휴업급여를 제도적으로 개선할 필요성이 있다고 할 것이다. 이하에서는 외국의 휴업급여제도를 검토한 후 과연 어느 시점에서 요양을 중단하거나 휴업급여를 차등지급을 하는 것이 합리적인지 그리고 재해근로자의 재활 및 사회복귀에 효과적인지에 대해 살펴보고자 한다.

Ⅱ. 외국의 휴업급여제도

1964년 제48차 국제노동기구(International Labour Organization: ILO) 회의에서 채택된 '업무 재해의 급여에 관한 협약(Employment Injury Benefits Convention: 제121호)'(1967. 7. 28. 효력발생)에서는 "일시적이거나 가벼운 노동불능과 관계된 현금급여는 정기금(정기적 급부, Periodical Payment)으로 하여야 한다."(제13조)고 정하고 있다.

그리고 그 수준에 대해 "정기금은 급여액과 급여사유가 존속하는 기간 동안 지급되는 가족수당의 합계액으로, 당해 급여사유에 관한 표준수급자(처와 두 자녀를 가진 자)에게 수급자 또는 수급자의 부양자의 종전소득과 표준수급자와 동등한 가족부양책임을 갖

는 피보호자에게 지급되는 가족수당의 합계액에 60%를 곱한 금액
을 최소한 지급해야 한다."(제19조)고 명시하고 있다.

〈표 3-1〉 표준수급자에 대한 정기지급

사고	표준수급자	백분율(%)
일시적인 또는 가벼운 노동불능	처와 두 자녀를 가진 자	60

또 이 협약과 동시에 채택된 1964년 '업무상재해의 급여 권고(Employment Injury Benefits Recommendation: 제121호)'에서는 정기금을 소득의 3분의 2를 하회하지 않는 금액으로 규정하고 있다. 이하에서는 선진 주요국으로 독일, 미국, 일본의 휴업급여제도를 특징, 지급요건, 지급기준, 지급기간으로 구분하여 각각 살펴보고, 그 시사점을 찾아본다.

1. 독 일

(1) 특 징

독일은 '사회법'(Sozialgesetzbuch: SGB) 제7권에서 산업재해에 관해 규정하고 있다. 휴업급여(Verletztengeld: 부상급여)는 요양으로 인한 소득상실 부문에 대한 보충적 차원에서 지급된다. 그리고 휴업급여는 동일한 사유로 지급되는 타 사회보장급여와 병급조정을 할 수 없다. 그리고 산재보험 위험으로 인하여 질병이 재발한 경우 재발시점부터 다시 휴업급여가 지급된다(제48조). 휴업급여 업무는

산재보험조합에서 건강보험에 지급업무를 위탁하여 해당하는 재해
근로자에게 지급하며, 후에 산재보험조합과 건강보험조합 간에 정
산하여 산재보험조합에서 건강보험으로 정산된 금액을 지급한다.
휴업급여는 관련 자료를 원칙적으로 사업주로부터 받지만 건강보
험조합을 통해서도 받을 수 있다. 휴업급여나 전환급여는 건강보험
조합이 산재보험조합 대신 지불하고 건강보험조합에서는 휴업급여
중에서 사회보장기금을 공제하고 재해근로자에게 지급하고 나면
산재보험과 사후정산 하고 있다. 이는 건강보험조합이 개인별 소득
정보를 얻는 것이 용이하기 때문이다.[2]

(2) 지급요건

휴업급여의 지급요건은 첫째로 보험사고의 발생 결과 노동능력
을 상실하거나 요양으로 인해 전일제 근로활동이 불가능하게 된
경우, 둘째로 노동능력 상실 전 또는 요양 직전에 근로소득, 사업
소득, 질병보조금, 휴업급여, 질병부가보조금, 전환급여, 생활비, 단
기근로자 보조금, 동절기 수당, 실업급여, 모성수당 등을 지급받은
경우이다. 그 외에 ① 직업재활급여가 지급되고, ② 근로자의 책임
이 아닌 이유 때문에 직업재활급여가 요양에 직접 연결되지 않으
며, ③ 근로자가 기존의 직업활동을 계속 수행할 수 없거나 그에게
다른 적합한 활동을 중개할 수 없는 경우 또는 근로자가 그 활동을
중대한 이유에서 수행할 수 없는 경우로서, ④ 노동능력상실 전 또
는 요양 직전에 근로소득, 사업소득, 질병보조금, 휴업급여, 질병부

---

2) 이현주 외 5명, 『주요국의 산재보험급여체계 비교연구』, 한국노동연구원, 2003, 51 − 52면.

가 보조금, 전환급여, 생활비, 단기근로자 보조금, 동절기 수당, 실업급여, 모성수당 등을 지급받은 때이다. 결론적으로 휴업급여는 재해로 인한 부상 또는 질병으로 근로자가 치료를 받고 있는 동안 임금대체를 위해 지급되고, 재해 직전 소득활동에 참가하던 자만이 수혜대상이 된다.[3]

(3) 지급수준

휴업급여는 재해로 인한 소득탈락을 대체하고 재해근로자의 생활수준을 보장해야 한다. 그리고 휴업급여는 노동불능 개시 전 수입에 의존하고 있으나, 다양한 종류의 소득 가능성에 근거하기 때문에 휴업급여의 단일한 산정은 불가능하다. 휴업급여는 규칙적으로 획득한 근로소득과 사업소득이 보험료 계산에 근거를 이루는 한 그의 80%이다. 이에 따라 기준근로사업소득이 근로자의 휴업급여 산정의 근간을 이룬다.

기준근로소득의 확정은 최소한 4주간에 최종적으로 정산된 근로소득 지급기간(측정기간), 그 측정기간 동안 취득한 근로소득, 근로소득이 지급된 시간 수, 정기적인 주당 근무시간을 기초로 한다. 이러한 경우는 원칙적으로 근무한 시간에 따라 임금을 받고 정기적으로 고용된 모든 근로자에게 적용된다.

여기에서 측정기간 중의 근로소득에는 산재보험료 산정에 기초를 이루는 임금이 고려된다. 따라서 원칙적으로 지속적인 모든 현금 및 물적 급여뿐만 아니라, 산재보험 보험료 납부의무가 있는 면

---

3) 근로복지공단, 『독일 산재보험법 해설서』, 2005, 352 – 361면.

세분 추가수당까지도 고려된다.

그리고 정기적인 주당 근무시간은 근로계약서 또는 단체협약서에 확정되어 있기는 하지만, 재해근로자의 고용기간이 노동불능이 시작될 때 13주(3개월)에 미치지 않으면 정기적인 주당 근무시간의 수는 그 회사에 지난 13주 동안 근무하였던 동종의 고용자의 관계에 따른다. 임금을 월급여로 받는 경우에는 측정기간 중 임금을 30으로 나누어 나온 것이 기준임금인데, 기준임금액은 연간근로소득의 360분의 1이다. 휴업급여가 지급되는 기간에 최고 연간근로소득이 변경되면 조정시점에 기준이 되는 최고 연간근로소득이 고려된다.[4]

(4) 지급기간

휴업급여는 노동불능 상태가 의학적으로 확정된 날로부터 또는 전일근무가 곤란한 요양행위가 시작된 날로부터 지급이 개시된다 (제46조 제1항). 여기에서 노동불능 상태란 근로자가 자신의 상태를 즉시 악화시킬 위험을 감수한다면 기존에 수행했던 소득활동을 수행할 수 있거나 전혀 수행할 수 없는 경우를 말한다. 원칙적으로 휴업급여는 노동불능 상태나 요양치료 대책을 통하여 전일 소득활동이 방해받는 날의 마지막 날에 종결된다. 또는 전환급여청구권이 발생하는 날의 전날에 발생한다. 여기에서 법적 의미의 노동불능 마지막 날은 노동불능 전에 최종적으로 수행했거나 법적으로 동등한 소득활동이 개시되는 날이다. 그리고 전환급여는 휴업급여에 대해 독자적 급여로서 휴업급여는 전환급여를 유발하는 직업촉진급

---

4) 근로복지공단, 『독일 산재보험법 해설서』, 366 - 380면.

여가 시작되는 날에 중단된다.

또한 노동능력 회복이 기대될 수 없고 직업촉진급여가 지급되지 아니하는 경우로서, 근로자에게 요구 가능한 직업이 제공된 날 또는 소득활동을 할 수 있을 정도로 요양대책이 완결된 날, 소득불능으로 인한 연금, 연령으로 인한 완전연금, 공무원법 규정 또는 원칙에 따라 지급되는 정년급여들의 급여가 개시된 날의 다음 날에 휴업급여가 종결된다. 그리고 노동능력의 회복을 기대할 수 없고 직업촉진급여가 지급되지 아니한 경우 휴업급여청구권은 78주로 한정되는데, 78주라는 최대기간은 재해근로자가 경제적 상황의 변경에 적응할 수 있는 충분한 시간으로 간주된다. 78주를 초과하여 휴업급여를 지급하기 위해서는 산재병원의 노동불능 기간에 대한 구체적인 언급이 요구된다. 그리고 휴업급여는 노동불능이 시작된 날로부터 시작되지만 입원치료가 끝나기 전에는 종결되지 않는다. 따라서 휴업급여는 입원치료 마지막 날까지 지급되며 그 후에는 장해자연금이 개시된다.

결론적으로 독일에서는 예외적인 경우를 제외하고는 재해발생 후 78주 이전에 장해등급의 판정이 이루어지고 있으며, 장해등급 판정 후 직업재활훈련에 참여하면 전환급여가, 그렇지 않은 경우에는 장해연금이 지급되고 있어 우리나라와 같이 휴업급여를 장기간 수급하는 문제는 존재하지 않는다. 한편 휴업급여 기준임금의 인상은 미국이나 캐나다처럼 소비자 물가지수에 연동하지 않고 일본과 같이 평균급여 인상률과 연동시키지만 경기침체로 인해 임금상승률이 거의 제로에 가까운 수준이다.[5]

---

5) 근로복지공단, 『독일 산재보험법 해설서』, 361 – 366면.

2. 미 국

(1) 특 징

미국의 경우 '근로자보상법'(Workers' Compensation Act: WCA)
은 각 주마다 다른 특징을 갖고 있다. 뉴욕 주(New York 州)의 경
우 최초 7일간은 대기기간으로 보상하지 않는다. 그리고 대부분 주
(洲)의 근로자보상법은 재해근로자의 장해기간 동안 임금손실에 대
한 휴업급여를 제공하고 있다. 또 '연방근로자보상법'(The Federal
Employees' Compensation Act: FECA), '해안 및 항만 근로자보상
법'(The Longshore and Harbor Workers' Compensation Act: LHWCA),
34개 주들과 워싱턴 특별행정에서는 재해근로자의 장해에 대한 일
시적 임금손실급여를 실시하고 있다. 16개 주에서 재해근로자에 대
해 100주에서 150주의 기간 동안 제한적으로 일시적인 장해에 대
한 보상급여를 지급하고 있다. 만일 재해근로자가 장기적 장해자가
될 경우에는 그들에게 제공되는 일시적 임금손실에 대한 급여는
중단되고, 영구적 장해급여로 이전된다.[6]

또한 오클라호마 주(Oklahoma 州) 등 12개 주가 휴업급여 총액
에도 제한을 가하고 있다. 가령 오클라호마 주의 휴업급여는 주(州)
평균임금의 90% 한도 내에서 재해근로자의 연간 평균소득의 90%
에 해당하는 휴업급여를 150주 동안 지급하게 되는데, 그 총 휴업
급여액은 46,050$를 넘을 수 없다.[7] 그리고 휴업급여 지급기준인

---

6) 박찬임, 「산재보험제도의 국제비교 연구」, 한국노동연구원, 2002, 93면.
7) 한국노동연구원, 「산재보험제도 합리화 방안」, 1999, 15 – 16면.

평균임금의 상승을 소비자 물가지수와 연동함으로써 우리나라 처럼 전체 근로자의 임금평균액 상승률에 의한 인상지급에 따른 근로자 과잉보장의 원인을 제거하고 있다.

(2) 지급요건(워싱턴 주: Washington 州)

근로자가 업무상 부상이나 질병으로 인하여 일을 할 수 없게 되면 그 기간 동안 임금의 일부를 지급받는다. 의료서비스를 받는 경우 휴업일수가 3일을 초과하지 않는 경우에는 휴업급여를 지급하지 않는다. 3일 이내의 지급을 요하는 작업장에서의 부상 또는 직업병은 모두 요양급여를 지급한다. 만일 부상이 3일을 초과하는 작업손실을 유발할 경우 지역 노동산업부 사무소에 이를 통지해야만 휴업급여를 받을 자격이 주어지게 된다.

따라서 근로자는 부상 또는 직업병으로 인한 휴업일수가 3일을 초과하는 경우 휴업급여를 신청할 수 있는데, 휴업급여는 근로자가 자신의 건강상태로 인해 직장으로 돌아갈 수 없다는 소견서를 노동산업부에 서면으로 제출했을 때 지급된다. 최초의 휴업급여는 노동산업부가 사고보고서를 접수한 날로부터 약 2주 후에 지급된다.[8]

(3) 지급수준

가. 부분휴업급여

일시부분장해로 인하여 근로자가 제한된 범위에서 직장에 복귀할 때 또는 부상으로 인하여 급여가 줄어든 직책으로 복귀할 때 부

---

8) 이현주 외 5명, 전게서, 107면.

분휴업급여가 지급된다. 부분휴업급여는 재해근로자의 임금이 5% 이상 삭감되었을 경우에 지급되며, 현재 임금과 산재 당시 임금 차액의 80%에 해당하는 금액이 지급된다. 부분휴업급여는 근로자의 상태가 안정된 후에는 지급되지 않는다. 모든 휴업급여는 주치의가 객관적인 사실들을 근거로 증명해야 지급된다.[9]

나. 완전휴업급여

근로자가 부상 또는 위험 노출의 직접적인 결과로 인한 일시완전장해로 지속적인 유급으로 업무에 복귀할 수 없을 때 완전휴업급여가 지급된다. 근로자의 완전장해가 지속되는 한 근로자는 자신의 임금, 결혼 여부, 부양자녀 수 등에 의해 결정되는 휴업급여를 지급받는다. 근로자가 재해 당시 기혼일 경우 임금의 65%에 해당하는 휴업급여가 지급되며, 부양자녀가 있는 경우 자녀 수에 비례하여 급여액도 증가한다. 부양자녀가 1명의 경우 임금의 67%, 2명은 임금의 69%, 3명은 임금의 71%, 4명은 임금의 73% 그리고 5명 이상은 임금의 75%를 지급받는다. 그러나 만일 근로자가 재해 당시 미혼일 경우 임금의 60%에 해당하는 휴업급여가 지급되며, 부양자녀가 있는 경우 자녀 수에 비례하여 급여액도 증가한다. 부양자녀가 1명의 경우 임금의 62%, 2명은 임금의 64%, 3명은 임금의 66%, 4명은 임금의 68% 그리고 5명 이상인 경우 임금의 70%를 지급받는다.[10]

---

9) 이현주 외 5명, 전게서, 108면.
10) 이현주 외 5명, 전게서, 108면.

(4) 지급기간

의사가 작성한 보고서에서 근로자가 사업장으로 복귀할 만한 상태가 아님을 증명하는 한 계속해서 휴업급여를 받을 수 있다. 즉 사업주가 의뢰하여 근로자에 대한 취업능력을 파악하기 위해 검진을 실행한 의사가, 사업주가 제안한 직무를 수행할 수 있는 육체적 능력이 근로자에게 있다고 판단하여 근로자가 그 직무에 복귀할 때까지 휴업급여는 계속 지급된다.

또한 의사가 근로자의 부상이 완전히 치유되지 않았다고 판단하는 상황에서 근로자가 일을 그만두거나, 근로자가 직장에 복귀하지 않는 것이 좋겠다고 의사가 판단한 상황에서 근로자가 일을 그만둔 경우에도 급여는 계속 지급된다. 하지만 근로자가 자발적으로 퇴직을 하였고 더 이상 노동시장에 머물지 않는다고 판단할 경우 급여는 중단된다. 노동산업부는 휴업급여를 매월 2회 지급한다. 이를 위해 의사는 근로자의 상태에 대해 정기적으로 노동 산업부에 보고해야 하며 이 정보가 없을 경우 근로자의 휴업급여는 지연되거나 중단될 수 있다.[11]

3. 일 본

(1) 특 징

일본은 '노동자재해보상보험법'(이하 '노재보험법'이라 한다)에 의

---

11) 이현주 외 5명, 전게서, 110면.

하여 근로자가 업무상의 상병에 의한 요양으로 휴업하고 그로 인해 임금을 받지 못하게 된 경우에 휴업보상급부가 지급되고, 통근재해에 의한 요양을 위해 휴업한 경우에는 휴업급부가 지급된다. 그리고 요양 후 1년 6개월이 경과한 경우에는 휴업급부보상의 기초일액은 5년 단위로 연령계층에 따른 최저한도액 및 최고한도액을 정하여 제한하고 있다. 다만 근로자가 업무상의 부상 또는 질병에 의한 요양을 위하여 소정근로시간 중 그 일부분에 대해서만 노동하는 날인 경우로서 임금의 일부를 받고 있는 경우에는 사회복귀촉진 등 사업에서 급부기초일액의 20%에 상당하는 액의 휴업특별지급금이 휴업 제40일째부터 지급된다.[12] 이러한 경우 전일 휴업하는 경우에 비하여 근로자의 실제 수령액은 높아질 수 있다.

(2) 지급요건

근로자가 업무상 부상을 입거나 또는 질병에 걸린 경우에는 휴업보상급부가 행해지고, 통근재해로 피재하면 휴업급부가 행해진다. 휴업보상급부를 지급하기 위한 조건은 먼저 근로를 할 수 없을 것, 요양하기 위해서 휴업할 것, 임금을 받지 않았을 것으로 우리나라나 여타 국가와 동일하다. 그리고 요양한 날이 4일 이상이 되어야 하는데 이는 대기기간으로서 최초 3일간은 노동기준법의 휴업보상 대상이 된다. 다만 휴업급부의 대기기간에 대해서는 사업주의 재해보상책임이 없다.[13]

---

12) 井上 浩, 勞災補償法 詳說, 經營書院, 2008, 217면.
13) 이현주 외 5명, 전게서, 193면.

한편, 징역·금고 혹은 구류형의 집행으로 인하여 감옥에 구치되어 있는 경우, 노역장 유치를 선고받아 노역장에 유치되어 있는 경우 또는 감치재판의 집행을 위하여 감치장에 감치되어 있는 경우에는 휴업보상급부를 행하지 아니한다. 그리고 소년법의 규정에 의해 보호처분으로서 소년원 혹은 아동자립지원시설에 송치되어 수용되어 있는 경우 또는 매춘방지법 규정에 의한 보도(補導)처분으로 부인보도원에 수용되어 있는 경우에도 마찬가지이다(노재보험법 제14조의 2, 같은 법 시행규칙 제12조의 4). 그리고 근로자가 업무상의 부상 또는 질병에 의한 요양을 위하여 소정 근로시간 중 그 일부분에 대해서만 노동하는 날에는 부분휴업보상을 행한다.

(3) 지급수준

휴업한 경우에 급부되는 것은 급부기초일액의 60%에 상당하는 금액이다. 급부기초일액은 평균임금에 상당하는 금액으로 하고 있다(노재보험법 제8조). 휴업보상급부는 휴일이나 출근정지기간과 같이 임금청구권이 발생하지 않는 날에 대해서도 행한다.[14] 그리고 근로자가 부분휴업보상 대상인 경우에는 급부기초일액에서 당해 노동에 대하여 지급된 임금액을 공제하여 얻은 금액의 100분의 60에 상당하는 금액을 휴업보상급여로 지급하고 있다. 이때 사회복귀촉진 등 사업의 하나로서 1일에 대해 급부기초일액의 100분의 20의 '휴업특별지급금'이 별도로 지급된다.

또한 요양을 개시한 날에서 1년 6개월 경과하면 연금과 같은 급

---

14) 菅野和夫, 勞働法, 弘文堂, 2008. 359면.

부액의 계산기초가 되는 급부기초일액에 5년 단위의 연령계층별로 최고와 최저의 한도액이 적용되는 것이어서, 극단적인 고액 또는 저액의 급부는 없는 것으로 된다. 그리고 휴업보상급부에 대해서는 임금수준의 상승 또는 하강에 따라 급부기초일액의 개정이 이루어진다. 즉 휴업보상급부가 장기간에 걸치는 경우에 일본은 임금에 슬라이드 시키는 방법에 의하고 있다. 임금이 어느 이상 변동한 경우에 개정할 것인가라고 하는 것인데, 노재보험법은 근로자 1개월 평균 급여액의 10% 이상이거나 이하일 경우에 급부기초일액을 조정한 금액을 휴업급여기초일액으로 한다(노재보험법 제8조의 2). 이때 후생노동성에서 작성한 매월 근로통계에 의해 개정률이 결정되고, 급부액은 그 비율에 의해 개정된다.[15]

(4) 지급기간

일본의 경우 요양을 개시한 날로부터 기산하여 1년 6개월을 경과한 날 이후에도 당해 부상 또는 질병이 치유되지 아니하고, 당해 부상 또는 질병에 의한 장해의 정도가 후생노동성령에서 정하는 상병등급에 해당하는 경우에는 상병보상연금을 지급하도록 규정하고 있다(노재보험법 제12조의 8 제3항).

그리고 매년 1월 1일부터 같은 달 말일까지의 사이에 업무상 상병으로 인하여 휴업하고 있는 근로자가 휴업보상급부를 청구하고자 하는 경우로서 같은 달 1일에 당해 상병에 관한 요양 개시 후 1년 6개월을 경과하고 있을 때에는 청구서에 의사의 진단서를 첨부

---

15) 井上 浩, 전게서, 217면.

하도록 정하고 있다(산재보험법 시행규칙 제19조의 2). 또한 요양 후 1년 6개월이 경과한 경우에는 휴업급부보상의 기초일액은 5년 단위로 연령계층에 따른 최저한도액 및 최고한도액을 정하여 제한하고 있다.

4. 제도의 비교와 시사점

(1) 지급요건의 비교와 시사점

요양기간 중 지급되는 휴업급여는 어느 나라나 업무상 사유에 의하여 부상을 당하거나 질병에 걸린 근로자에게 요양으로 인하여 취업하지 못한 기간 동안 현금급여로 지급되고 있다.

독일에서의 휴업급여의 첫째 지급요건은 보험사고의 발생 결과로 노동능력을 상실하거나 요양으로 전일제 근로활동이 불가능하게 된 경우이다. 따라서 부분적인 휴업급여는 지급하지 않는다. 이에 대하여 미국의 워싱턴 주에서는 업무상재해로 인하여 4일 이상의 임금을 받지 못한 경우에는 휴업급여를 지급하는데 근로자가 업무상 상병의 결과 일시완전장해로 업무에 복귀할 수 없는 경우 완전휴업급여가 지급되고, 근로자가 일시부분장해가 된 경우에는 제한된 범위 내에서 직장에 복귀할 때에는 부분휴업급여가 지급된다. 그리고 일본은 업무상 상병으로 요양한 날이 4일 이상이어야 하고 근로자가 상병을 위한 요양을 위하여 소정 근로시간 중 일부분에 대해서만 근로하는 날에는 부분휴업보상을 행하고 있다.

〈표 3-2〉 휴업급여의 지급요건[16]

독 일	워싱턴 주	일 본	한 국
- 부상 또는 질병으로 소득상실이 있을 것 - 기존의 직업활동에 복귀할 수 없을 것 - 다른 직업을 얻을 수 없을 것	- 상해로 인하여 4일 이상 임금을 받지 못한 경우 - 산재로 인하여 임금의 5% 이상 삭감된 경우 - 퇴직 시 자발적 퇴직의 경우 지급 안 함	- 업무상재해 또는 통근재해에 의한 요양 때문에 노동을 할 수 없어 임금을 받지 못할 것 - 취업하지 못한 기간이 4일 이상일 것	- 요양으로 인하여 취업하지 못할 것 - 취업하지 못한 기간이 4일 이상일 것 - 근로를 못하기 때문에 임금을 받지 못할 것

우리나라의 휴업급여 지급요건은 재해발생 시점으로부터 4일 이상의 요양을 필요로 하며 부분휴업급여제도도 채택하고 있다. 4일 이상의 요양을 필요로 하는 것은 미국 워싱턴 주나 일본과 동일한 기준이라고 할 것으로 비교법적으로 볼 때 안정된 기준으로 생각된다. 그리고 우리나라의 부분휴업급여제도 역시 미국 워싱턴 주나 일본의 경우와 유사한 제도로 보인다.

(2) 지급수준의 비교와 시사점

독일은 규칙적으로 획득한 근로소득과 사업소득이 보험료 계산에 근거를 이루는 한 그의 80%를 휴업급여로 지급하되 세금 등을 공제한 순소득을 초과할 수 없도록 하고 있다. 그리고 미국의 워싱턴 주에서는 근로자의 총임금에 일부 후생비를 포함한 액수의 60~75%가 지급되는데 지급수준은 근로자가 재해를 입을 당시의 임금, 결혼 여부, 부양가족 수에 따라 다르다. 다만 일시부분장해로 부분휴업 하는 경우에는 재해근로자 임금의 5% 이상 삭감되었을 경우에 지급하게 되는데, 현재 임금과 피재 당시 임금 차액의 80%

---

16) 이현주 외 5명, 전게서, 285면.

에 해당하는 금액이 지급된다. 또 일본의 경우에는 급부기초일액의 60%에 상당하는 금액이 휴업보상급부로 지급되고, 부분휴업의 경우는 사회복귀촉진의 일환으로 급부기초일액의 20%가 휴업특별지급금으로 추가 지급된다.

우리나라에서는 휴업급여로 재해가 발생한 날 또는 진단에 의하여 질병이 발생되었다고 확정된 날의 평균임금의 70%를 지급한다. 다만 부분휴업의 경우에는 취업한 날 또는 취업한 시간에 대한 임금을 뺀 금액의 90%에 상당하는 금액을 지급할 수 있다. 이는 휴업급여의 지급기준이 되는 기초임금이 국가마다 달라 일률적으로 판단하기는 어려우나, 대체적으로 볼 때 독일보다 낮은 수준으로 보이고, 미국과는 대동소이하며, 일본보다는 높은 수준으로 보인다. 그리고 우리나라의 평균임금 70% 수준은 ILO에서 권고하는 60% 수준을 상회하고 있으므로 전체적으로 볼 때 낮은 수준으로 보이지는 않는다.

〈표 3-3〉 휴업급여의 수준[17)]

독일	워싱턴 주		일본	한국
• 6주까지: 임금 전액 • 7주부터 기준소득의 80% • 세금을 공제한 순소득 한도	－완전휴업급여 • 상해를 입었을 당시의 결혼 상태 및 부양가족 수 자녀 0　60%　65% 자녀 1　62%　67% 자녀 2　64%　69% 자녀 3　66%　71% 자녀 4　68%　73% 자녀 5　70%　75% • 주 평균 월 임금 120% 한도 －부분휴업급여 • 현재 임금과 상해 당시 소득 능력의 차액의 80% 지급	미혼　기혼	• 휴업보상급부: 급부기초일액×60%×휴업일 • 휴업특별지급금: 급부기초일액×20%×휴업일	• 평균임금×70%×휴업일

(3) 지급기간의 비교와 시사점

독일은 노동불능 상태가 의학적으로 확정된 날 또는 전일 근무가 곤란한 요양이 시작된 때부터 휴업급여 지급이 개시되어 노동불능 상태나 요양치료대책을 통하여 전일 소득활동이 방해받는 날의 마지막 날에 종결된다. 다만 입원치료 중이 아니라면 노동능력이 상실된 지 78주가 경과하기 전까지 휴업급여가 지급된다. 그리고 미국 워싱턴 주의 경우 요양 개시 후 직무를 수행할 수 있는 육체적 능력이 근로자에게 있다고 판단될 때까지로서 기간의 제한이 없다. 또 일본은 요양 개시 후 1년 6개월 이후에는 상병 상태에 따라 상병보상연금으로 지급하되 상병등급에 해당되지 않는 경우에는 의사의 진단서를 첨부한 경우에 휴업급여를 지급하고 있다.

우리나라의 경우 휴업급여는 요양으로 인해 취업하지 못한 기간으로 일정한 제한이 없고, 더욱이 입원이나 통원을 불문하고 요양기간 중에는 휴업급여를 지급하고 있어 외국에 비하여 도덕적 해이를 가져올 우려가 높다고 보인다. 따라서 요양 개시 후 2년 후에 상병 상태에 따라 지급되는 상병보상연금 지급대상이 되지 않는 재해근로자에 대해서는 일정한 제한을 가할 필요가 있다고 할 것이다.

한편 여러 외국의 입법례를 살펴볼 때 <표 4-12> '보험적용소득별 휴업급여 지급수준'에서 나타난 바와 같이 상병 상태에 따라 휴업급여 비율을 달리하는 사례는 있으나, 휴업기간별로 차등제도를 두고 있는 사례는 찾기 어렵다.

---

17) 이현주 외 5명, 전게서, 287면.

〈표 3-4〉 휴업급여의 지급기간[18]

	독 일	워싱턴 주	일 본	한 국
개시	• 노동불능 상태가 의학적으로 확정된 날로부터 • 전일근무가 곤란한 요양행위가 시작된 날로부터	• 요양 개시 후 4일부터	• 요양 개시 후 4일째부터	• 4일 이상의 요양을 요하는 경우에 재해발생 시점부터
종료	• 노동불능 상태가 해제된 날 • 다른 직업을 수행할 수 있게 된 날 • 전환급여 지급 시작 날 • 노동능력 상실된 지 78주 경과한 날	• 의사의 의료평가와 사업주의 직무제안서를 통해 결정	• 치료 종결 시점까지 • 요양 개시 후 1년 6개월이 경과한	• 치료 종결 시점까지 • 영구불능의 경우에 한하여 산재발생 2년 된 자가 폐질등급판정을 받은 때까지
지급 방법	• 월 1회	• 월 2회	• 휴업한 일수분을 일괄하여 청구하거나 수회로 나누어 청구 가능	• 월 1회

〈표 3-5〉 외국의 휴업급여제도

구 분	독 일	워싱턴 주	일 본	한 국
지급 요건	• 부상 또는 질병으로 소득상실이 있을 것 • 기존의 직업활동에 복귀할 수 없을 것 • 다른 직업을 얻을 수 없을 것	• 상해로 인하여 4일 이상 임금을 받지 못한 경우 • 산재로 인하여 임금의 5% 이상 삭감된 경우 • 퇴직 시 자발적 퇴직의 경우 지급 안 함	• 업무상재해 또는 통근재해에 의한 요양 때문에 노동을 할 수 없어 임금을 받지 못할 것 • 취업하지 못한 기간이 4일 이상일 것	• 요양으로 인하여 취업하지 못할 것 • 취업하지 못한 기간이 4일 이상일 것 • 근로를 못하기 때문에 임금을 받지 못할 것
지급 수준	• 6주까지: 임금 전액 • 7주부터 기준소득의 80% • 세금을 공제한 순소득 한도	- 완전휴업급여 • 상해를 입었을 당시의 결혼 상태 및 부양가족 수 　　　　미혼　기혼 자녀 0　60%　65% 자녀 1　62%　67% 자녀 2　64%　69% 자녀 3　66%　71% 자녀 4　68%　73% 자녀 5　70%　75% • 주 평균 월 임금 120% 한도 - 부분휴업급여 • 현재임금과 상해 당시 소득능력의 차액의 80% 지급	• 휴업보상급부: 급부기초일액×60%×휴업일 • 휴업특별지급금: 급부기초일액×20%×휴업일	• 평균임금×70%×휴업일

---

18) 이현주 외 5명, 전게서, 288면.

구 분		독 일	워싱턴 주	일 본	한 국
지급기간	개시	• 노동불능 상태가 의학적으로 확정된 날로부터 • 전일근무가 곤란한 요양행위가 시작된 날로부터	• 요양 개시 후 4일부터	• 요양 개시 후 4일째부터	• 4일 이상의 요양을 요하는 경우에 재해발생 시점부터
	종료	• 노동불능 상태가 해제된 날 • 다른 직업을 수행할 수 있게 된 날 • 전환급여 지급 시작 날 • 노동능력 상실된 지 78주 경과한 날	• 의사의 의료평가와 사업주의 직무제안서를 통해 결정	• 치료 종결 시점까지 • 요양 개시 후 1년 6개월이 경과한 날	• 치료 종결 시점까지 • 영구불능의 경우에 한하여 산재발생 2년된 자가 폐질등급판정을 받은 때까지
지급방법		• 월 1회	• 월 2회	• 휴업한 일수분을 일괄하여 청구하거나 몇 회로 나누어 청구 가능	• 월 1회

Ⅲ. 요양의 장기화에 따른 휴업급여의 문제점

1. 요양기간 장기화의 원인

(1) 휴업급여 지급방식

산재보험에 있어서 휴업급여는 재해근로자의 재해발생 직전 지급받던 평균임금을 기초로 일정률에 따라 지급되는 정률보상주의를 원칙으로 하고 있다. 따라서 상병 상태·연령·요양기간·노동능력에 관계없이 재해 직전의 평균임금을 기초로 70%에 해당하는 휴업급여를 지급한다.

이와 같이 상병 상태와 무관하게 지급되는 정률보상은 노동능력 상실률이 100%인 재해근로자와 한 달에 한 번 통원치료 해도 되는 가벼운 상병 상태인 재해근로자에게 동일한 지급률의 휴업급여가 되어 재해근로자 간의 형평성에도 문제를 야기한다.

또 연령 및 노동능력과 무관하게 지급되는 휴업급여의 지급방식은 특히 사회적 노동능력상실자일 수 있는 고령의 근로자에게 장기 요양을 부추기는 요인으로 작용한다. 고령인 재해근로자의 경우 고령으로 인해 상병에 취약할 뿐만 아니라 상병에 대한 회복능력이 떨어진다. 그리고 고령으로 인한 합병증 등의 존재 가능성이 높아 대체적으로 요양기간이 길고 또한 회복이 된다 하더라도 고령으로 인해 사회복귀가 사실상 불가능하다. 이는 <표 2-9> '연령대별 휴업급여 지급기간'에서 나타난 바와 같이 30세에서 60세까지의 추이를 볼 때 연령이 높아질수록 장기간의 휴업급여 수급자도 증가하는 것을 알 수 있는데, 이들에게 지급되는 휴업급여는 요양을 장기화하도록 만드는 절대적인 요인이라고 할 수 있다.[19]

그리고 평균임금 증감제도에 의하여 지속적인 휴업급여의 인상을 가져온다는 점이다. 즉 재해 당시에는 저임금근로자이더라도 1년 후 평균임금 증감제도의 적용에 의해 지속적인 평균임금의 증가가 이루어지게 된다. 따라서 인적 자본이 열악하여 재취업이 어렵거나 재취업을 하더라도 낮은 급여를 받게 될 재해근로자의 경우에는 요양을 지속하여 휴업급여를 받는 것이 현실적으로 유리하게 되고 이는 요양의 장기화 원인이 된다.

(2) 요양기간과 휴업급여 지급기간의 일치

현행 산재보험법상 휴업급여는 업무상 상병에 걸린 근로자에게

---

19) 최윤, 전게논문, 100-101면.

‘요양으로 취업하지 못한 기간’에 대하여 지급하고 있다. 따라서 요양으로 취업하지 못한 경우라면 노동능력이나 상병상태와 무관하게 기간의 제한 없이 휴업급여를 지급하고 있다. 이는 독일이나 여타 국가와 같이 ‘노동의 가능 정도’나 또는 일정 기간만이 휴업급여가 지급되는 것이 아니라 단지 요양으로 인하여 취업하지 못할 경우 기간의 제한 없이 휴업급여가 지급된다는 점이다. 따라서 현실적으로 노동능력이 어느 정도 회복단계에 있고 1개월에 한 번 정도밖에 통원치료 하는 경우에도 요양하고 있는 경우로 보아 휴업급여가 온전히 지급되고 있는 것은 직장복귀의욕을 감퇴시키고 요양을 장기화시키는 요인이 된다.

2. 요양의 장기화에 따른 휴업급여의 문제점

(1) 휴업급여 수급기간의 장기화

현행 산재보험법상 휴업급여의 지급기간은 업무상 상병이 요양으로 치유된 후 증상이 고정되어 더 이상 의학적인 치료효과를 기대할 수 없게 되어 치료를 종결할 때까지이다. 따라서 산재보험법상 요양 중인 재해근로자의 ‘치료종결’이란 휴업급여의 지급중단사유이고, 한편으로는 장해보상의 개시를 의미한다. 따라서 장해등급에 해당되지 않는 재해근로자에게 있어서의 ‘치료종결’은 산재로 인한 모든 혜택의 중단을 의미한다. 그러므로 재해근로자는 계속 치료가 필요하다는 입장을 취하여 가급적 치료종결을 늦추고자 하고, 근로복지공단은 더 이상 치료가 불필요하다는 입장을 취하게 된다.

그리고 휴업급여는 요양으로 인하여 취업하지 못한 기간에 대해 소득보전 차원에서 지급되는 것으로 요양기간은 곧 휴업기간을 의미한다. 따라서 요양의 장기화로 인해 가장 문제가 되는 것은 휴업급여 수급의 장기화 현상이라고 할 수 있다.

또한 일반근로자의 경우 명예퇴직 등 조기퇴직으로 인하여 근로임금에 의한 임금이 실제적으로 더 이상 존재하지 않거나 임금 피크제의 도입으로 임금이 감액된다. 그러나 휴업급여 수급자의 경우에는 실질가치 유지로 재해근로자가 치료 종결을 기피하여 휴업급여 수급기간의 장기화를 가져오고 있다.

또 휴업급여 지급연령이 높을수록 요양일수 장기화 현상이 나타난다고 볼 수 있다. 이는 연령이 높을수록 과로성 재해 등에 노출될 위험성이 높아지고 또 고령일수록 치료가 더디어지는 경향이 있어 요양기간이 장기화하는 점에도 원인이 있겠으나, 적어도 연령이 높을수록 그리고 휴업급여액이 높을수록 요양의 장기화로 휴업급여기간이 장기화되는 경향이 있다.[20]

이는 <표 2-11> '요양기간별 휴업급여 지급현황'에서 나타난 바와 같이 10년 이상의 초장기 재해근로자의 수는 2003년에는 546명(0.5%)에 불과하였으나 2008년에는 1,035명(0.9%)이 되어 2003

---

[20] 참고로 휴업급여기간의 변동을 가장 많이 설명해 주는 의학적 변수를 통제하였을 때, 휴업급여기간에 유의미한 변수로서 학력과 부양자 수 그리고 기업규모로 나타났다. 학력이 높을수록, 부양자 수가 많을수록 그리고 기업규모가 작은 곳일수록 휴업기간을 끝내려는 기대가 높고 휴업급여기간이 짧은 것으로 나타났다(민소영, 「산재보험 휴업급여의 수급기간지속에 영향을 미치는 요인에 관한 연구」, 서울대학교 석사학위논문, 1996, 54면).

년에 비하여 1배 가까이 증가되었다. 그런데 휴업급여액의 경우는 2003년에 11,485백만 원(1.4%)이었으나 2008년에는 30,567백만 원(3.9%)으로 나타나 2배 이상이 증가되었다. 따라서 휴업급여기간이 장기화될수록 휴업급여액은 더 많이 증가하여 보험재정의 악화를 가져오고 있다는 것을 알 수 있다.

(2) 평균임금 증감제도 적용의 문제

산재보험법 제36조는 "보험급여를 산정하는 경우 해당 근로자의 평균임금을 산정하여야 할 사유가 발생한 날부터 1년이 지난 이후에는 매년 전체 근로자의 임금 평균액의 증감률에 따라 평균임금을 증감"하도록 규정하고 있다. 이는 휴업급여를 받고 있는 재해근로자의 경우 재해 당시의 평균임금을 기초로 했을 때 재직근로자의 임금과 물가가 상승했음에도 보험급여액이 고정되어 상대적으로 손해를 보는 폐단이 있다. 따라서 이러한 보험급여의 실질적 가치의 하락을 방지하기 위해 1971년 평균임금 증감제도를 신설하여 보험급여를 현실화하게 되었다.

그런데 재해근로자가 장기간 요양하거나 고령에서 상병으로 요양하게 된 경우에는 일정 연령 이상에서 노동력의 자연감소로 소득수준이 하향되거나 노동시장에서 은퇴를 해야 할 경우가 발생한다. 그러나 휴업급여는 해마다 지속적인 평균임금의 개정을 통하여 증가되고 있는 등 노동시장에서의 균형노동가격과 반대의 현상이 나타나고 있다. 즉 일반적으로 취업세대의 임금상승곡선은 50세 전후를 정점으로 하여 하향곡선을 그리고 있음에도 재해근로자의 경우 전체 근로자 월평균정액급여 변동률에 따라 평균임금 증감방법에서 연령에 따른 제한이 없으므로 계속 상승하는 문제가 발생한다. 평생직장이라는 개념은 사라진 지 오래고, 각 사업장의 명퇴대상자의 나이는 젊어지고 있으며, 임금 피크제 등을 통해 일정 연령 이후에는 임금이 감소하는 등 사회는 빠르게 변화하고 있다.

그러나 평균임금 증감제도는 연령에 따른 소득능력의 격차를 더욱 크게 함으로써 사회적 흐름에 역행하고 있다. 즉 취업자와 비취업자 사이에 역차별과 사회적 불공평 문제가 발생하고 있는 것이다.[21] 이와 같이 평균임금 증감제도는 원래 같은 사업장에 재직 중인 동종 근로자와 비교할 때 상대적 불공평을 해소하기 위한 제도이나 재해근로자가 고령인 경우 오히려 동년배인 재직근로자의 임금에 비해 높은 보험급여를 받을 가능성이 크고, 재직근로자의 고용안정은 불안정해지고 있는 상황에서 재해근로자는 연령의 제한 없이 휴업급여를 계속 증가된 급여액으로 지급받게 되는 모순이 생겨 세대 간 형평성을 해치게 된다.[22]

특히 우리나라 일반근로자의 취업규칙상 정년이 55~58세이고 현실적으로는 50세 전후라고 할 수 있는데, <표 2-7> '연령대별 휴업급여 지급현황'에서 보는 바와 같이 2008년의 경우 55세 이상의 수급자가 27.5%로서 33,177명에 이르고 있다. 그런데 55세 이상인 자의 휴업급여액은 30.8%로서 244,021백만 원에 이르고 있는데, 이는 휴업급여의 장기화에 따른 평균임금의 증감제도도 영향을

---

21) 김태수, 「산재보험제도의 위기와 개편방향에 관한 연구」, 고려대학교 노동대학원, 2003, 62면.
22) 김태수, 전게논문, 63면.

미친 것으로 파악된다.

이와 같이 일반근로자의 경우 55세가 되면 소득이 감소하거나 존재하지 않을 수도 있으나 휴업급여 수급자의 경우에는 상당한 수준의 소득이 발생하고 있는 것이다. 즉 휴업급여는 업무상재해의 요양으로 인한 소득손실에 대한 보장성격을 갖고 있으므로 재해를 당하지 않은 경우 받을 수 있는 임금을 기준으로 하는 것이 합리적임에도 불구하고 일반근로자로서 소득이 점차 하향되는 연령에도 불구하고 임금이 지속적으로 상승하는 것으로 전제하여 휴업급여액을 계속 증가시키고 있는 것은 불합리하다.[23)]

(3) 일률적인 휴업급여 지급률의 문제

산재보험법상 휴업급여는 업무상 상병으로 인해 휴업한 기간에 대해 일률적으로 평균임금의 70% 상당한 액을 지급하도록 규정하고 있어, 재해근로자의 연령이나 요양기간별 차등 없이 정률로 지급하고 있다. 더욱이 휴업급여는 업무상 상병으로 인정될 경우 상병의 상태나 그로 인한 노동능력의 상실정도에 상관없이 단순히 요양치료의 필요성이 인정될 경우 지급되고 있다. 따라서 재해근로자들은 휴업급여의 수급기간을 연장하고자 요양치료의 종결을 거부하는 등 휴업급여 수급상태를 의도적으로 유지하려고 한다.

특히 기본급이 낮고 제 수당과 상여금이 많은 기업에서는 휴업급여가 통상임금과 비슷하거나 상회하는 경우가 발생하여 요양 중인 재해근로자는 재직근로자의 통상임금수준이 보장되므로 요양기간을

---

23) 김진수, 「산재보험급여체계 개선 및 발전방안」, 『산재보험 선진화방안과 정책과제』, 한국노동연구원, 1999, 12면 참고.

연장하여 직장복귀를 기피하고자 한다. 이는 요양치료 종결 시 장해가 잔존하지 아니하여 장해등급이 전혀 나오지 않거나 장해등급이 낮게 나올 것으로 예상되는 경우에 더욱 심하다고 할 수 있다.

그 이유는 장해연금과 휴업급여 급여수준의 격차문제로서, 휴업급여가 상병의 상태나 노동능력의 상실 정도에 관계없이 평균임금의 70%를 일률적으로 지급하고 있으나, 장해연금의 경우 장해에 대해 등급별 구분에 따라 차등지급 하고 있기 때문이다. 이와 같이 휴업급여를 목적으로 하는 장기간의 요양치료와 그로 인한 소득활동의 중단은 국민경제적 차원에서는 물론 개인적 차원에서도 바람직하지 않다고 할 것이다.

(4) 55세 이상의 고령자에 대한 문제

현재 우리나라의 취업규칙이나 사실상 정년 연령에 비추어 61세를 기준으로 고령자휴업급여제도를 적용하는 것이 타당한가의 문제가 있다. 최근 노동부가 고령자 고용현황을 조사한 결과 평균정년이 57.14세로 나타났다고 한다.[24) 그러나 이는 규정상 정년이고 실제로는 명예퇴직 등으로 조기퇴직 하는 예가 많으므로 실제 정년은 훨씬 낮은 연령일 것으로 생각된다.

휴업급여제도의 취지가 요양으로 인하여 취업하지 못한 기간에 대해 생활보장적 소득보전이다. 따라서 재직하였다면 정년의 도래에 의하여 퇴직이 되었을 것이나 재해근로자에게 정년 이후에도

---

24) 2009년 6월 5일 노동부 보도자료에 의하면 상시 근로자 300명 이상 사업장 2,318개를 대상으로 조사한 결과 정년을 55세 이하로 정한 사업장이 39.8%로 가장 많고, 58세가 21.8%, 60세 이상은 13.1% 등으로 나타났다고 한다.

휴업급여를 지급하는 것은 재해 없이 퇴직한 다른 근로자와의 형평성에도 어긋나며 도덕적 해이가 개입될 여지가 크다.

또한 고령자고용촉진법에서 고령자의 연령을 55세로 정하고 있으나 산재보험법상 고령의 휴업급여 연령은 61세로 정하고 있어, 규율하는 목적이나 취지가 다르다고 하더라도 상충되고 있으므로 휴업급여의 고령자 연령도 낮출 필요가 있다고 할 것이다.

Ⅳ. 요양의 장기화와 휴업급여제도 차등화 개선방안

1. 휴업급여 지급률에 대해 제한기간 설정

현행 산재보험법은 휴업급여의 전체 기간에 대해 일률적으로 평균임금의 70%를 지급하고 있으나, 이에 대해서는 최고 2년으로 설정하는 것이 바람직할 것이다. 이는 2년이라는 기간이 재해발생 후 상당한 치료기간을 거친 것으로 치유가 어느 정도 완치단계에 있는 기간이고, 상병 상태가 중증에 이르러 회복의 가능성이 희박하고 장기간의 노동력 상실 상태에 있어 생계가 곤란한 재해근로자에 대해서는 휴업급여를 대체하는 상병보상연금제도가 있기 때문이다. 즉 산재보험법 제66조에는 요양을 시작한 지 2년이 지난 날 이후에 상병이 치유되지 않고 페질의 정도가 1~3급에 해당되는 경우에 휴업급여 대신 상병보상연금이 지급될 수 있도록 규정하고 있다.

다만 요양 개시 후 2년이 경과하였으나 상병보상연금에 해당되지 않는 재해근로자라도 입원치료가 필요하다는 의학적 소견에 따라 입원요양 중이라면 치료행위가 적극적으로 필요하다고 볼 수 있으므로, 이러한 경우에는 예외적으로 평균임금 70% 수준의 휴업급여 지급을 연장하는 방안을 생각해 볼 수 있다.

참고로 독일의 경우 노동불능이 시작된 날로부터 보통 78번째 주가 경과한 날을 기준으로 휴업급여를 종결하고 있는데, 이 기간은 재해근로자가 경제적 상황의 변경에 적응할 수 있는 충분한 시간으로 간주하기 때문이다. 다만 이러한 경우에도 예외적으로 입원치료가 끝나기 전에는 휴업급여를 계속 지급하고 있다.[25]

2. 요양 후 2년 이후에는 감액조정제도의 도입

재해근로자가 요양 후 2년이 경과하였으나 상병보상연금 대상이 되지 않는 재해근로자로서 입원치료 중이 아닌 경우에는 평균임금의 65%로 감액조정 하여 상병 상태에 따른 차등지급이 필요하다. 그리고 그 이후 5년이 경과하면 또 5%p를 감액조정을 하도록 하되, 그 하한선은 최초 감액조정 시점 평균임금의 60%로 한다. 이는 근로기준법 제79조에서 사용자는 요양 중에 있는 근로자에게 그 근로자의 요양 중 평균임금의 100분의 60의 휴업보상을 하여야 한다고 규정하고 있기 때문이다.

즉 근로기준법 제87조에서 "보상을 받게 될 자가 동일한 사유로 재해보상에 상당한 금품을 받으면 그 가액의 한도에서 사용자는

---

25) 근로복지공단, 『독일 산재보험법 해설서』, 361면.

보상의 책임을 면한다.”고 규정하고 있고, 산재보험법 제80조에서도 “수급권자가 보험급여를 받았거나 받을 수 있으면 동일한 사유에 대하여 재해보상책임이 면제된다.”고 규정하고 있다. 따라서 산재보험법에 의한 휴업급여가 평균임금의 60% 미만이 되면 근로기준법상 사용자에게 추가적인 부담분이 발생하게 된다. 이는 산재보험이 재해근로자에 대한 생활보장적 성격과 근로기준법상 책임보험의 성격을 동시에 지니고 있기 때문이다.

또한 ILO의 경우에도 ‘업무재해의 급여에 관한 협약’(제121호)에서 휴업급여를 종전 소득의 60%로 정하고 있다. 따라서 휴업기간의 장기화로 감액조정이 있다고 하더라도 그 하한선은 근로기준법상 기준인 평균임금의 60%로 하는 것이 바람직하다.

<표 3-6> 장기 요양자에 대한 휴업급여 감액규정

현행	개선안
〈신설〉	제○○조(장기 요양자에 대한 휴업급여) ① 휴업급여를 받는 근로자가 요양을 개시한 후 2년이 경과하였으나 법 제66조의 상병보상연금에 해당되지 않을 때에는 평균임금의 65%를 휴업급여로서 지급한다. 다만 입원치료 중인 경우에는 제외한다. ② 제1항의 휴업급여가 감액된 후 5년이 경과한 경우에는 5%p를 감액하여 최초 감액조정 시 평균임금의 60%를 휴업급여로 지급한다.

3. 50세 이후에는 평균임금 증감제도의 적용 중단

<표 3-7> ‘연령대별 월 임금총액 변화추이(10년 단위)’에서 나타난 바와 같이 40세에서 49세에 월 임금총액이 가장 많다. 따라서 요양 개시 후 2년이 경과하였으나 상병보상연금 대상자가 안 되며

입원치료 중이 아닌 경우, 50세 이후부터는 전체 근로자의 임금변동에 따라 개정하는 평균임금 증감제도의 적용을 중단하는 것이 재직근로자와의 형평성에 맞는다고 할 것이다. 즉 현행과 같이 60세까지 고령자에 대해 재직 시의 평균임금을 기준으로 매년 증액하여 휴업급여를 지급하는 것은 연령에 따른 노동가능능력을 고려하지 못한 비합리성과 불필요한 장기 요양으로서의 유인요소로서 작용할 개연성이 크다.

그런데 2008~2009년의 경우 경기침체로 인하여 임금상승률이 예전과 같지 않을 전망이다. 따라서 전체 근로자의 평균적인 임금액이 낮아지는 경우에는 어떻게 할 것인지가 문제된다. 50세 이후에 평균임금 증감제도를 중단하는 것은 같은 연령대 재직근로자와의 형평성을 맞추기 위한 것이므로, 경기침체 등으로 전체 근로자의 임금수준이 하향 추세이더라도 평균임금의 증감제도는 적용하지 않는 것이 타당할 것으로 생각된다.

<표 3-7> 연령대별 월 임금총액 변화추이(10년 단위)

연령 \ 연도	2006년도	2007년도	2008년도
29세 이하	1,273,000	1,370,000	1,431,000
30~39세	1,887,000	1,994,000	2,103,000
40~49세	2,049,000	2,150,000	2,247,000
50~59세	1,948,000	2,069,000	2,138,000
60세 이상	1,383,000	1,460,000	1,551,000

자료: 노동부 노동통계, 2009.

한편 요양 개시 후 2년이 경과하였으나 상병보상연금 대상자가 되지 않아 휴업급여 감액조정제도를 적용받고 있는 근로자가 50세가 된 경우에는 휴업급여 감액조정제도를 적용받으면서 휴업급여 증감제도의 적용도 중단되게 된다. 즉 두 가지의 제한규정을 동시에 적용받게 될 것이다.

<표 3-8> 50세 이후에도 요양 중인 자에 대한 휴업급여 규정

현행	개선안
〈신설〉	제○○조(50세 이상인 자에 대한 휴업급여) 요양 개시 후 2년이 경과한 자로서 50세 이후에도 휴업급여를 받는 근로자에 대해서는 법 제36조 제3항에 의한 평균임금 증감규정을 적용하지 아니한다. 다만 입원치료 중인 경우에는 제외한다.

4. 휴업급여 피크제의 도입

일정 연령에 도달 시 휴업급여 기준의 차등화로서 연령의 소득변화에 따라 휴업급여의 감액이 필요하다. 일반근로자의 경우 고령이 될수록 소득이 감소하는 현상과는 달리 산재보험법상 휴업급여는 전체 근로자의 임금상승에 따른 슬라이드제를 적용하여 지속적으로 실질가치를 유지하도록 되어 있다.

이는 재해근로자의 조기치료 및 직장복귀의욕을 감소시킬 뿐만 아니라 일부에서는 장기 요양을 택하는 도덕적 해이까지 발생하고 있는 것이다.[26] 따라서 재해근로자가 일정 연령에 도달하면 휴업급여 지급기준을 하향 차등화하여 실제 소득손실의 보장이 이루어지도록 해야 할 것이다. <표 3-7> '연령별 임금총액 변화추이(10

---

26) 신태식, 전게논문, 90-91면.

년 단위)'에서 보는 바와 같이 일반적으로 재직 중인 전체 근로자
의 임금수준은 50세를 전후로 하여 정점을 나타내고 있다.

그리고 50세 중반 이후부터는 <표 3-9> '연령대별 임금총액
변화추이(5년 단위)'에서 나타난 바와 같이 근로자의 소득이 하강
하고 있음을 보여주고 있다. 따라서 경제활동계층의 소득수준의 변
화에 맞추어 휴업급여 수급자에 대해서도 연령에 따라 급여수준을
하향조정 하여야 한다. 그러므로 재해근로자의 경우 2년의 요양기
간이 경과하였으나 상병보상연금에 해당되지 않는 재해근로자의 경
우로 입원치료 중이 아닌 자에 대해서는 재직 중인 전체 근로자의
임금곡선이 하향하는 시점이 되는 55세 이후에는 휴업급여 감액방
식을 도입하여 3년마다 5%p씩 감액하는 방안을 생각해 볼 수 있다.

이와 같이 정년 이전의 기간이라도 전체 근로자의 임금과 연계
하는 것이 재직 중인 근로자와의 형평성을 고려한 실질적인 보상
이 되어 휴업급여제도의 취지에 맞을 것으로 생각된다. 참고로 일
본의 경우 1년 6개월 이상 된 휴업급여는 연령계층별 1일당 급여
기초액 상한제도를 설정하여 시행하고 있는데, 50~55세를 정점으
로 최고액에 도달한 후 고령일수록 감액지급을 하고 있다.[27]

〈표 3-9〉 연령대별 임금총액 변화추이(5년 단위)

구분	2003년도	2004년도	2005년도	2006년도	2007년도
~ 19세	774,055	905,316	1,059,176	1,166,728	1,197,407
20~24세	949,556	1,034,328	1,199,724	1,285,094	1,324,322
25~29세	1,246,913	1,197,583	1,531,541	1,590,486	1,631,600
30~34세	1,568,243	1,379,276	1,921,850	1,968,004	2,061,832

---

27) 신수식, 전게논문, 142면.

구분	2003년도	2004년도	2005년도	2006년도	2007년도
35~39세	1,760,394	1,428,516	2,155,702	2,271,890	2,383,873
40~44세	1,804,994	1,388,846	2,224,397	2,379,006	2,516,244
45~49세	1,764,684	1,399,456	2,222,211	2,403,046	2,566,500
50~54세	1,648,014	1,345,647	2,143,114	2,359,796	2,556,685
55~59세	1,536,781	1,171,586	1,856,397	2,096,407	2,264,530
60세 ~	1,285,588	896,752	1,476,857	1,644,626	1,753,445

자료: 노동부 노동통계, 2009.

한편 요양개시 후 2년 이후 상병보상연금에 해당되지 않아 기간에 따른 감액제도를 적용받고 있는 재해근로자가 55세 이상이 되는 경우에도 휴업급여 증감제도는 계속 적용하지 않는다. 다만 기간에 따른 감액제도와 연령에 따른 감액제도가 겹치는 경우 두 가지를 동시에 적용할 것인지, 아니면 하나만 적용할 것인지 또는 두 가지를 절충하여 적용할 것인가의 문제가 있다. 두 가지를 동시에 적용하는 경우 지나친 감액이 되고 평균임금의 60%를 하회할 수 있으므로, 고령자 연령에 따른 감액제도 하나만 적용하는 것이 타당할 것으로 생각된다. 그리고 어떠한 경우에도 재해근로자의 휴업급여는 최초 감액조정 시 평균임금의 60%를 하회하지 않도록 해야 할 것이다.

〈표 3-10〉 고령자에 대한 휴업급여 규정

현행	개선안
〈신설〉	제○○조(고령자에 대한 휴업급여) ① 휴업급여를 받는 근로자가 요양 개시 후 2년이 경과하였으나 법 제66조의 상병보상연금에 해당되지 않는 경우 55세 이후의 휴업급여는 3년마다 5%p씩 감액하여 지급한다. 다만 입원치료 중인 자는 제외한다. ② 기간에 따라 감액조정을 받은 재해근로자가 55세 이상이 되면 연령에 따른 감액만 실시한다. ③ 전항에도 불구하고 그 감액은 최초 감액조정 시 평균임금의 60%를 하회하지 아니한다.

5. 요 약

그동안 휴업급여의 불합리한 제도는 장기화를 가져왔고 이는 재직근로자와의 형평성에 어긋나며 도덕적 해이가 개입될 여지가 많아 산재보험 재정에도 부담이 되어 있다. 따라서 일반적으로 2년 정도 치료기간이 경과하면 증상이 어느 정도 고정되고 휴업급여를 대체하는 상병보상연금제도가 있으므로, 상병보상연금에 해당되지 않는 재해근로자로서 특별히 입원치료 중인 경우를 제외하고는 평균임금의 65%를 지급하고, 이후 5년 경과 시에도 5%p를 감액하여 최초 휴업급여 감액조정 시 평균임금의 60%를 지급한다.[28] 이는 휴업기간과 상병 상태를 반영한 감액방식이라고 할 수 있다.

또한 요양 개시 후 2년이 경과하였으나 상병보상연금 대상자가 되지 않는 경우 50세 이상인 자에게는 평균임금 증감대상에서 제외하고, 55세 이상의 고령자인 경우에는 평균임금을 3년마다 5%p씩 감액한다.

고령자에 대한 감액은 연령대에 따른 임금수준 추이에 따라 55세 이후에는 휴업급여 피크제를 도입하여 점진적인 감액이 필요한 것으로, 재직근로자와의 형평성 차원에서도 소득에 따른 조정의 필요성이 있기 때문이다.

한편 휴업급여 지급기간의 장기화에 따라 이미 감액조정을 받고

---

28) 참고로 스위스는 개인별로 노동능력의 상실수준에 따라 차등적으로 지급하게 되는데, 노동능력을 50% 이상 상실하게 되었을 경우 휴업급여의 전액이 지급된다. 다음으로 노동능력의 상실수준이 25% 이상 50% 미만에 해당될 경우 휴업급여는 그 절반의 수준으로 제공되며, 마지막으로 25% 미만의 경미한 경우에는 휴업급여가 지급되지 않고 있다(한국사회보험연구소, 「산재보험급여체계의 합리적 개선방안에 관한 연구」, 노동부, 2005, 113면).

있는 재해근로자가 55세 이상이 되는 경우, 연령에 따른 감액조정만 적용하여 이중의 감액이 되지 않도록 해야 할 것이다.

그런데 현재 근로기준법상 휴업급여가 평균임금의 60%를 지급하고 있으므로 그 미만으로 되면 사업주 부담분이 발생하므로, 어떠한 경우라도 하한선을 평균임금의 60%까지로 한다. 즉 현행법상 근로기준법상 휴업급여의 기준을 고려하고 재해근로자의 저항과 반발을 최소화하기 위해 평균임금의 60%를 하한선으로 설정할 필요가 있는 것이다.

그리고 이러한 개선방안은 최초 요양은 물론 산재보험법 제51조에 의한 재요양 시에도 동일하게 적용해야 할 것이다. 또한 이미 휴업급여를 지급받고 있는 재해근로자에게 기득권 침해가 발생되지 않도록 해야 할 것이다.

결국 재해근로자의 재활의욕과 근로의지를 높이고 도덕적 해이로 인한 휴업급여 수급의 장기화를 방지하고 조기치료 종결 및 사회복귀를 유도하기 위해서는 상기와 같이 기간별·상병 상태별·연령별 점진적으로 감액할 필요가 있다 할 것이다. 그리고 이러한 차등화 방안은 현재 단계에서 갑자기 적용할 경우에 산재보험의 수급자에게 상당한 경제적 충격을 줄 수 있고 또 수급자들의 반발이 예상되므로, 경과조치를 두어 제도 도입에 의한 충격을 완화하는 방안으로 행해져야 할 것이다.

〈표 3-11〉 휴업급여 차등화 방안에 대한 비교표

구 분	기본 내용	중복 시 조정	공통 전제조건
기간에 따른 감액	5년 후 5%P 감액	- 기간에 따른 감액을 적용받고 있는 자가 50세가 되거나 50세 이후에 발병하여 기간에 따른 감액방식에 해당될 때에는, 기간에 따른 감액과 평균임금 증감제도 적용 중단이라는 두 방식 모두 적용함 - 기간에 따른 감액을 받고 있는 자가 55세 이상이 되면 고령에 따른 감액방식만 적용한다. 다만 평균임금 증감제도의 적용 중단은 계속됨	- 요양 개시 후 2년이 경과하였으나 상병보상연금 대상이 아니 되는 자로서 입원치료 중이 아닌 자 - 어떠한 경우에도 평균임금의 60%를 하회하지 않도록 할 것
평균임금 증감제도 적용 중단	50세 이상이 되면 평균임금 증감제도 적용 중단		
휴업급여 피크제	55세 이상인 자의 경우 3년마다 5%P씩 감액		

V. 휴업급여 차등지급의 위헌성 검토

1. 산재보험제도의 의의 및 산재보험수급권의 법적 성격

(1) 산재보험제도의 의의

산재보험은 공업화가 진전되면서 급증하는 산업재해를 입은 근로자를 보호하기 위해 1964년에 도입된 우리나라 최초의 사회보험제도이다. '산재보험제도'는 근로자에게는 업무상의 재해를 신속·공정하게 보상하여 당해 근로자와 그 가족의 생활을 보장하고, 사업자에게는 산업재해로 인한 불시의 부담을 분산·경감시켜 주려는 제도이다. 법은 산재보험사업을 시행하여 근로자의 업무상의 재해를 신속하고 공정하게 보상하고, 재해근로자의 재활 및 사회복귀를 촉진하기 위하여 이에 필요한 보험시설을 설치·운영하며, 재해예방과 그 밖에 근로자의 복지 증진을 위한 사업을 시행하여 근로자 보호에 이바지하는 것을 목적으로 한다(법 제1조).

산업재해로부터 근로자를 보호하기 위해서는 재해예방이 가장 바람직하다. 하지만 이미 발생한 산업재해로 인해 근로자가 부상 또는 사망한 경우는 그 피재근로자나 가족을 보호하고 보상해 주기 위한 산재보험이 중요한 의미를 가진다. 산재보험은 피재근로자와 그 가족의 생활을 보장하기 위하여 국가가 책임을 지는 의무보험으로, 원래 사용자의 근로기준법상 재해보상책임을 보장하기 위하여 국가가 사업주로부터 소정의 보험료를 징수하여 그 기금(재원)으로 사업주를 대신해 피재근로자에게 보상을 해 주는 제도이다. 산재보험제도가 우리나라에서 처음 시행된 1964년에는 상시 500인 이상 고용하는 대규모의 광업 및 제조업 부문에만 적용하고 근로기준법에 규정한 재해보상을 행하였다. 그 후 산재보험 적용범위가 점차 확대되어 2000년 7월 1일부터는 근로자 1인 이상을 고용하는 사업장의 근로자에게까지 적용되게 되었고, 2005년 1월 1일부터는 고용보험 및 산재보험의 보험료를 통합징수 하기 위한 '고용보험 및 산업재해보상보험의 보험료징수 등에 관한 법률'이 제정되어 시행되고 있다.

(2) 산재보험수급권의 법적 성격

산재보험제도는 근로기준법(제8장 제78조~제92조)에서 명시하고 있는 산재사고에 대한 사업주의 개별적 보상책임을 별도로 강제적 보험의 원리에 입각하여 집단적으로 담보하기 위한 목적으로 도입된 일종의 책임보험제도이고, 또한 연대성의 원리와 책임보험의 원리를 토대로 사업주의 안정적인 기업활동을 보장하면서, 아울러 사회보험의 원리를 토대로 근로자를 보호하는 종합적인 기능을 수행해 오고 있다. 이러한 산재보험제도의 적용단위는 사업 또는 사업장으로 하고 보험가입자는 사업주 그리고 보험급여의 대상은 재해근로자와 그 가족이 된다. 산재보험제도의 설립취지는 일차적으로 근로자들의 업무상재해를 신속하고 공정하게 보상하고 재해예방, 그 밖에 근로자의 복지 증진을 위한 사업을 수행함으로써 근로자의 보호에 이바지하는 데 있고, 나아가 사회적 위험인 산업재해에 대한 사업주의 공동연대책임을 강조함으로써 재해로 인한 사업주의 경제적 부담을 분산하여 안정적인 사업의 수행을 돕는다는 데에 있다.

또한 산재보험제도는 주로 보험가입자(사업주)가 납부하는 보험료(법 제57조, 제62조)와 국고 부담을 재원으로 하여 근로자에게 발생하는 업무상재해라는 사회적 위험을 보험방식에 의하여 대처하는 '사회보험제도'(사회보장기본법 제3조 제2호)이다. 이에 산재보험제도에 따른 산재보험수급권은 이른바 '사회보장수급권'의 하나에 속한다.[29]

그런데 이러한 산재보험수급권은 국가에 대하여 적극적으로 급부를 요구하는 것이므로 헌법 규정만으로는 이를 실현할 수 없고 '법률'에 의한 형성을 필요로 한다. 즉 산재보험수급권의 구체적 내용인 수급요건 · 수급권자의 범위 · 급여금액 등은 법률에서 비로소 확정된다.[30]

---

29) 헌법재판소는 산재보험수급권을 '헌법' 제34조 제2항과 제6항에 근거한 사회보장수급권의 하나라고 한다(헌재 2005. 7. 21, 2004헌바2, 헌재 2004. 11. 25, 2002헌바52).

산재보험법은 제4장에서 보험급여의 내용을 구체적으로 규정하고 있는바, 업무상 사유에 의한 근로자의 부상·질병·신체장해 또는 사망 등에 대하여 보험급여를 한다고 규정하고, 그 내용으로 요양급여, 휴업급여, 장해급여, 간병급여, 유족급여, 상병보상연금, 장의비를 규정하고 있으며 보험급여의 수급권자, 산정기준, 지급시기 등을 규정하고 있다.[31] 따라서 산재보험수급권은 법률에서 구체적으로 형성되는 권리라고 할 것이다.[32]

우리 헌법재판소는 "연금수급권은 사회적 기본권의 하나인 사회보장수급권의 성격과 재산권의 성격을 아울러 지니고 있으므로 순수한 재산권이 아니며, 사회보장수급권과 재산권이라는 양 권리의 성격이 불가분적으로 혼재되어 있다."라고 판시하여 사회보험법상의 수급권을 사회적 기본권과 재산권적 요소가 혼합되어 있는 이중적 성격의 권리라고 보고 있다. 이러한 점이 사회보험 분야에서의 사회보장수급권의 보장 내용과 그 범위를 한정하는 입법지침으로 작용하며, 사회보험법 영역에서 인정되고 있는 폭넓은 입법 형성의 자유의 근거 및 이를 제한하는 한계 법리로 작용한다.

따라서 사회보험연금의 획득을 위한 전제로서 사회보험연금수급권에 대해서는 사회적 기본권으로서의 성격뿐만 아니라, 재산권으로서의 성격을 인정할 것인가의 문제와, 이를 인정할 경우 어느 정

---

30) 헌재 2009. 5. 28, 2005헌바20, 헌재 2004. 11. 25, 2002헌바52, 헌재 1999. 4. 29, 97 헌마333.

31) 이에 산재보험의 급여는 수급권자의 청구에 의하여 지급된다. 그리고 산재보험의 급여 체계는 국가에 따라 다소의 차이가 있고 급여수준 및 급여조건 등의 결정에 있어서는 상당한 차이를 보이고 있다. 국제기준은 국제노동기구(ILO)가 정한 협약과 권고를 통해 마련되고 있다.

32) 헌재 2009. 5. 28, 2005헌바20, 헌재 2004. 11. 25, 2002헌바52.

도의 재산권성이 부여되어 있고 보호범위는 어떻게 산정할 수 있을 것인가의 문제가 제기된다.

(3) 산재보험수급권의 재산권성

산재보험의 보상금수급권은 법률에 의해 비로소 인정되는 권리이지만, 법정요건을 갖춘 후 발생하는 보상금수급권은 구체적인 법적 권리로 보장되고, 그 성질상 경제적·재산적 가치가 있는 '공법상의 권리'이다.[33]

한편 공법상의 재산적 가치 있는 지위가 헌법상 재산권의 보호를 받기 위해서는, 우선 입법자에 의하여 수급요건, 수급자의 범위, 수급액 등 구체적인 사항이 법률에 규정됨으로써 구체적인 법적 권리로 형성되어 개인의 주관적 공권의 형태를 갖추어야 한다.[34]

공법상의 권리인 사회보험수급권[35]이 재산권적인 성질을 가지기 위해서는, ① 공법상 권리가 권리주체에 귀속되어 개인의 이익을 위해 이용할 수 있어야 하고(사적 유용성), ② 국가의 일방적인 급

---

33) 헌재 2009. 5. 28, 2005헌바20, 헌재 2006. 11. 30, 2005헌바25. 사실 우리 헌법이 보장하고 있는 재산권은 경제적 가치가 있는 모든 공법상, 사법상의 권리를 뜻한다. 이러한 재산권의 범위에는 동산, 부동산에 대한 모든 종류의 물권은 물론, 재산가치가 있는 모든 사법상의 채권과 특별법상의 권리 및 재산가치 있는 공법상의 권리 등이 포함된다(헌재 1998. 7. 16. 96헌마246, 전문의 자격시험 불실시 위헌 확인 등).

34) 헌재 2009. 5. 28, 2005헌바20, 헌재 2000. 6. 29, 99헌마289.

35) 또한 '국민연금수급권'에 대해서, 이는 사회보장수급권의 하나로 인간다운 생활을 보장하기 위한 사회적 기본권의 성격과 아울러, 연금의 주요 재원인 연금보험료의 일부를 수급권자 자신이 부담한다는 점과 이는 재산적 가치가 있는 권리라는 점에서 헌법 제23조에 의하여 보장되는 재산권의 성격을 갖는다(헌재 1996. 10. 4, 96헌가6, 공공자금관리기금법 제5조 제1항 등 위헌 제청). 그 밖에도 '퇴직연금수급권'(헌재 1994. 6. 30, 92헌가9, 군인연금법 제21조 제5항 위헌제정) 및 '공무원의 퇴직급여청구권'(헌재 1995. 7. 21, 94헌바27, 공무원연금법 제64조 제1항 위헌소원)에 대해서도 헌법상의 재산권이라고 결정하고 있다.

부에 의한 것이 아니라 권리주체의 근로나 투자, 특별한 희생에 의
해 획득되어 자신이 행한 급부의 등가물에 해당하는 것이어야 하
며(수급자의 상당한 자기기여), ③ 수급자의 생존의 확보에 기여해
야 한다(생존보장에 기여).[36]

이에 산재보험법상의 보험급여가 보험사고로 초래되는 가입자의
재산상의 부담을 전보하여 주는 경제적 유용성을 가진다(산재보험
은 보험급여의 지급에 대응하여 사용자의 보상책임을 면제한다)는
점에서 산재보험수급권은, 적어도 수급권자의 보험급여를 받을 권
리를 대위하여 보험급여의 지급을 구한 청구인에게는 재산권의 성
질을 갖는다.[37]

이러한 기준에 비추어 볼 때, 휴업급여청구권은 헌법상 보장되는
재산권의 범주에 속한다고 볼 것이다.

2. 휴업급여의 차등제도와 위헌성 여부

(1) 현행법 규정

현행 산재보험법은 휴업급여의 전 기간에 대하여 일률적으로 평
균임금 70%를 지급하고 있으나 요양기간의 장단에 따라 휴업급여
지급률을 차등화하는 방안이 있다.

---

36) 헌재 2009. 5. 28, 2005헌바20.

37) 헌재 2009. 5. 28, 2005헌바20, 헌재 2004. 11. 25, 2002헌바52, 헌재 2003. 12. 18,
2002헌바1.

┌─ <현행 관련 법조문(개정안)> ─────────────────┐

    산재보험법 제○○조(장기 요양자에 대한 휴업급여) ① 휴업급여를 받는 근로자가 요양을 개시한 후 2년이 경과하였으나 법 제66조의 상병보상연금에 해당되지 않을 때에는 평균임금의 65%를 휴업급여로서 지급한다. 다만 입원치료 중인 경우에는 제외한다.

    ② 제1항의 휴업급여가 감액된 후 5년이 경과한 경우에는 5%p를 감액하여 최초 감액조정 시 평균임금의 60%를 휴업급여로 지급한다.

    산재보험법 제○○조(50세 이상인 자에 대한 휴업급여) 요양 개시 후 2년이 경과한 자로서 50세 이후에도 휴업급여를 받는 근로자에 대해서는 법 제36조 제3항에 의한 평균임금 증감규정을 적용하지 아니한다. 다만 입원치료 중인 경우에는 제외한다.

    산재보험법 제○○조(고령자에 대한 휴업급여) ① 휴업급여를 받는 근로자가 요양 개시 후 2년이 경과하였으나 법 제66조의 상병보상연금에 해당되지 않는 경우 55세 이후의 휴업급여는 3년마다 5%p씩 감액하여 지급한다. 다만 입원치료 중인 자는 제외한다.

    ② 기간에 따라 감액조정을 받은 재해근로자가 55세 이상이 되면 연령에 따른 감액만 실시한다.

    ③ 전항에도 불구하고 그 감액은 최초 감액조정 시 평균임금의 60%를 하회하지 아니한다.

└─────────────────────────────────────┘

    상기와 같은 부분은 헌법에 위반되지 아니한다. 휴업급여 차등제도의 신설이 헌법의 기본원리로서 재산권 침해 여부, 평등원칙 위반 여부, 신뢰보호의 원칙 위반 여부, 포괄위임금지원칙의 위반 여부에 대해서 각각 살펴보고자 한다.

(2) 휴업급여 차등지급의 입법목적

    현재 산재보험법은 휴업급여의 '지급기간'에 대해서 제한 규정이 없으며, 나아가 상병의 상태, 요양의 형태, 노동능력의 상실 정도 등에 관계없이 요양치료가 필요하다는 의학적 판단에 기초하여 휴업급여가 지급될 수 있도록 하고 있다. 이러한 문제로 인하여 휴업급여는 일부의 경우 장기적인 소득보장의 수단으로 변질되고 있으며, 종종 취업활동이 현실적으로 불가능할 것으로 판단되는 고령 수급자도 많이 발생하고 있다. 이는 재직근로자와의 형평성성에 어긋나며 도덕적 해이가 발생할 여지가 많고, 나아가 산재보험의 재정에도 부담이 되어 왔다. 요양기간이 길어질수록 휴업급여가 줄어들도록 차등화하는 휴업급여 차등지급 및 그 한도를 설정함으로써 다른 보험사업 실시를 위한 재원의 마련에 있는 것으로 급여수준의 형평성을 제고하고, 재해근로자의 사회복귀를 촉진하며 도덕적 해이를 방지하기 위한 것으로[38] 이른바 '휴업급여 차등지급제도'가 도입되었다.[39]

(3) 재산권 침해 여부

경제적 기본권으로서 우리 헌법 제23조 제1항에서는 "모든 국민의 재산권은 보장된다. 그 내용과 한계는 법률로써 정한다."고 규

---

[38] 같은 취지에서 헌재 2009. 5. 28, 2005헌바20에서는 최고보상제도와 관련해, 산재보험법 제38조 제6항이 규정하는 '최고보상제도'는 재해근로자 사이에 평균임금의 격차가 현저하여 산재보험급여액 또한 상대적으로 많은 격차를 보임에 따라, 보험급여의 최고보상한도를 설정함으로써 급여수준의 형평성을 제고하고 제한적이나마 소득재분배기능을 높이기 위하여 도입되었다. 최고보상제도의 적용으로 절감되는 보험급여액은 다수의 근로자에게 혜택이 돌아가는 간병급여 신설(법 제38조 제1항 제3의 2호), 유족급여의 확대(법 제43조 내지 제43조의 4), 후유증상 진료제도의 도입(법 제45조의 2) 등으로 보험급여의 폭을 확대하고, 휴업급여 등의 최저기준 인상(최저임금의 70%이던 것을 최저임금의 100%로 인상, 법 제41조 제3항 참조)으로 보험급여의 지급수준을 상향조정 하는 재원으로 사용된다.

[39] 헌재 2009. 5. 28, 2005헌바20, 헌재 2004. 11. 25, 2002헌바52.

정해, 재산권보장의 원칙을 천명하는데, 이는 국민 개개인이 재산권을 향유할 수 있는 법 제도로서 '사유재산제도'가 보장되고, 그들이 현재 갖고 있는 구체적 재산권이 개인의 기본권으로서 보장된다는 이중적 의미를 가지고 있다.[40] 이 재산권 보장은 사유재산제도와 경제활동에 대한 사적 자치의 원칙을 기초로 하는 자본주의 시장경제질서를 기본으로 하여 국민 개개인에게 자유스러운 경제활동을 통하여 생활이 기본적 수요를 스스로 충족시킬 수 있도록 하고 사유재산의 자유로운 이용·수익과 그 처분 및 상속을 보장해 주는 것이다. 이런 보장이 자유와 창의를 보장하는 지름길이고 궁극적인 인간의 존엄과 가치를 증대시키는 최선의 방법이라는 이상을 배경으로 하고 있는 것이다.[41] 여기서 헌법상 재산권은 경제적으로 가치가 있는 모든 권리(공법·사법상 권리)를 의미하며, 민법상의 소유권보다도 넓은 개념이다.

다른 기본권과 달리 그 내용과 한계가 법률에 의해 구체적으로 형성되는 기본권의 형성적 법률유보의 형태를 띠고 있다. 따라서 헌법상의 재산권은 국회에서 제정되는 형식적 의미의 법률에 의하여 정해지므로 헌법상의 재산권보장은 재산권 형성적 법률유보에 의하여 실현되고 구체화된다.[42] 결국 재산권의 내용과 한계를 법률로 정한다는 것은 헌법적으로 보장된 재산권의 내용을 구체화하면서 이를 제한하는 것으로 볼 수 있다. 산재보험 등과 같은 사회보험 분야에서도 재산권과 관련된 문제가 발생하기는 하나 직접적으

---

40) 헌재 1993. 7. 29, 92헌바20, 법제처, 헌법과 법제실무, 2008, 165면.
41) 헌재 1993. 7. 29, 92헌바20.
42) 헌재 1995. 7. 21, 94헌바27, 공무원연금법 제64조 제1항 위헌소원.

로 사회보험법상의 급여제한이 재산권으로 인정된 사례는 매우 적으며, 구체적으로 형성된 급여청구권이 제한된 경우로 한정된다.

같은 맥락에서 급여의 형성단계에서 지급대상에서 제외되거나 계산방법을 규정하는 것을 재산권의 형성이자 제한에 포함되는 것으로 보는 연금과는 달리, 헌법재판소의 입장은 다른 사회보장적 급여를 포함한 국가로부터 지급되는 여러 가지 보상금 또는 보조금은 구체적으로 형성되기 전에는 이용가능성(사적 유용성)이 존재하지 않으므로 재산권이라 할 수 없고, 처음으로 이를 형성하는 규정은 재산권을 제한한다고 할 수 없다고 보고 있다.[43] 이에 산재보험수급권은 헌법의 규정만으로는 이를 실현할 수 없고 법률에 의한 형성을 필요로 한다. 다시 말하여 산재보험수급권이 헌법상의 재산권으로 보호를 받기 위해서는, 우선 입법자에 의하여 수급요건, 수급권자의 범위, 급여금액 등 구체적 사항이 법률에 규정됨으로써 구체적인 법적 권리로 형성되어야 한다.[44]

그런데 먼저 휴업급여 차등제도의 시행 이후에 당해 휴업재해근로자는 휴업급여 차등제도가 시행된 이후 업무상재해를 입었으므로 그가 가지는 산재보험수급권은 휴업급여 차등제도를 한계로 확정된다. 따라서 당해 휴업재해근로자로서는 이 법률조항에 따라 이미 획득한 산재보험수급권을 제한받는 것이 아니라 관련 법률조항에 의하여 비로소 휴업급여 차등제도를 한계로 한 산재보험수급권

---

43) 재해근로자의 평균임금이 높은 경우 보험급여를 제한하기 위하여 최고보상기준금액을 정한 규정과 장의비의 최고금액을 규정한 조항들의 시행 이후 재해근로자는 이미 획득한 보험수급권의 제한을 받는 것이 아니라 이 조항들에 의하여 비로소 최고보상기준금액을 한계로 한 산재보험수급권을 획득하기 때문에 재산권 침해를 주장할 수 있는 지위에 있지 않다고 보았다(헌재 2004. 11. 25, 2002헌바52).

44) 헌재 2000. 6. 29, 99헌마289, 헌재 2003. 7. 24, 2002헌바51.

을 획득하게 되므로 재산권 침해를 주장할 지위에 있지 않으며,[45] 수급권자의 보험급여를 받을 권리를 위해 보험급여의 지급을 구할 청구인 또한 재산권의 침해를 주장할 지위에 있지 않다. 이와 관련된 법률 조항은 '재산권'을 침해하지 않는다. 다만 휴업급여 차등제도가 시행되기 전에 대해서는 법률의 소급효가 인정되지 않고 기득권을 존중하기 때문에 위헌성의 시비는 없을 것이다.

(4) 평등원칙의 위반 여부

가. 평등원칙 위반

평등은 오랫동안 정의 핵심요소로 인식되어 왔다. 원칙적으로 같은 것을 같게 다른 것을 다르게 취급한다는 것은 국가권력이 개인들을 공평하게 존중하고 배려한다는 것을 의미하며, 이는 민주국가의 정당성의 기초이다. 평등의 원칙은 그들에게 소극적으로 평등 또는 불평등 취급의 기준들을 자의적으로 정하는 것을 금지할 뿐만 아니라, 적극적으로 정의의 요청에 따라 본질적인 기준을 선택할 것을 명령한다.

헌법의 전문[46] 및 헌법 제11조 제1항[47]은 평등원칙 내지 평등권을 보장하고 있다. 여기서 말하는 평등원칙은 모든 차별적 대우를 부정하는 '절대적 평등'을 의미하는 것은 아니고, 법의 적용뿐만

---

45) 헌재 1995. 7. 21, 93헌가14, 헌재 2001. 6. 28, 99헌마516.

46) 헌법 전문(前文)은 "정치, 경제, 사회, 문화의 모든 영역에 있어서 각인의 기회를 균등히 하고, ……국민생활의 균등한 향상을 기하고"라고 하여 평등에 관한 헌법의 의지를 담고 있다.

47) 헌법 제11조 제1항에서는 "모든 국민은 법 앞에 평등하다. 누구든지 성별·종교 또는 사회적 신분에 의하여 정치적·경제적·사회적·문화적 생활의 모든 영역에 있어서 차별을 받지 아니한다."고 규정하고 있다.

아니라 입법에서도 불합리한 차별을 금지하는 '상대적·실질적 평등'을 뜻한다.[48) 따라서 합리적 근거 없이 차별하는 경우에만 평등원칙에 반하는 것이다.[49) 여기서 합리적 근거 있는 차별인가의 여부는 그 차별이 인간의 존엄성 존중이라는 헌법원리에 반하지 아니하면서 정당한 입법목적을 달성하기 위하여 필요하고도 적정한 것인가를 기준으로 판단되어야 한다.[50) 우리 헌법재판소는 평등위반 여부를 자의의 금지만을 기준으로 하여 판단하기도 하고,[51) 자의금지원칙과 함께 비례원칙을 심사기준으로 하여 판단하는 경우도 있다.[52)

산재보험법상 휴업급여 차등지급의 법률조항으로 말미암아 요양기간의 장단에 따라 보험급여의 제한을 받는 근로자와 제한을 받지 않은 근로자를 차별한다고도 볼 수 있다.

산재보험법상의 보험급여는 결국 업무상재해를 입은 근로자가 직업과 사회에 복귀해 자신의 힘으로 생활을 영위할 수 있도록 기

---

48) 헌재 1989. 5. 24, 89헌가37, 헌재 1989. 9. 8, 88헌가6, 헌재 1997. 1. 16, 90헌마110등, 헌재 1991. 7. 22, 89헌가106, 헌재 1992. 4. 28, 90헌바24, 헌재 2000. 8. 31, 97헌가12.

49) 헌재 1996. 8. 29, 95헌바36, 헌재 1999. 9. 16, 98헌마310, 헌재 2007. 5. 31, 2006헌바49.

50) 헌재 1997. 5. 29, 94헌바5.

51) 헌재 2003. 1. 30, 2001헌바64. '자의금지원칙'이란 본질적으로 서로 같은 것을 자의적으로 다르게 취급하거나 본질적으로 서로 다른 것을 자의적으로 동일하게 취급하는 것은 금지된다는 법리이다. 여기서 자의란 객관적인 의미에서 객관적으로 명백한 근거가 없는 것을 말한다.

52) 헌재 2006. 2. 23, 2004헌마675. '비례원칙'이란 헌법보호의 공익과 그로 인해 제한되는 다른 공익 내지 사익 간에 비례성이 충족되어야 하는 것을 말한다. 우리 헌법재판소는 이를 적용하는 경우로서, 첫째, 헌법에서 특별히 평등을 요구하는 경우, 즉 헌법이 차별의 근거로 삼아서는 아니 되는 기준 또는 차별을 금지하고 있는 영역을 제시하고 있음에도 그러한 기준을 근거로 한 차별이나 그러한 영역에서의 차별의 경우, 둘째, 차별적 취급으로 인하여 관련 기본권에 대한 중대한 제한을 초래하게 되는 경우를 들면서, 제대군인가산점제도는 위 두 경우에 모두 해당한다고 하여 비례심사를 한 사례가 있다(헌재 2001. 2. 22, 2000헌마25).

여해야 하고, 이러한 사회정책적 요청에 충실하기 위해서는 산재보험법이 직업재활과 사회재활을 위한 급여를 충분히 갖추고 있어야한다. 따라서 재해근로자가 산재사고 이전에 받아 오던 임금수준의보험급여를 산재사고 이후에도 받을 수 있도록 하는 것이 바람직하다. 그러나 산재보험법은 헌법상의 사회국가원리로부터 요구되는국가의 의무를 이행하기 위한 사회보장제도에 관한 법률로서, 사회보장급여의 하나인 산재보험급여의 내용이나 발생시기, 징수방법등을 구체적으로 확정하는 문제는 산재보험기금의 상황, 국가의 재정부담 능력, 전체적인 사회보장 수준과 국민감정 등 사회정책적인측면 및 보험기술적 측면과 같은 제도 자체의 특성 등 여러 가지요소를 고려할 필요에서 입법자에게 광범위한 입법 형성의 자유가주어진 영역이라고 할 수 있다.[53]

또한 법적 상태의 존속에 대한 개인의 신뢰는 그가 어느 정도로법적 상태의 변화를 예측할 수 있는지 여부에 따라 상이한 강도를가진다. 보통 법률은 현실 상황의 변화나 입법정책의 변경 등으로언제라도 개정될 수 있기 때문에 원칙적으로 법률의 개정은 예측할 수 있다. 또한 휴업급여 차등제도로 휴업급여의 성격상 그 급여의 구체적인 내용은 국회가 사회정책적 고려, 국가의 재정 및 산재보상보험기금의 상황 등 여러 가지 사정을 참작하여 보다 폭넓은입법재량으로 결정할 수 있고, 사회보장제도에 관한 입법은 한정된재원으로 산재근로자, 그 밖에 수급권자의 생활안정과 복리향상에기여하기 위함과 함께 보험재정의 건전화 내지 실질적 급여보장

---

53) 헌재 2005. 7. 21, 2004헌바2, 헌재 2004. 11. 25, 2002헌바52, 헌재 2003. 7. 24, 2002
   헌바51.

등의 기능이 제대로 작동할 수 있도록 해야 한다. 이에 입법에 의
한 연금수급권의 제한은 불가피하여, 그것이 명백히 자의로서 입법
적 한계를 벗어나지 않는다면 헌법에 위반은 아니다.[54] 다만 휴업
급여 차등에 대한 적정한 범위의 결정은 그 성질상 입법자의 입법
정책적 판단에 맡기는 것이 옳다고 생각되며, 그 외에 제반 사정을
고려해야 할 입법자의 사회정책적 판단 영역에서 결정하면 된다고
보인다.[55]

요양기간이 길어질수록 휴업급여가 줄어들도록 차등화하는 방안
으로서 휴업급여의 차등지급 시행으로 말미암아 재해근로자가 받
는 보험급여가 실제 수령하는 평균임금에 미치지 못하더라도 재량
범위를 현저하게 벗어나지 않는 한 평등원칙에 위반된다고 볼 수
는 없다. 산재보험법이 임금총액을 기준으로 보험료를 산정하도록
규정하고 있어 휴업급여 차등제도에 의한 휴업급여자(고임금근로자
포함)를 고용한 경우 사업주가 보다 높은 보험료를 납부한다고 하
더라도, 이는 한정된 재원으로 보다 많은 재해근로자와 그 유족들
에게 적정한 사회보장적 급여를 실시하고 보험재정의 건전화 및
실질적 급여보장의 기능을 수행하기 위한 것으로서 휴업급여의 차
등제도를 도입한 입법자의 결정에는 나름대로 합리적인 이유가 있
다. 따라서 휴업급여 차등제도가 객관적으로 정의와 형평에 반하거
나 자의적인 것이어서 평등원칙에 위반되는 것이라고 볼 수 없다.

---

54) 헌재 2009. 5. 28, 2005헌바20 반대의견(재판관 김희옥) 참조.
55) 헌재 1997. 8. 21, 94헌바19, 근로기준법 제30조의 2 제2항 위헌소원.

나. 법령의 소급적용을 명하는 부칙조항

법률 부칙조항이 그 자체로는 기본권 제한에 관한 실체적 내용을 담고 있지 아니하고 개정 또는 신설된 법률조항에 대하여 그 적용영역의 시간적 범위만을 내용으로 하고 있다면[56] 기본적으로 그 부칙조항 자체는 실체적 조항 적용의 통로에 불과하므로 실체적 조항과 결합해야 기본권 침해의 직접성 인정 여부를 논할 수 있다.

이때 실체적 조항이 부칙조항과 결합해 적용되는 경우에도 실체적 조항 자체에 의하여 직접 기본권 침해가 되지 않고 별도의 집행행위에 의하여 기본권 침해가 비로소 현실적으로 나타나게 된다면 실체적 조항뿐만 아니라 그와 결합된 부칙조항에 대해서도 기본권 침해의 직접성을 인정할 여지가 없게 된다. 반면에 이와 달리 기본권 침해의 직접성을 인정할 수 있는 실체적 조항이 부칙조항과 결합하는 경우, 부칙조항으로 말미암아 실체적 조항에 의한 기본권 침해의 시간적 적용범위가 직접 확대되는 효과를 초래하므로 당해 부칙조항에 대해서도 기본권 침해의 직접성을 인정할 수 있다.

(5) 소급입법과 신뢰보호의 원칙 위반 여부

법의 소급효금지는 '소급입법'의 금지로 나타나는데 이는 원칙적으로 금지되어야 한다. 시민들이 행위를 한 뒤에 법이 소급적으로 변경되어 적용된다면 시민들의 법에 대한 신뢰가 저해되며, 애초에 법적 생활관계를 향도(嚮導)하려는 법의 목적이 무색하게 되므로,

---

56) 예컨대 (i) 법 시행 전에 발생한 사안에 대하여 신법을 적용해 법률의 소급적용이 문제되는 경우 또는 반대로 (ii) 신법을 시행하면서 일정 사안에 대하여 일정 시점까지는 구법 규정을 적용하기로 함으로써 평등원칙 위반의 문제가 발생하는 경우.

법적 안정성과 예측가능성이 훼손된다. 물론 우리 헌법은 소급입법의 금지에 관하여 일반 규정이 없지만 헌법재판소는 헌법의 법치국가원리에 입각하여 '원칙적 금지론'을 도출하며, 헌법 제13조 제2항("모든 국민은 소급입법에 의하여 …… 재산권을 박탈당하지 아니한다.")에서는 '소급입법에 의한 재산권의 박탈금지'를 명문화하고 있다.[57] 이는 개인의 삶의 경제적 기반을 이루는 재산활동에 있어이미 완성된 사실을 존중하고 기득권을 보호하는 것이다. 따라서 법률로 재산권을 제한하는 경우에는 이러한 범위 내에서 한계가 있다.

그러나 입법정책상 많은 경우 소급입법이 필요한 예외적 상황이발생한다. 헌법재판소는 소급입법은 현재를 기준으로 이미 종료된과거의 사항을 새로 규율하는 '진정소급입법'과 현재 입법하는 법은 장래를 향하여 효력을 발생하지만 규율대상이 과거에 발생하여현재까지 지속되고 있는 사항을 규율하는 '부진정소급입법'으로 구분해,[58] 원칙적으로 진정소급입법은 위헌이고, 부진정소급입법은합헌이라면서도 이러한 엄격한 구분을 지양하는 입장이다.[59] 이 경우 시민들의 종전 법에 대한 신뢰를 보호해야 하기 때문에 공익적필요성이 법적 신뢰를 상회할 때만 가능하다는 것이 판례의 태도이다.[60] 법치주의에서는 '진정소급입법'[61]은 헌법적으로, 원칙적으

---

57) 또한 헌법 제12조 제1항에서 죄형법정주의의 소급입법금지 원칙을 인정하고 있다.

58) 헌재 1989. 3. 17, 88헌마1, 헌재 2008. 7. 31, 2005헌가16.

59) 헌재 1995. 10. 26, 94헌바12.

60) 다만 시민들에게 유리한 소급입법은 원칙적으로 허용된다(차별로 인한 평등원칙의 문제가 발생할 수 있다).

61) 진정소급입법이 허용되는 경우: 진정소급입법이 허용되는 예외적인 경우로는 일반적으로, 국민이 소급입법을 예상할 수 있었거나, 법적 상태가 불확실하고 혼란스러웠거나하여 보호할 만한 신뢰의 이익이 적은 경우와 소급입법에 의한 당사자의 손실이 없거나 아주 경미한 경우, 그리고 신뢰보호의 요청에 우선하는 심히 중대한 공익상의 사유

로 허용되지 않고[62] 특별한 경우만 예외적으로 허용되는 반면, '부진정소급입법'은 원칙적으로 허용되고 예외적으로 금지된다.[63] 부진정소급입법은 원칙적으로 허용되지만 소급효를 요구하는 공익상의 사유와 신뢰보호의 요청 사이의 교량과정에서 신뢰보호의 관점이 입법상의 형성권에 제한을 가하게 된다.[64] 이러한 구별은 절대적인 것이 아니고, 모든 경우 중요한 것은 신뢰보호와 평등보호의 문제가 있다. 진정소급입법이든 부진정소급입법이든 그러한 규율이 국가행위에 대한 국민의 신뢰를 침해하거나 특정한 수범자(受範者)를 차별해서는 안 된다.[65] 다만 부진정소급입법에 속하는 입법에 대해서는 일반적으로 과거에 시작된 구성요건 사항에 대한 신뢰는 더 보호될 가치가 있다고 할 것이기 때문에 신뢰보호의 원칙에 대한 심사가 장래입법에 비해서보다는 일반적으로 더 강화되어야 할 것이다.[66]

또한 헌법상 '신뢰보호의 원칙'은 국민들이 법적 안정성 속에서 영위할 수 있게 하기 위해서는 일반적인 사람들의 합리적인 판단

가 소급입법화 되는 경우를 들 수 있다. 이를 대별하면 진정소급입법이 허용되는 경우는 구법에 의하여 보장된 국민의 법적 지위에 대한 신뢰가 보호할 만한 가치가 없거나 지극히 적은 경우와 소급입법을 통하여 달성하려는 공익이 매우 중대하여 예외적으로 구법에 의한 법적 상태의 존속을 요구하는 국민의 신뢰보호이익에 비하여 현저히 우선하는 경우로 크게 나누어 볼 수 있다(헌재 1996. 2. 16, 96헌가2등).

62) '부진정소급입법'의 경우에도 진정소급효의 입법의 경우와 동일하게 보아 소급입법에 의한 재산권 박탈이 금지된다고 보아야 한다는 반대의견도 있다(헌재 1997. 6. 26, 96헌바94).

63) 헌재 1997. 6. 26, 96헌바94, 헌재 2001. 4. 26, 99헌바55.

64) 헌재 1995. 10. 26, 94헌바12, 헌재 1996. 2. 16, 96헌가2등, 헌바 1998. 11. 26, 97헌바58 등.

65) 정종섭, 『헌법학원론(제4판)』, 박영사, 2009, 176 - 177면. 부진정소급입법에서 신뢰보호를 침해한 경우에 대하여 위헌이라고 판시한 경우도 있다(헌재 2001. 9. 27, 2000헌마208, 헌재 2001. 9. 27, 2000헌마152).

66) 헌재 1996. 10. 26, 94헌바12.

에 의할 때, 국가행위에 의하여 시행된 법률이나 제도가 장래에도 그대로 존속될 것이라고 믿게 되고, 이를 바탕으로 일정한 법적 지위를 형성한 경우에는 그와 같은 법적 지위와 관련된 법규나 제도의 개폐에 있어서 국민이 믿고 따른 신뢰를 최대한 보호하는 것을 말한다.[67] 신뢰보호의 원칙은 때로는 위법 상태를 인정하면서까지 신뢰를 보호하여 법적 안정성을 확보하는 것이다. 따라서 신뢰보호 원칙은 법치국가원리의 내용인 법적 안정성에 그 근거를 두고 있다. 이와 같이 신뢰보호원칙은 헌법상 법치국가 원리로부터 파생되는 것으로, 법치국가의 원칙상 법률이 개정된다면 구법질서에 대하여 가지고 있던 당사자의 신뢰는 보호해야 한다.[68] 법률 개정 시 기존의 법질서에 대한 당사자의 신뢰가 합리적이고 정당한 반면, 법률의 제·개정으로 야기되는 당사자의 손해가 극심하여 새로운 입법으로 달성하고자 하는 공익적 목적이 그러한 당사자의 신뢰가 파괴되는 것을 정당화할 수 없다면, 그러한 새 입법은 허용될 수 없다. 그러나 사회환경이나 경제여건의 변화에 따른 필요성에 의하여 법률은 신축적으로 변할 수밖에 없고, 변경된 새로운 법질서와 기존의 법질서 사이에는 이해관계의 상충이 불가피하다.[69]

따라서 국민이 가지는 모든 기대 내지 신뢰가 헌법상 권리로 보호될 것은 아니고, 신뢰의 근거 및 종류, 상실된 이익의 중요성, 침해의 방법 등에 의하여 개정된 법규와 제도의 존속에 대한 개인의 신뢰가 합리적이어서 권리로 보호할 필요성이 인정될 때 그 신뢰는 보

---

67) 정종섭, 『헌법학원론』, 171면.
68) 헌재 1997. 11. 27, 97헌바10.
69) 헌재 1997. 11. 27, 97헌바10.

호받을 수 있다.[70] 이러한 신뢰보호원칙의 심사기준으로서 '신뢰보호원칙의 위반 여부'는 침해되는 이익의 보호가치, 침해의 정도, 신뢰의 손상 정도, 신뢰침해의 방법 등과 새 입법을 통해 실현하고자 하는 공익목적 등을 종합적으로 비교 형량해서 판단해야 한다.[71] 세월 속에서 공동체의 조건과 삶의 환경변화와 변동 속에 따라 법은 변화를 필요로 하는 경우에는 새로운 법질서의 형성과 제도의 변화가 불가피하고(제도의 개선, 법의 개혁 등) 변경된 새로운 법질서와 기존의 법질서 사이에는 상호 상충하는 이해관계를 조정할 필요가 발생하는데, 신뢰보호원칙도 이러한 조정의 필요성이 인정되는 범위 내에서 허용된다. 법의 개정이나 폐지가 불가피하고 이러한 법의 변동으로 얻고자 하는 공익이 존재하고 침해되는 이익이 이러한 공익보다 가벼울 때에는 개인의 신뢰는 후퇴한다고 할 것이다.[72]

이에 휴업급여 차등제도 도입 시 장해급여제도가 비록 손해배상 내지 손실보상적 급부인 점에 본질이 있더라도 장해급여제도에 사회보장수급권으로서의 성격도 있다면, 급여수준의 형평성을 제고하고 실질적 급여보장을 위해 동 제도의 도입 자체는 입법자의 결단으로 형성적 재량권의 범위 내라고 보더라도, 이러한 입법자의 결단은 휴업급여 차등제도를 시행한 이후에 산재를 입는 근로자들부터 적용될 수 있을 뿐이고, 제도 시행 이전에 이미 재해를 입고 산

---

70) 헌재 2002. 2. 28, 99헌바4, 헌재 2004. 12. 16, 2003헌마226등.

71) 헌재 1995. 3. 23, 93헌바18등, 2004. 12. 16, 2003헌마226등, 2007. 2. 22, 2003헌마428등. 이 부분을 신뢰의 근거 및 종류, 상실된 이유의 중요성, 침해의 방법 등에 의하여 개정된 법규, 제도의 존속에 대한 개인의 신뢰가 합리적이어서 권리로 보호할 필요성이 인정되어야 한다(헌재 1992. 10. 1, 92헌마68등, 헌재 1995. 6. 29, 94헌바39, 헌재 2002. 2. 28, 99헌바4).

72) 정종섭, 『헌법학원론』, 175면.

재보상수급권이 확정적으로 발생한 휴업급여청구권자들에게 그 수급
권의 내용을 일시에 급격히 변경할 경우까지 적용할 수는 없다.[73]

또한 휴업급여 차등제도의 도입하는 입법목적으로 휴업급여 차등
제도로 휴업급여액의 조정을 통해 보험재정의 건전화 및 실질적 급
여보장을 이루려면 이는 근본적으로 조세정책이나 사회보장제도의
확충을 통해 해결할 것은 아니고, 다른 방안을 고려할 수도 있다.
구체적인 방안을 살펴보면, (i) 법 시행 이후에 발생한 피재근로자
들부터 장래에 향한 부의 보험재정 건전화의 실시방안, (ii) 공단이
보험료징수를 통하여 이미 확보한 자체 자금의 활용방안 등을 들
수 있다. 또한 구법하에서 재해로 휴업급여의 수급을 개시한 재해자
들을 보호하기 위한 경과규정을 마련할 때도 충분히 오랜 시간을
두고 향후 기득의 휴업급여자들을 보호함으로써 갑작스런 연금액의
축소로 인한 충격을 완화하면서 연금액의 점진적 감소를 도모하는
방법 등으로 공익과 사익의 조화를 도모하여 기존 수급자들의 신뢰
를 최대한 배려하는 조치를 취하는 방안도 고려해 볼 수 있다.[74]

이것을 고려한다면 휴업급여 차등제도 도입 시 경과규정을 두어
야 한다면, 위에서 제시한 방안들을 고려하면서 충분히 오랜 시간
을 두도록 하는 고려를 하도록 유념해야 한다.[75]

---

73) 헌재 2009. 5. 28, 2005헌바20 참조.

74) 장애연금수급자에 대해서 결정했던 내용의 논리를 원용한 것이다. 헌재 2009. 5. 28,
2005헌바20 참조.

75) 참고로서, 헌재 2009. 5. 28, 2005헌바20. 이러한 논리에 따른다면, 장애연금수급자의
경우에는 피재로 말미암아 노동능력을 50% 이상 상실하여 남아 있는 노동능력을 활
용하여 새로운 소득활동을 할 기회를 얻기 어려운 중증 장애인들로서 경제적 환경변
화에 대한 대처능력도 일반인에 비하여 현격히 떨어질 것으로 보여, 비장애인을 적용
대상으로 하는 일반적인 법률과 비슷하게 2년 6개월이라는 단기의 유예기간만을 부여
한 것으로는 장애연금수급자들의 신뢰를 충분히 보호하였다고 볼 수 없고, 이에 관련
해 심판대상조항(법 제38조 제6항)은 신뢰보호의 원칙에 위배하여 장애연금수급자들의

또한 입법자는 휴업급여 차등제도의 휴업급여 수급자들의 신뢰
보호를 위한 경과규정을 마련함에 있어서, 휴업급여 이외에 다른
소득이 있는 자와 그렇지 아니한 자를 구분해 오로지 휴업급여만
으로 생활하는 휴업급여 수급자는 연금을 감액하지 않는 방법, 상
당히 오랜 시간을 두고 매년 단계적으로 감액의 비율을 조정하는
등으로 갑작스런 연금액의 축소로 인한 충격을 완화하면서 실질
연금액을 점차 감소하는 방법으로 충분히 오랜 시간을 두고 공익
과 사익을 조화시킬 필요가 있다.[76]

(6) 포괄위임금지원칙의 위반 여부

이 사건 법률조항이 만일 "대통령령이 정하는 바에 따라 노동부

재산권을 침해해 헌법 위반이라고 결정하였다.

한편, 헌재 2009. 5. 28, 2005헌바20. 반대의견(재판관 김희옥)에 의하면, 심판대상 조
항에 의하여 달성하려는 공익은 최고보상제도의 적용으로 절감되는 보험급여액으로
보험급여의 지급수준을 상향조정 하는 재원으로 사용하기 위한 것으로서, 그 공익적
가치는 매우 크다. 그에 반해 연금수급자들의 장해보상연금제도에 대한 신뢰는 반드시
'업무상재해로 인정받은 후에 현 제도 그대로의 연금액을 받는다.'는 데에 대한 것으
로 볼 수 없고, 장해보상연금 수급자는 단순히 기존의 기준에 의하여 연금이 지속적으
로 지급될 것이라는 기대 아래 소극적으로 연금을 지급받는 것일 뿐이다. 뿐만 아니라
심판대상 조항은 기존의 장해보상연금 수급자에게 최고보상제도가 시행되는 2000년 7
월 1일부터 2002년 12월 31일까지 2년 6개월의 유예기간을 두는 배려를 하고 있다.
따라서 보호해야 할 장해보상연금 수급자의 신뢰가치는 그리 크지 않은 반면, 심판대
상조항의 공익적 가치는 긴급하고 중요한 것이므로, 심판대상 조항이 헌법상 신뢰보호
의 원칙에 위배되어 청구인들의 재산권을 침해하는 것으로 볼 수 없다.
또한 청구인들의 장해보상연금 청구권은 생활보장적 성격을 가진 것으로서 사회보장
수급권에 해당하고 순수한 의미의 재산권은 아니므로, 법 제38조 제6항이나 심판대상
조항은 입법을 통하여 구체적으로 형성되는 사회보장수급권의 구체적 범위를 새로이
정한 것으로서 심판대상조항이 장해보상연금 수급자에 대해서만 수급권을 제한하는
것이 장해보상일시금을 선택한 산재근로자와 비교하여 청구인들을 합리적 이유 없이
차별하는 것이라거나 현저히 자의적인 것이라고 보기 어렵다. <u>따라서 심판대상 조항은
헌법상 신뢰보호원칙과 평등원칙에 반한다고 볼 수 없다.</u>

76) 헌재 2009. 5. 28, 2005헌바20 별개의견(재판관 이동흡) 참조.

장관이 고시하는 휴업급여 차등기준액"이라고 규정하고 있을 뿐이고 휴업급여 차등기준액의 산정기준, 방법 및 절차 등에 대한 대강을 법률조항만으로는 좀처럼 예측하기가 어렵다면 포괄위임금지원칙의 위반 여부가 문제될 수 있다.

가. 위임입법의 필요성과 그 한계

현대 사회복지국가에서는 사회현상이 복잡·다양해지고 전문적·기술적 행정기능이 요구되면서 그때마다 사회·경제적 상황변화에 따라 신속하고 적절하게 대응할 필요성이 커지고 있다. 반면에 국회의 기술적·전문적 능력이나 시간적 적응능력에는 한계가 있어 국민의 권리·의무에 관한 모든 사항을 국회에서 제정한 법률만으로 규정할 수가 없다. 이에 행정부에 일정한 사항의 입법권을 위임할 수밖에 없다.

그러나 여기서 '위임입법'이란 법률 또는 상위명령에서 구체적으로 범위를 정하여 위임받은 사항에 관하여 법규로서의 성질을 가지는 일반적·추상적 규범을 정립하는 것을 의미한다. 이에는 형식적 의미의 법률(국회입법)에는 속하지 않지만 실질적으로는 행정입법으로서 법률과 같은 성질을 갖는 법규의 정립이기 때문에 권력분립주의와 법치주의 원리에 비추어 그 요건이 엄격할 수밖에 없다. 이에 법규적 효력을 가지는 행정입법의 제정에는 반드시 구체적이며 명확한 법률을 위임하는 것이 필요하다(헌법 제75조 참조).[77]

이에 입법권은 반드시 한정적으로 위임되어야 한다. 만일 일반

---

77) 헌재 1993. 5. 13, 92헌마80. 다만 법률이 정관에 자치 법적 사항을 위임한 경우에는 헌법 제75조, 제95조가 정하는 포괄적인 위임입법의 금지는 원칙적으로 적용되지 않는다. 헌재 2006. 3. 30, 2005헌바31.

적·포괄적인 위임은 사실상 입법권의 백지위임이나 다름없어 의회입법의 원칙과 법치주의를 부인하는 결과가 되고, 행정권이 자의로 기본권을 침해할 위험이 있다. 우리 헌법 제75조에서는 "대통령은 법률에서 구체적으로 범위를 정하여 위임받은 사항(과 법률을 집행하기 위하여 필요한 사항)에 관하여 대통령령을 발할 수 있다."고 규정해 위임입법의 헌법상 근거와 함께 위임의 구체성·명확성(법률에서 구체적으로 범위를 정하여 위임받은 사항)을 요구하고 있다.[78] 이에 법률조항이 보험급부를 하는 것을 규율 영역으로 삼고 있으므로 위임입법으로서 갖추어야 할 구체성·명확성의 요구가 완화될 수 있다. 요약해 보면 법률의 위임하는 사항과 범위를 구체적으로 한정하지 않고 하위법령에 입법권의 일반적·포괄적 위임은 금지되므로, 하위법령에 위임하더라도 위임명령에 규정될 내용과 범위의 대강은 법률에 규정하는 것이 바람직하다. 헌법 제75조는 행정부에 입법을 위임하는 수권 법률의 명확성 원칙에 관한 것으로서, 법률의 명확성 원칙이 행정입법에 관하여 구체화된 특별규정이다.

여기서 '위임의 구체성·명확성'이란 법률에 이미 대통령령으로 규정될 내용, 목적, 범위의 기본사항이 구체적으로 충분히 확정·제한되어 있어 국민 누구라도 당해 법률에서 대통령령에 규정될

---

78) 이 조항은 일반적이고 포괄적인 위임입법은 허용되지 않는다는 것을 명백히 하고 있다. 이는 국민의 헌법상 기본권 및 기본의무와 관련된 중요한 사항 내지 본질적인 내용에 대한 정책형성기능은 원칙적으로 주권자인 국민에 의하여 선출된 대표자들로 구성되는 입법부가 담당하여 법률의 형식으로 이를 수행하여야 하고, 이와 같이 입법화된 정책을 집행하거나 적용함을 임무로 하는 행정부나 사법부에 그 기능을 넘겨서는 안 된다는 것을 천명한 것이다(헌재 2001. 4. 26, 2000헌마122, 2003. 7. 24, 2001헌바96 참조, 헌재 2004. 11. 25, 2002헌바52의 소수의견 참조).

내용(행정의 행위)의 대강을 예측할 수 있는 것을 말한다.[79] 이러한
예측가능성의 유무를 판단하면서는 당해 특정 조항만으로 판단할
것이 아니고 관련 법조항 전체를 유기적·체계적으로 종합 판단해
야 하며, 각 대상 법률의 성질에 따라 구체적·개별적으로 검토해
야 한다.[80] 특히 국민의 기본권을 직접 제한·침해할 소지가 있는
영역에서는 구체성·명확성의 요구가 강화되어 위임의 요건과 범
위가 일반적인 급부행정의 영역보다 더 엄격하게 제한되지만, 수익
적 급부행정 영역 또는 다양한 사실관계를 규율하거나 사실관계가
수시로 변화될 것이 예상된다면 위임의 구체성·명확성에 대한 요
구가 보다 완화될 것이다.[81]

　나. 차등제도의 위헌성 여부의 판단

　휴업급여 차등제도의 법률조항은 산재보험수급권자에 대하여 보
험급부를 하는 것을 규율 영역으로 삼고 있으므로 위 법률조항이
위임입법으로서 갖추어야 할 구체성·명확성의 요구는 완화될 수
있다. 한편 입법권을 위임하는 법률이 충분히 명확한지 여부는 당
해 법률조항만이 아니라 그 규범이 위치하는 법률 전체를 포함한
관련 법조항의 체계적인 해석을 통하여 판단해야 한다. 특히 이 경

---

79) 여기에서 '법률에서 구체적으로 범위를 정하여 위임받은 사항'이라 함은 법률에 이미
　대통령령으로 규정될 내용 및 범위의 기본사항이 구체적이고 명확하게 규정되어 있어
　서, 누구라도 당해 법률로부터 대통령령에 규정될 내용의 대강을 예측할 수 있어야 한
　다는 것을 의미하며, 위임입법의 위와 같은 구체성·명확성의 요구 정도는 각종 법률
　이 규제하고자 하는 대상의 종류와 성질에 따라 달라질 것이지만, 특히 국민의 기본권
　을 직접적으로 제한하거나 침해할 소지가 있는 법규에서는 구체성·명확성의 요구가
　강화되어 그 위임의 요건과 범위가 일반적인 급부행정법규의 경우보다 더 엄격하게
　제한적으로 규정되어야 한다(헌재 2002. 6. 27, 99헌마480, 2003. 4. 24, 2002헌가15,
　헌재 2004. 11. 25, 2002헌바52의 소수의견 참조).
80) 헌재 1994. 6. 30, 93헌가15등, 헌재 1994. 7. 29, 93헌가12.
81) 헌재 1991. 2. 11, 90헌가27, 1997. 12. 24, 95헌마390.

우 수권의 목적에서 수권의 내용이 구체화되고 이로써 수권의 범위가 어느 정도 예측되어 수권의 목적, 즉 당해 법률조항의 입법목적은 중요한 의미를 가진다.[82]

위 법률조항의 입법목적은 요양기간이 길어질수록 휴업급여가 줄도록 차등화함으로써 보험급여수준의 형평성을 제고하고 보험재정의 건전화 기능을 높이기 위한 것이다. 이러한 입법목적에 비추어 휴업급여 차등액은 전체 근로자의 임금수준, 임금근로자의 분포, 임금상승률, 산재보험의 수지현황, 산재보험기금의 상황, 국가의 재정부담능력 등을 기준 삼아 정할 것임은 쉽사리 예측할 수 있다.

실제로 산재보험법 시행령 제○○조 제○항은 "법 제○○조 제○항 본문의 규정에 의한 요양기간이 길어질수록 휴업급여가 줄도록 차등화함으로써 …… 분포비 및 임금상승률 등을 고려해 매년 노동부장관이 고시한 금액으로 하고"라고 규정해 위 법률조항의 입법목적에서 예측할 수 있는 산정기준을 반영하고 있다. 결국 위 법률조항에서 입법자가 직접 규정한 내용만으로도 그 입법목적으로부터 대통령령(노동부장관의 고시 포함)으로 정할 내용의 대강을 충분히 예측할 수 있어 포괄위임금지원칙에 위반되지 않는다.[83]

---

82) 헌재 2003. 7. 24, 2002헌바82.

83) 헌재 2004. 11. 25, 2002헌바52에서는 반대의견으로서, <u>산재보험급여는 재해근로자 개인에게 생존적 중요성을 갖는 것이고 최고보상제도는 재산권의 성격을 갖는 산재보험 수급권을 직접 제한하는 내용이어서 헌법상 기본권의 실현과 관련된 중요한 사항이라고 할 수 있으므로, 이에 관한 사항을 하위법규에 위임함에 있어서는 위임의 구체성과 명확성이 보다 엄격하게 요구된다고 할 것이다.</u> 그럼에도 불구하고 이 사건 법률조항은 단순히 '대통령령이 정하는 바에 따라 노동부장관이 고시하는 최고보상기준금액(장의비의 경우에는 최고금액)'이라고만 규정하고 있어, 이 조항만 가지고는 도저히 최고보상기준금액과 최고금액(이하 '최고보상기준금액 등'이라 한다)의 산정기준, 방법 및 절차 등의 대강을 예측할 수 없도록 되어 있다. 한편 위임입법의 경우 당해 법률로부터 대통령령에 규정될 내용의 대강을 예측할 수 있는지 유무를 판단함에 있어서는 당해 특정 조항 하나만을 가지고 판단할 것이 아니라 관련 법조항 전체를 유기적 · 체계

Ⅵ. 휴업급여의 차등지급제도 도입 시 재정에 미치는 영향

1. 60세 미만자와 휴업급여의 차등지급효과

(1) 재정효과분석의 적합성

휴업급여를 차등적으로 지급하는 경우 30~60세 미만 재해자 중에서 얼마나 휴업급여를 지급받고 있는지, 얼마나 절감되는지를 살펴볼 필요가 있다. 이러한 분석을 위해서는 휴업급여를 어떠한 기준에 의해 차등적으로 지급하는지에 대한 통계적 데이터의 수집을 전제로 비교하여 절감효과를 산출할 수 있다. 따라서 제2장에서 보험재정을 운영하는 '근로복지공단'의 자료를 통하여 요양기간별, 30세 이상 10년 단위로 연령대 수급자 수, 연령별 휴업급여 지급기간, 요양기간별 휴업급여 지급현황, 상병부위별 휴업급여 지급현황을 분석하였다. 그러

적으로 종합하여 판단하여야 한다는 것이 우리 재판소의 일관된 견해이다. 이 사건으로 돌아와 보면, 산재보험법의 관련 법조항 전체를 살펴보아도 최고보상기준금액 등의 산정기준, 방법 및 절차를 판단하기 어렵다. <u>다수의견은 이 사건 법률조항의 입법목적에 비추어 최고보상기준금액 등이 전체 근로자의 임금수준, 고임금근로자의 분포, 임금상승률 등을 기준으로 정하여질 것임을 예측할 수 있다고 하나, 이러한 기준은 법률조항이 아닌 시행령 조항의 내용을 살펴보고 나서야 비로소 상정할 수 있는 내용으로 보이므로 시행령 조항의 내용을 모아 예측가능성 유무를 판단하는 잘못을 범하고 있다.</u> 아울러 국가의 사회보장 · 사회복지의 증진에 노력할 의무 그리고 재해를 예방하고 그 위험으로부터 국민을 보호할 의무를 규정하고 있는 헌법의 정신(제34조 제2항, 제6항)과 최고보상제도로 인하여 재해근로자가 자신과 가족의 생존을 의지할 수밖에 없는 산재보험금수급권이 제한을 당한다는 측면을 고려해 본다면, 최고보상기준금액 등의 산정기준, 방법, 절차 등에 관해서는 <u>입법자 스스로 최소한의 기준을 정립한 다음 나머지 세부적인 사항에 대하여 입법위임을 하였어야지,</u> 이 사건 법률조항과 같은 백지위임의 입법형식을 취함으로써 그에 관한 판단권을 <u>전적으로 행정부의 재량에 맡겨서는 아니 될 것이다.</u> 결국 이 사건 법률조항은 최고보상제도 자체만을 규정할 뿐 최고보상기준금액 등의 산정기준과 방법 그리고 절차 일체를 포괄적으로 하위법규에 입법을 위임함으로써 <u>포괄위임금지원칙을 위반</u>하고 있는 것이다.

나 휴업급여를 차등적으로 적용할 경우 소득분포를 객관적으로 정하기 어렵고, 단순히 추이를 분석하는 정도에 불과하기 때문에 절대적 지표로 얼마나 재정적으로 절감이 될 것인지를 산정하기 어렵다.

휴업급여 차등적용을 위한 원칙이 사전에 확정되어야 변수의 고정이 가능하고, 이와 연계하여 통계적인 분석이 가능할 때 현재와 미래에 대한 재정적 절감효과를 비교하거나 예측할 수 있기 때문이다. 또한 근로복지공단의 휴업급여에 대한 통계자료가 제대로 구분되어 있지 않고, 정밀하지도 않기 때문에 원천적으로 비교하여 분석하기가 곤란한 한계성을 지닌다. 앞의 <표 2-7>에서 '연령대별 휴업급여의 지급현황'을 보면 55세 이상 60세 미만자의 경우 휴업급여 지급액이 98,496백만 원이고, 수급자 수는 13,134명으로 1인 평균 7.5백만 원을 지급받는 것을 알 수 있다. 그러나 1인당 평균임금과 관련하여 얼마인지, 휴업기간을 얼마인지를 개인별로 파악하는 것이 어렵다. 따라서 절감효과는 추정치를 기준으로 산정하여 비교할 수밖에 없다.

(2) 휴업급여의 산정방식과 추정치의 비교방법

현재의 휴업급여의 산정기준을 고려하여 휴업급여를 산정하고, 차등방식에 대한 산정기준이 성립된다면 가정적으로 변수를 정해서 고정하고 추정치를 비교할 수가 있다. 60세 미만자의 경우 일반적인 휴업급여는 완전휴업급여를 지급하는 경우 평균임금의 70%를 곱하여 산정한다. 예를 들어 재해근로자의 평균임금이 80,000원이고, 휴업일수가 30일인 경우에는 80,000원 × 30일 × 0.7 = 1,680,000원이 된다. 이러한 근로자가 1년간 요양을 하는 경우에는 휴업급여는 80,000원 × 365일 × 0.7 = 20,440,000원이 된다. 따라서 1인당 휴업급여가 위와 같은 근로자의 경우라면 1년에 20,440,000원이 지급되는 것이다. 아래의 <표 3-12> '휴업급여의 추정치 산정과 1년간 지급액'은 평균임금 80,000원인 근로자를 기준으로 1년간 휴업급여를 받는 경우에 2008년 연령별 수급자 수를 고려하여 휴업급여의 재정금액을 산출한 것이다.

<표 3-12> 휴업급여의 추정치 산정과 1년간 지급액

연령대	수급자 수(명)	연간 휴업급여액(원)	1명 기준액(원)
30세 미만	9,464	193,444,160,000	20,440,000
30세 이상 40세 미만	20,774	424,620,560,000	
40세 이상 50세 미만	33,144	677,463,360,000	
50세 이상 55세 미만	18,421	376,525,240,000	
55세 이상 60세 미만	13,134	268,458,960,000	

(3) 휴업급여의 차등방법에 따른 절감효과

앞에서 살펴본 바와 같이, 재해근로자의 평균임금과 휴업급여의 수급기간을 고정한 상태에서 2008년도 수급자 수를 고려하여 1년간 휴업급여를 산정하였다. 이러한 휴업급여의 산정기준을 달리하여 차등적으로 적용할 수 있다면 얼마나 절감될 수 있을까 의문이 제기된다. 만약 근로자의 경제활동에 따른 임금수준이 가장 높은 연령대를 기준으로 평균임금을 절감하는 방안을 채택하는 경우에는 현재의 산정기준으로 하는 것보다 분명히 절감할 수 있을 것이다. 통계적으로는 제3장 <표 3-9> '연령대별 임금총액 변화추이(5년 단위)'에 나타난 것처럼 재직 중인 근로자의 경우 45~49세에 임금수준이 가장 높고, 그 이후에는 낮아지는 것으로 나타났다.

50～59세 임금수준은 35～39세의 임금수준보다 11%가량 낮은 것으로 나타났다. 따라서 50세부터 일정 비율로 휴업급여의 지급수준을 낮추는 방안을 고려할 수 있다. 이와 같이 50～60세 미만 수급자 수를 기준으로 평균임금이 11% 낮아지는 것을 고려하여 휴업급여의 지급액에 대한 상한제를 도입하여 운영하는 경우 재정적으로 절감할 수 있다. 이러한 이유로 해서 산재보험법에 따른 휴업급여의 차등화가 가능하다면 휴업급여의 절감효과가 얼마로 될 것인지 살펴볼 필요가 있다.

또한 임금 피크제를 도입한다면 일정 연령(예컨대 50세)을 기준으로 그 이상의 연령대에서는 임금수준이 낮아지는 것을 고려하여 휴업급여의 지급률을 차등적으로 낮출 수 있다. 제3장에서는 휴업급여 피크제의 도입에 따라 지급률을 낮추기 위한 방안으로 55세를 기준으로 3년마다 5%씩 절감하는 방안을 제시하고 있다. 또한 요양 개시 후 5년 이후에는 연령 50세를 기준으로 5년마다 5%씩 감액하여 60세까지 차등을 두는 방안을 고려한다면 일반근로자와 비교해 보면 50세 이후 60세까지 10%의 재정적 절감효과가 있을 것으로 보인다. 다만 55세 이상인 자는 5년마다 5%씩 감액하여 65세까지 최대 10%까지 절감하여 근로기준법에서 정한 60% 이하가 되지 않도록 한다.

아래의 <그림 3-1>에서는 산술치의 60세 미만자의 휴업급여와 차등화에 따른 절감효과를 가정적으로 산정하여 추정하기보다는 세대별 수급자 수에 따른 절감효과가 있는지를 나타내는 분포도로 표현한 것이다.[84]

---

84) 2008년 현재 연도별 수급자 수에 대한 통계수집이 어렵고, 절감효과의 분석은 가정치

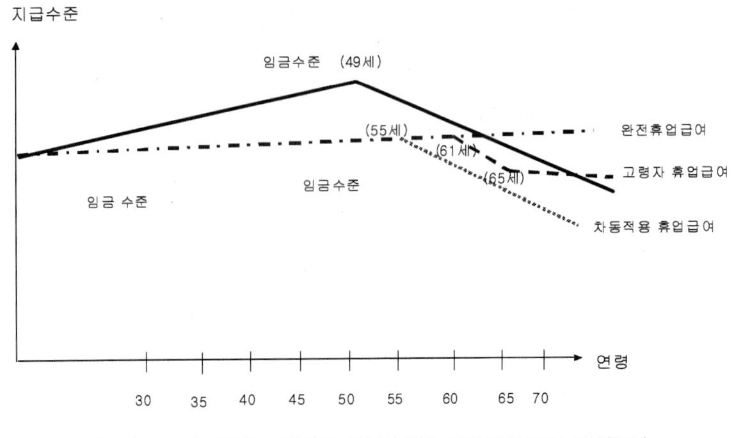

〈그림 3-1〉 60세 미만자의 휴업급여와 차등화에 따른 절감효과

2. 61세 이상인 자에 대한 휴업급여의 차등지급효과

(1) 고령자의 휴업급여 산정기준의 적합성

재정적 효과를 분석하기 위해서는 61~65세 연령을 기준으로 첫째, 완전휴업급여를 기준으로 휴업급여를 산정한다. 둘째, 연 5%씩 줄이는 방법에 따라 휴업급여를 산정하고 60%를 하회하지 않도록 한다. 산재보험법 제55조에서는 현재 61~65세 고령자에 대해 연 5%를 감액하여 최대 20%까지 감액하도록 규정하고 있다. 이러한 규정은 휴업급여를 일부 감액이 가능하다면 완전휴업급여를 실시하는 경우보다 휴업급여의 절감효과가 그리 크지는 않다. 셋째, 취업능력 상실계수에 따라 휴업급여를 산정하여 비교할 수 있다. 이

를 기준으로 산정하는 추정액에 불과한 점을 고려하여 <그림 3-1>에 따른 세대별 수급자 수를 기준으로 2년 단위로 나누어 산정하기가 곤란하기 때문이다.

경우 66세부터는 휴업급여를 중단하기로 한다면 구태여 재정적 효과를 비교할 필요가 없다. 만약 65세 이후에 휴업급여의 지급을 중단한다면 현재보다 재정적으로 절감효과가 클 것이다. 이러한 경우 어느 정도 절감효과가 있는지는 현재 66세 이후 휴업급여 수급대상자와 수급총액을 파악하여 그 자체가 재정적으로 절감되는 결과라고 볼 수 있다.

(2) 취업능력 상실계수의 이용에 따른 재정적 절감효과

휴업급여의 재정적 효과를 분석하기 위해 구체적으로 취업능력 상실계수를 고려하여 가정치를 기준으로 산정할 수 있다. 취업능력 상실계수는 상병 상태에 따라 취업능력을 얼마나 상실하였는지, 취업할 수 없는 기간이 얼마나 되는지를 잠정적으로 결정하여 휴업급여를 지급하고자 하는 방식이다. 따라서 취업능력 상실계수는 연령과 관계없이 사용할 수 있으며, 61세 이상 고령자에 대해서도 적용할 수가 있다. 만약 재해근로자가 1일 평균임금이 80,000원이고, 산재보험법 제52조에 따라 완전휴업급여 70%를 받게 된다고 할 경우, 2008년도 휴업급여 수급자 수에 비례하여 휴업급여를 산정할 수 있다. 이 경우 61~65세 완전휴업급여를 산정하고, 다시 취업능력 상실계수를 가정하여 산정한 후 비교하여 얼마나 재정적으로 절감되는 효과가 있는지를 분석할 수 있다. 이때 <표 2-7> '연령대별 휴업급여 지급현황'을 기준으로 휴업급여 수급자 수를 산정한다. 다만 2008년도 휴업급여를 받는 수급자를 산정함에 있어서 완전휴업급여인지 부분휴업급여인지 통계적으로 불명확하나, 완전

휴업급여로 간주하여 산정한다. 여기서 휴업급여는 근로자가 1년간 요양을 하는 경우에는 80,000원 × 365일 × 0.7 = 20,440,000원을 지급하는 것으로 가정한다. 취업능력 상실계수가 0.5로 간주되는 경우에는 산식은 80,000원 × 365일 × 0.5로 계산되어 현행 70% 지급방식보다 20%의 재정적 절감효과가 나타난다. 휴업으로 취업을 하지 못하는 기간이 365일에서 며칠간이라도 감축된다면 이러한 재정적 절감효과는 현재보다 더욱 크다. 따라서 취업능력 상실계수를 도입하는 경우 차등적인 취업능력 상실률에 따라 인정되면, 재정적으로 휴업급여의 절감효과가 높을 것으로 추정된다. 취업능력 상실계수를 0.5로 하는 경우 1년간 휴업급여의 총액은 80,000원 × 365일 × 0.5 = 14,600,000원으로 산정된다.

<표 3-13> 61세 이상 고령자와 휴업급여액의 절감효과

연령	수급자 수	완전(0.7) 휴업급여총액	취업능력계수(0.5)에 따른 휴업급여액	절감차액
61세	2,036	2,036 × 20,440,000 = 41,615,840,000원	2,036 × 14,600,000 = 29,725,600,000	11,890,240,000
62세	1,533	31,334,520,000	22,381,800,000	8,952,720,000
63세	1,310	26,776,400,000	19,126,000,000	7,650,400,000
64세	1,420	29,024,800,000	20,732,000,000	8,292,800,000
65세	1,306	26,694,640,000	19,067,600,000	7,627,040,000

고령자의 휴업급여 지급 및 조정방안

제4장

Ⅰ. 서 설

산재보험법에 의한 휴업급여는 근로자가 업무상 부상을 당하거나 질병에 걸린 경우 요양으로 취업하지 못한 기간에 대하여 생계보장을 목적으로 지급하는 금품을 말한다. 이러한 휴업급여는 근로자가 재해로 인하여 취업활동을 하지 못하는 경우 생계를 보장하기 위해 지급하는 금품이다. 휴업급여의 법적 근거는 산재보험법 제52조에서 휴업급여를 규정하고, 같은 법 제53조(부분휴업급여), 제54조(저소득근로자의 휴업급여), 제55조(고령자의 휴업급여)를 규정하고 있다.

그러나 현재 산재보험법에 따른 휴업급여의 성격에 대해서는 학설에 따라 근로소득을 보전해 주는 소득보장급여라는 견해(소득보장급여설)와 사회보험으로서 사회보장급여라는 견해(사회보장급여설)가 대립되고 있다.[1] 소득보장급여라는 견해에 따르면, 휴업급여는 업무상재해로 인해 취업활동에 따른 소득을 상실한 것이므로 그 손실을 보전해 주기 위한 목적으로 지급하는 것이 휴업급여라는 것이다. 따라서 휴업급여의 산정은 근로자가 재해를 당하기 이전에 얻은 소득수준을 고려하여 산정해야 한다.

반면에 사회보장급여라는 견해에 따르면, 휴업급여는 근로자가 비록 업무로 인해 부상을 당하거나 질병에 걸려 취업활동을 하지

---

1) 사회보험은 산업사회에서 질병, 노령, 재해, 실업 등의 위험에 의해 생활이 곤란해질 때 국가가 보험방식을 이용하여 생활수단을 보장해 주는 체계라고 한다(심규범, 「사회보험 통합방안 연구」, 『사회보험의 적용 및 징수통합방안』, 한국노동연구원, 1999, 98면). 우리나라의 사회보험 관련 법체계는 통일적인 법체계를 이루지 못하고, 필요에 따라 개별법으로 제정되어 있다.

못하고 경제적 손실을 입었더라도 이를 전부 보전해 주는 것이 아니라 사회보장적 정책을 고려하여 일정 수준으로 보장을 해 주는 것이다. 따라서 휴업급여의 산정은 반드시 소득기준으로 정할 필요가 없이 정책적으로 결정할 수 있다. 휴업급여의 산정기준은 소득수준을 기준으로 산정하나, 그 지급수준을 얼마로 정할 것인지에 대한 기준의 설정은 정책적인 입장에서 선택할 수 있다. 이와 같이 휴업급여의 성격을 어떻게 볼 것인가 하는 것은 제도 개선을 위한 중요한 지표가 된다. 휴업급여를 소득보장급여의 성격으로 본다면 근로자의 재해 이전 소득을 보장해 주어야 하기 때문에 소득수준을 반영해야 한다. 이러한 논리에 따르면, 정당한 사유 없이 휴업급여의 수준을 감액하거나 중단 또는 차등적용을 하는 것은 불합리하다. 여기에 휴업으로 인한 손실을 보장해 주어야 할 당위성이 생기고 그 결과 손해배상과 경합이 되는 경우에는 과실상계의 대상으로 삼기 용이하다.

휴업급여를 사회보장급여로 본다면 근로자의 재해 이전에 손실을 반드시 고려할 필요가 없고, 소득수준은 휴업급여의 산정기준으로 할 수 있으나, 이는 참작사유에 해당될 뿐이다. 그러나 근로자의 평상시 소득수준을 고려하지 아니하고 재산상황, 상병 상태, 요양기간 등 다른 합리적인 대체수단이 있다면 휴업급여의 산정기준을 변경할 수 있다.[2] 산재보험의 법적 성격을 사회보장급여로 본다면 민법 제750조에 의한 불법행위, 그 밖에 다른 법률에 의해 과실상계의 대상, 구상권 행사의 대상으로 하는 데 일정한 한계성을 지

---

2) 이러한 입장에 선다면 소득수준을 산정하는 방법도 현재 3개월 단위 평균임금에서 산정하여 지급하고 있으나, 1년 단위 평균임금으로 산정기준을 변경하여 지급하더라도 무방하다.

닌다.

그러나 최근의 휴업급여제도는 휴업급여의 법적 성질에 대한 명확한 구분 없이 무비판적으로 '손해배상과 같은 금액'에 대해 과실상계를 인정해 오는 우를 범하고 있다. 그 결과 산재보험은 무과실책임주의를 채택하고 손해배상은 과실책임주의를 채택하여 과실상계가 어렵고 그 결과 구상금 손실이 발생하는 원인이 생긴다. 휴업급여에 대한 법적 성질과 보상원리의 문제점으로 인해 사업주가 휴업급여의 보험료를 부담하는 것보다는 배상책임에 따른 더 많은 경제적 부담이 늘어날 수 있다. 따라서 휴업급여의 성격을 입법적으로 어떻게 하는 것이 바람직한지 법리적으로 다시 검토하여야 한다.

Ⅱ. 고령자 취업능력의 판단과 휴업급여의 조정

1. 취업가능기간 이후 취업과 휴업급여의 지급 여부

(1) 휴업급여의 지급수준과 취업능력 상실률의 문제

업무상재해는 업무상의 사유에 따른 근로자의 부상, 질병 또는 사망을 말한다(산재보험법 제5조 제1호). 이때 사망재해는 휴업급여의 지급사유에서 제외된다. 그러나 근로자가 부상 또는 질병에 따른 치료를 하다가 사망한 경우나 사망 직전까지 요양기간을 한 경우에는 해당 기간 동안 휴업급여를 지급한다. 근로자가 추락 등으로 인해 즉시 사망하지 않는 한 4일 이상 요양을 하다 사망한 경우에는 휴업급여의 지급사유에 해당된다.

휴업급여의 지급수준은 산재보험법 제52조(휴업급여)에 의하면, 휴업급여는 업무상 사유로 부상을 당하거나 질병에 걸린 근로자에게 요양으로 취업하지 못한 기간에 대하여 지급하되, 1일당 지급액은 평균임금의 100분의 70에 상당하는 금액으로 한다. 이러한 휴업급여의 지급수준은 취업능력 상실률을 일률적으로 70%로 인정하는 것이다. 다만 취업하지 못한 기간이 3일 이내이면 지급하지 아니한다. 휴업급여의 지급요건으로서 논의의 대상이 되는 것은 '취업하지 못한 기간'에 대한 것이다. 이때 '취업하지 못한다'는 요건은 취업의사에도 불구하고 부상이나 질병으로 인해 취업능력을 상실한 상태에 있기 때문에 취업할 수 없는 경우를 말한다. 또한 취업을 할 수 있는 잔존능력이 있다면 실제 취업활동을 하였는지를 불문하고 정상인에 비하여 취업능력을 상실한 것으로 보아 휴업급여를 지급하고자 하는 것이다. 그러나 일부 취업이 가능한 근로자가 있고, 상병 상태도 중한 정도에 이르지 않았다면 일부 취업 불능을 허용하여 부분휴업급여를 지급하는 합리적 기준이 필요하고, 이에 따라 산재보험법 제53조(부분휴업급여)를 도입하고 있다.[3]

---

3) 산재보험법 제53조 제1항에 의하면, 요양 또는 재요양을 받고 있는 근로자가 그 요양기간 중 일정 기간 또는 단시간 취업을 하는 경우에는 그 취업한 날 또는 취업한 시간에 해당하는 그 근로자의 평균임금에서 그 취업한 날 또는 취업한 시간에 대한 임금을 뺀 금액의 100분의 90에 상당하는 금액을 지급할 수 있다. 다만 제54조 제2항 및 제56조 제2항에 따라 최저임금액을 1일당 휴업급여 지급액으로 하는 경우에는 최저임금액(<별 표 1> 제2호에 따라 감액하는 경우에는 그 감액한 금액)에서 취업한 날 또는 취업한 시간에 대한 임금을 뺀 금액을 지급할 수 있다. 또한 같은 조 제2항에 의하면, 단시간 취업하는 경우 취업하지 못한 시간(8시간에서 취업한 시간을 뺀 시간을 말한다)에 대해

(2) 부분휴업급여의 제도적 취지와 문제점

산재보험법은 근로자가 업무상재해로 인하여 요양 중에 있더라도 조속히 치료를 마칠 수 있도록 하는 동시에 입원할 정도에 이르지 않은 상병 상태의 정도에 따라 요양기간에 일부 취업활동을 하면서 치료를 할 수 있도록 부분휴업제도를 도입하고 있다. 이러한 부분휴업급여제도는 직장생활과 치료행위를 동시에 병행할 수 있도록 하는 한편, 입원치료가 불가피한 경우가 아니라면 휴업급여의 지급률을 달리하여 산재보험재정의 건전성을 도모하기 위한 취지에서 도입된 것이다. 그러나 부분휴업급여제도의 도입에도 불구하고 근로자의 소득분포가 40대의 일정 연령까지는 소득이 증가하는 추세나, 장기근속으로 평균임금이 계속적으로 증가하는 경향을 고려할 때 별다른 휴업급여의 재원을 절감하는 실효성이 크다고는 볼 수 없다.

또한 현행 산재보험법 제53조는 근로자가 요양기간 중 '일정 기간 또는 단시간 취업을 하는 경우'에 부분휴업급여를 인정하는 요건을 정하고 있다. 이러한 이유로 일부 취업이 가능한 노동능력을 지닌 근로자라도 '실제로 취업활동을 하지 않는다면' 부분휴업급여제도를 도입한 취지가 전혀 소용이 없게 된다. 따라서 상병 상태의 중증도에 따라 일부 취업이 가능한 근로자임에도 취업활동을 기피하게 된다면 휴업급여의 재정적 절감효과가 전혀 이루어지지 않게 된다. 그 결과 상병 상태의 중증도가 낮은 경우에 일을 하는 대신에 요양을 선호하게 되어 불합리하게 요양기간이 늘어날 수밖에 없다. 따라서 부분휴업급여의 제도는 실제로 취업활동을 하지 않는

서는 제52조 또는 제54조부터 제56조까지의 규정에 따라 산정한 1일당 휴업급여 지급액에 8시간에 대한 취업하지 못한 시간의 비율을 곱한 금액을 지급한다.

한 현실성이 없는 제도로서 비판을 면하기 어렵다.

(3) 취업가능기간과 고령자 휴업급여의 중단문제

61세 이상의 고령자가 재해를 당한 경우 어느 기간까지 혹은 어느 연령까지 요양을 허용할 것인지 검토가 필요하다. 이러한 재해근로자가 고령자인 경우에는 통상적인 젊은 근로자에 비하여 소득능력이 저하되는 점을 고려하지 아니하고 휴업급여를 계속하여 지급하는 것은 불합리하다는 비판의 여지가 있다.[4] 현재 산재보험법 제52조는 '요양으로 취업하지 못한 기간에 대하여'라는 입법규정을 두고 있기 때문에 의학적 판단에 따른 요양이 휴업급여의 전제조건이 되고 있다. 이러한 이유로 의학적 견해에 따라 요양을 할 필요성이 인정될 때 휴업급여의 지급대상이 된다.

근로자가 요양을 전제로 휴업급여를 지급하는 연령한도에 대해서는 입법적으로 아무런 규정을 두고 있지 않다. 그렇다면 연령한도를 얼마로 해야 하는지 논란의 여지가 있다. 해당 직종에서 취업활동을 할 수 있는 연령에 차이가 있고, 이러한 기간은 '취업가능기간'이라고 하여 일정한 연령한계를 인정하는 것이 판례의 태도이다. 따라서 재해근로자가 육체노동에 종사하는 자라면 법원의 판례에 따라 55세 이후에는 해당 직종에 더 이상 종사하기가 곤란하다고 보아야 한다. 이러한 재해근로자는 동일 직종에서 더 이상 동종근로자 또는 재직자의 임금수준을 고려하여 임금이 인상되리라고보아 휴업급여의 지급수준을 유지하는 것은 불합리하다. 따라서 직

---

4) 이경범, 『산재보험급여의 문제점과 개선방안-산재보험급여체계에 관한 고찰-』, 『산재보험포럼』, 한국노동연구원, 2005, 18면.

종별 취업가능기간을 고려하여 휴업급여의 지급기간을 일정한 연령기준으로 정하거나 중단할 수 있는지 검토가 필요하다.

2. 휴업급여의 산정기준과 지급 여부의 검토

(1) 휴업급여의 산정방식에 대한 검토

가. 과거소득과 연계하는 방식

산재보험의 휴업급여는 재해근로자의 과거소득과 연계하여 산정하는 방식과 소득과 관계없이 정책적으로 결정하여 일정액을 지급하는 방식으로 구분된다. 휴업급여의 지급수준이나 지급률을 소득과 연계하는 국가는 소득대체율을 어떻게 할 것인지에 대한 고려를 하고 있다. 휴업급여는 면세로 제공되고, 수급자는 현재 근로하지 않고 있는 상태이나 대부분 업무에 복귀하게 된다는 점에서 소득기준을 정당화하고 있다. 이때 결정되는 소득대체율은 세금 부담의 정도, 근로의 수고가 덜어진 정도, 업무복귀의 가능성과 관련성이 있다. 특히 모든 근로자에게 동일하게 소득대체율을 인정할 것인가 아니면 과거의 소득, 재직기간, 후유장애의 정도를 고려하여 달리해야 하는가 하는 것도 고려의 대상이 된다.

소득보장급여로서 제도를 채택하는 국가가 이러한 산정기준을 채택하고 있다. 따라서 급여를 과거의 소득에 기초하려면 개개인의 임금기록을 필요로 하고, 과거의 소득을 측정할 수 있는 가장 좋은 방법에 의한 결정을 할 수 있어야 하나, 실제상 결정을 하기가 어렵고 그것은 임금손실에 관한 대리지표에 불과하다는 비판을 받기 쉽다.[5] 또한 동일한 소득대체율을 고려할지라도 업무복귀 후 소득이 증가함에 따라서 실생활에 필요한 이상의 급여를 받을 수 있다는 점을 감안하면, 과거의 소득과 연계하는 것은 불합리하다. 그렇다고 휴업급여를 필요 이상으로 인상하여 지급하거나 요양기간의 장단에 상관없이 지급함으로써 보험재정을 악화시키는 것도 바람직하지 않다.

휴업급여는 피재자의 실생활을 보장하는 선에서 최소한도로 지급되어야 한다. 대부분의 국가에서는 휴업급여의 소득대체율은 재해근로자가 받고 있던 과거의 소득을 100% 대체해 주는 경우부터 50%를 대체해 주는 경우까지 다양하다. 오스트리아, 룩셈부르크, 벨기에, 이탈리아 등 대부분의 국가에서는 휴업급여에 대해 평균소득대체율을 고려하나, 요양기간에 따라 휴업급여를 감소시키고 있다. 영국과 아일랜드는 소득을 기준으로 휴업급여를 지급하고, 정액급여를 지급한다.

<표 4-1> 국가별 휴업급여의 평균소득대체율

소득대체율	국가
100%	오스트리아(적어도 8주까지), 룩셈부르크(14주 후에는 연금전환), 멕시코
90~99%	벨기에, 호주(최초 26주 후에는 감소함)
80~89%	스웨덴, 일본 캐나다(75~90% 사이), 뉴질랜드
70~79%	독일, 네덜란드 스페인, 한국, 대만(12개월 후에는 50%)
60~69%	프랑스(첫 28주 동안), 이탈리아(90일까지 60%, 이후 75%), 포르투갈, 싱가포르, 미국(대부분의 주에서)
50~59%	그리스, 터키(입원 시는 33.3%)
정액급여	영국, 아일랜드

출처: 박찬임, 「산재보험제도의 국제비교 연구」, 한국노동연구원, 2002, 55면.

---

5) 박찬임, 「산재보험제도의 국제비교 연구」, 한국노동연구원, 2002, 14면.

나. 과거소득에 기초한 기본소득과 보충급여의 가산방식

이 방식은 기본급여 산정 시 이전의 소득보장을 그대로 반영하게 된다면 휴업급여의 지급에 따른 비용증대의 문제점이 발생하므로 기본급여를 낮추고 보충급여를 추가하여 차등적으로 지급하는 것을 말한다. 휴업급여의 지급에서 과거소득을 기준으로 일률적으로 산정하여 지급하는 방식은 형평성을 도모하고자 하는 취지이다. 휴업급여 기본급여와 보충급여로 구분하여 배우자나 자녀 등 피부양자에 대한 보충급여를 실시하는 것은 피부양자를 가진 근로자의 부가적인 욕구를 인정하는 것이다. 피부양자 한 명당 증가액은 정액이거나 근로자의 과거소득의 일정 비율을 보충급여로 가산하여 지급하는 방식이다. 그러나 피부양자에 대한 보충급여를 실시하는 것은 기본 휴업급여가 상대적으로 낮지 않다면 휴업급여의 비용을 증가시키는 요인이 될 수 있다. 피부양자에 대한 보충급여를 실시하지 않는 국가는 휴업급여가 소득손실을 대체하기 위해서 고안된 것으로서, 소득은 부양가족의 수와 관련이 없다는 점을 고려한다. 특히 휴업급여를 정액으로 지급하는 국가에서는 보충급여가 비용을 증가시킬 뿐만 아니라 모든 근로자가 동일한 처우를 받아야 한다는 형평성의 측면에서 비판 여지가 있어 선택하지 않는 경우도 많다.

<표 4-2> 국가별 휴업급여의 보충급여

보충급여의 유무	국 가
있음	오스트리아, 아일랜드, 아이슬란드(유자녀만), 그리스, 호주
없음	독일, 프랑스, 영국, 덴마크, 스웨덴, 벨기에, 룩셈부르크, 스페인, 이탈리아, 포르투갈, 한국, 일본, 대만, 싱가포르, 캐나다, 미국, 멕시코, 뉴질랜드, 터키, 스위스, 핀란드, 노르웨이, 헝가리, 체코, 폴란드

출처: 박찬임, 「산재보험제도의 국제비교 연구」, 한국노동연구원, 2002, 55면.

다. 소득과 관계없이 일정액을 지급하는 정액방식

이 방식은 휴업급여의 지급수준을 국가가 정책적으로 일정액을 결정하여 지급하되, 과거소득은 산정기준으로 참작하는 정도에 불과하다는 것을 말한다. 이러한 휴업급여를 사회보험의 일종으로 보아 과거소득을 대체하여 다른 산정기준으로 산정하거나 사회·정책적 입장에서 일률적으로 결정하여 지급한다. 따라서 휴업급여를 정액급여로 지급하기를 선호하는 국가는 소득과 연계시키지 아니한다. 이러한 사회보험급여는 근로자가 과거의 소득과 관계없이 미래에 예견되는 최소한도의 재정적 욕구에 기초한다. 휴업급여를 지급하는 경우에 사회보험의 소득재분배 기능을 중시하며, 재해근로자의 과거소득이 얼마인지를 고려하기보다 사회보장적 원칙에 따라 다양한 요소를 참작하여 적절한 지급수준을 결정한다.[6] 이러한 휴업급여의 지급방식은 사회보험이라는 성격에 부합하고 건전한 재정을 유지할 수 있으나, 지나친 정책적 수단으로 남용될 경우 규제할 수 있다. 따라서 사전에 휴업급여의 산정방식에 대한 합리적 평가기준을 정할 필요가 있다.

---

[6] 사회보장제도가 지녀야 할 원칙으로서 베버리지(Beveridge)는 국민최저수준의 동액급여 혜택, 동일한 금액의 갹출, 사회보험 행정체계의 통합, 급여수준의 적절성, 사회보험의 포괄성, 적용대상자의 범주화 등 6대 원칙을 제시하고 있다. 사회보장의 원칙에서 보험급여의 적절성에 의하면, 보험사고에도 불구하고 보험사고 발생 이전의 정상수준에 가까운 생활을 회복할 수 있도록 또는 나아가 보다 적극적인 의미에서 미연에 사고를 예방할 수 있도록 현금, 현물 등 적합한 급여가 이루어져야 한다는 것을 의미한다. 이때 사회보험급여를 새로운 소득증대원으로 하여 보험사고 이전보다 높은 생활수준을 영위하도록 하는 것은 사회보험의 소득보전이라는 원리상 부적절하다고 한다(심규범, 「사회보험의 적용 및 징수통합방안」, 『사회보험통합방안 연구』, 한국노동연구원, 1999, 101면).

(2) 고령자 휴업급여와 연령기준의 검토

가. 고령자의 개념과 연령기준

고령자에 대한 휴업급여의 지급기간을 단축하거나 중단 또는 지급수준을 낮추는 조정을 위한 방안으로 우선적으로 연령기준을 검토할 필요가 있다. 그러나 현재 산재보험법에서 휴업급여의 지급과 관련하여 조정을 하고자 하는 연령을 55세 이상의 고령자로 할 것인지, 60세 이상의 고령자로 할 것인지, 아니면 65세 이상의 고령자로 할 것인지를 명확히 정하고 있지 않다. 단지 산재보험법 제55조(고령자의 휴업급여)에서는 휴업급여를 받는 근로자가 61세 이상인 자를 고령자로 정해 그 이후의 휴업급여는 일정 비율로 감액하는 제도를 두고 있다. 이와 같이 고령자의 연령기준이 불명확하다면, 법집행의 혼란이 야기될 여지가 있다.

더욱이 같은 노동법의 영역에 속하는 고령자고용촉진법(이하 '고령자고용촉진법'이라 한다) 제2조에서 고령자를 55세, 50세 이상 55세 미만자를 준고령자로 규정하고 있다.[7] 산재보험법에서 고령자의 개념을 정하고 있지 않다면, 고용상 연령차별금지 및 고령자고용촉진법 제2조 및 같은 법 시행령 제2조에서 일률적으로 55로 정하는 것과 충돌이 생겨 혼란이 야기된다. 따라서 고령자고용촉진법과 산재보험법의 연령기준을 통일시키거나 입법목적에 따라 달리 정할 사유가 있다면, 산재보험법에서 61세 이상인 고령자의 개

---

7) 고용상 연령차별금지 및 고령자고용촉진에 관한 법률은 최근 평균수명의 연장 등으로 인구 구성에 있어 고령자가 차지하는 비율이 증가하고 있는 반면, 이들의 취업이 저조하고 산업인력의 부족 현상이 심각해지고 있는 점 등을 감안하여, 고령자가 그 능력에 적합한 직업에 취업하는 것을 지원·촉진함으로써 고령자의 고용안정과 국민경제의 발전에 이바지하려는 목적으로 제정된 법률이다(법 제1조).

넘을 초고령자로 별도로 정할 필요가 있다. 이들은 일반적으로 정년을 넘어 산업현장에서 퇴직을 하거나 재고용된 자가 대부분이다. 따라서 단순히 고령자의 용어를 사용하기보다는 '초고령자'로 정의하는 것이 보다 바람직하다.

나. 고령자 휴업급여와 연령별 감액기준의 문제점

휴업급여의 지급수준을 조정하기 위해 산재보험법 제55조에 따라 61세 이상의 고령자에 대해 연령에 따라 휴업급여를 감액하고 있다. 그러나 현재 산재보험법 제53조는 연령기준에 상관없이 평균임금이라는 재해 직전의 소득수준을 기준으로 평균임금을 산정하는 방식을 채택하고 있다. 이러한 산재보험의 입법주의는 소득보장급여로서의 성격으로 보는 경우에는 소득수준을 그대로 반영해야 하기 때문에 고령이라는 연령기준을 이유로 휴업급여의 지급수준을 감액하는 것은 법리적으로 불합리하다. 그러나 휴업급여의 법적 성격을 사회보장급여로 보는 경우에는 소득수준을 반드시 반영하지 아니할 수 있기 때문에 연령기준을 이유로 고령자에 대한 휴업급여를 차등적으로 감액할 수 있다.

한편 헌법 제32조 제3항에서 "근로조건의 기준은 인간의 존엄성을 보장하도록 법률로 정한다."고 법률로 정하고 있어 소득급여보장설의 입장에서는 초고령자라는 이유만으로 휴업급여를 감액하는 것은 논란의 여지가 있다. 따라서 헌법상 근로조건으로 볼 수 없는 외국의 입법주의와는 그 해석을 달리해야 한다. 이와 같이 헌법에 근거한 입법주의체제에서 근로조건에 대해 연령기준을 이유로 차등적용을 하는 입법규정을 정하고 있는 나라는 찾아보기 어렵다.

우리나라와 다른 입법주의를 채택하고 있는 국가에서 휴업급여의 산정은 과거소득을 기준으로 휴업급여를 산정하여 대체소득으로 임금상실분을 보전해 주는 방식을 채택하고 있으나, 단순히 연령별 차등기준은 적용하지 않고 있다. 그러나 사회보험의 성격에서 본다면 정책적 차등적용이 가능하다고 볼 수 있다.

다. 현행 연령기준의 적합성과 폐지 여부의 검토

사회보험에서 피보험자의 생계를 보장하기 위해 지급하는 보험급여의 산정기준은 매우 다양하다. 따라서 사회보험의 산정기준은 첫째, 소득수준을 기준으로 하는 방안, 둘째, 연령에 따라 휴업급여의 산정수준을 감액하는 방안, 셋째, 수급기간이나 피보험기간을 산정기준으로 하는 방안 등으로 구분할 수 있다. 첫째 방식에 의한 소득기준에 따른 방식은 산재보험법 이외에 고용보험법 등 다른 법률에서도 나타나고 있다.[8] 이러한 다른 법률에 의한 차등적 감액기준은 어떠한 방식으로 생계를 보장할 것인지 입법목적에 따라 각각 차이가 날 수밖에 없다. 이러한 다양한 산정방식을 도입하는 취지는 사회적 형평성이나 보험재정의 건전성을 고려하지 않을 수 없기 때문이다.

산정기준상 소득수준이 불명확한 자에 대하여 지나치게 장기간 높은 소득수준으로 휴업급여를 지급하는 것도 불합리하다는 문제

---

8) 그러나 만약 현재와 같은 과거소득을 기준으로 산정하는 방식을 취하는 동시에 다른 한 편 취업활동을 도과한 자에 대하여 일정액을 산정하여 지급하는 방식을 달리 적용한다면 차별적용의 법적 문제가 발생할 수 있다. 따라서 합리적 근거 없이 연령대를 기준으로 휴업급여의 산정방식을 달리하는 것은 불합리하며, 연령에 구분 없이 일률적으로 산정방식을 동일하게 변경함이 타당하다. 그렇다고 통상적인 취업활동의 연령자와 취업연령을 도과한 초고령자의 휴업급여의 지급을 동일한 방식으로 유지하는 것은 불합리하다.

점을 지닌다. 예컨대 일정한 과거소득이 없이 간헐적인 형태로 일용직으로 근무하다 재해가 발생한 경우, 업무상재해를 당하여 취업연령을 도과한 시점에서도 3년 이상 장기간 요양 중에 있는 초고령자의 경우에 휴업급여의 지급을 통상적인 경제활동자와 동일한 산정기준에 따라 휴업급여를 지급하기에는 지나치게 고액을 지급하게 되어 사회적 형평성이나 보험재정의 건전성을 악화시키는 문제점이 있다. 따라서 61세 이상 초고령자가 재해를 당한 경우에 휴업급여의 지급수준을 조정하는 것이 적합한지에 대한 재검토가 필요하다.

또한 고령자는 대부분 저소득근로자에 해당되고, 연령기준에 따라 차등적으로 감액을 시킨다면 이중적 불이익이 발생하므로 불합리하다. 오히려 61세 이상인 자에 대해서는 소득수준을 그대로 반영하여 일반적인 근로자와 동일한 산정기준을 인정하는 것이 합리적이다. 61세 이상 초고령자의 경우에는 재취업을 하는 경우가 대부분이고, 일시적이거나 단시간근로를 하는 경우가 대부분인데, 이러한 근로자는 통상적인 근로자와 동일하게 취급하여 보호할 필요성이 없다고 본다. 따라서 소득보장설의 입장에서 검토하면 고령자에게 휴업급여를 지급하는 경우 감액기준을 폐지하고, 현실적으로 낮은 수준의 저임금을 받은 경우라도 현실 그대로 반영하여 휴업급여를 지급수준을 결정하는 것이 오히려 합리적이다.

3. 취업가능기간 이후 취업자의 휴업급여 지급방안

(1) 취업가능기간 이후 초고령자의 휴업급여 지급 여부

가. 직종별 취업연령과 취업가능기간의 검토

고령자가 퇴직을 한 후 다시 취업을 하다 재해를 당한 경우에 어느 기간까지 혹은 어느 연령까지 요양을 허용하고, 휴업급여를 들 것인지에 대해서는 법률적으로 제한하지 않고 있다. 이러한 고령자의 휴업급여 지급 여부에 대한 적합성을 판단하기 위해서는 우선적으로 휴업급여의 지급 여부와 취업가능기간에 대한 연계성을 어떻게 보아야 할 것인지를 검토하여야 한다. 현재 산재보험법 제52조는 '요양으로 취업하지 못한 기간에 대하여'라는 입법규정을 두고 있기 때문에 의학적 판단에 따른 요양이 휴업급여의 전제조건이 되고 있다. 따라서 의사의 의학적 견해에 따라 요양을 할 필요성이 있다면 기간이나 연령에 불문하고 휴업급여의 지급대상이 된다.

그러나 근로자라도 해당 직종에서 취업활동을 할 수 있는 연령에 차이가 있고, 이러한 기간은 취업가능기간이라고 하여 일정한 한계를 인정하는 것이 민법의 법리이다. 따라서 재해근로자가 육체노동에 종사하는 자라면 법원의 판례에 따라 55세 이후에는 해당 직종에 더 이상 종사하기가 곤란하다고 보아야 한다. 이러한 재해근로자에 대해서는 동일 직종에서 더 이상 동종 근로자 또는 재직자의 임금수준을 고려하여 임금이 인상되리라고 보아 산정기준을 정하는 것은 불합리하다. 따라서 직종별 취업가능기간을 고려하여 취업가능기간에 따라 휴업급여의 지급기준을 검토할 필요가 있다. 그러나 통상적인 취업가능기간을 얼마로 정할 것인지는 일률적으로 정하기 곤란하다. 더욱이 경제활동인구의 감소, 출산율저하, 기업의 인건비 절감 등을 목적으로 임금 피크제를 도입하면서 통상적인 정년을 넘어 연장하는 경향도 나타나고 있기 때문에 일률적으로 취업가능기간을 획정하기가 곤란하다. 비정규직근로자의 경우에는 회사의 취업규칙이나 단체협약이 적용되지 않아 퇴직연령별 취업가능기간을 판단하기가 어렵다.

일반적으로 취업가능기간을 살펴보면, 재직자의 정년은 통상적으로 취업규칙이나 단체협약에서 만55세 또는 만 60세로 정하여 해당 기간을 취업가능기간으로 보고 있다.[9] 그러나 직종별로 살펴보면, 건설일용공과 같이 직종의 특성상 특정회사에 계속적으로 고용되어 있지 않고 일시적 또는 특정 기간에 걸쳐 업무에 종사하는 경우에 취업가능기간을 일률적으로 정하기가 곤란하다. 따라서 다양한 직종에 대한 취업가능기간에 대한 판례의 태도는 서로 다르게 나타나고 있다. 대법원판례에 의하면,[10] 보통 건강체의 남자가 55세까지 노동할 수 있음은 경험칙상 명백한 사실이라고 하였으나, 우리나라의 사회적·경제적 구조와 생활여건이 급속히 향상 발전함에 따라 국민의 평균연령은 남자 63세, 여자 69세로 늘어났다. 따라서 법원이 개개의 구체적인 경우에 그 사람의 경력·연령·직업·건강 상태, 그 밖에 여러 가지 사정을 고려하여 자유로운 심증으로 그 노동가능연한을 인정할 수 있다.[11] 가동가능기간에 대한

---

9) '취업가능기간'에 대해 '가동가능기간'이라는 표현을 사용하기도 한다.
10) 대판 1966. 3. 22, 66다119.

연 또는 월간 가동일수에 대하여 대법원은 일반노동자의 월평균 가동일수를 25일로 잡는 것은 공지의 사실이고[12] 농촌노동의 연평균 가동일수를 300일로 보는 것은 경험칙으로 인정할 수 있으므로 가동일수를 달로 풀어 계산해도 위법이 아니라고 한다.[13] 그러나 취업규칙이나 단체협약 등에 근로자의 정년을 정하지 않은 경우에는 대체로 정년을 60세로 보는 것이 판례의 태도이다.

나. 취업가능기간을 경과한 자와 휴업급여의 지급 여부 논의

일반적으로 직종에 따라 취업연령에 따라 취업가능기간에 차이가 있으나, 대체적으로 60세를 정년으로 인정하고, 61세부터는 취업가능기간을 지난 자로 보는 것이 일반적인 관행이다. 따라서 본 연구에서는 61세 이상인 자를 '초고령자'로 규정하고, 이러한 자에 대해 휴업급여를 지급하는 것이 합리적인지, 휴업급여를 지급한다면 어느 정도의 수준으로 지급하는 것이 적합한지를 검토할 필요가 있다. 설사 61세 이상인 자에 대해 휴업급여를 지급한다 하더라도 일반적인 재직근로자와 동일 또는 유사한 수준으로 지급한다는 것은 불합리하다. 따라서 고령자의 휴업급여는 그 지급수준을 감액하거나 차등적으로 지급하는 방안 등에 대해 합리적인지 적합성을 검토할 필요가 있다. 또한 다른 법률에 의한 연령별 차등지급이나 감액기준은 어떻게 규정하고 있는지를 검토할 필요가 있다. 본 연구에서는 국민연금, 건강보험, 산재보험이나 고용보험에서 61세 이상 초고령자에 대한 급여수준별 감액기준을 두고 있는지 검토하고자 한다.[14]

---

11) 대판 1989. 12. 26, 88다카16867.
12) 대판 1970. 2. 24, 69다2172.
13) 대판 1966. 9. 20, 66다1379.

(2) 다른 법률의 지급규정에 대한 검토

가. 산재보험법에 따른 고령자의 감액기준

산재보험법은 업무상 부상이나 질병을 당한 재해근로자의 신속하고 공정한 보상을 목적으로 한다. 따라서 단순한 치료행위와 같은 의료서비스의 제공에 그치지 아니하고 요양기간 중에 생계를 보장하거나 치료 종결 후 후유증상에 따라 보상을 하는 등 다양한 보상수단을 마련하고 있다. 산재보험법 제36조 제1항에서 보험급여의 종류와 산정기준 등에 대하여 규정하고, 보험급여의 종류는 ㉠ 요양급여, ㉡ 휴업급여, ㉢ 장해급여, ㉣ 간병급여, ㉤ 유족급여, ㉥ 상병(傷病)보상연금, ㉦ 장의비(葬儀費), ㉧ 직업재활급여를 규정하고 있다. 산재보험법에서 나타나는 61세 이상인 자에 대한 차등지급규정을 살펴보면, 장해급여의 경우에는 장해상태의 중증도에 따른 등급별 차등지급규정, 유족급여의 경우에는 부양가족 수에 따른 유족보상연금의 차등지급규정을 두고 있으며, 연령에 따른 차등지급규정은 휴업급여만 해당된다. 산재보험법 제55조에서는 고령자의 휴업급여에 대해 "휴업급여를 받는 근로자가 61세가 되면 그 이후의 휴업급여는 <별표 1>에 따라 산정한 금액을 지급한다. 다만 61세 이후에 취업 중인 자가 업무상의 재해로 요양하거나 61세 전에 제37조 제1항 제2호에 따른 업무상 질병으로 장해급여를 받은 자가 61세 이후에 그 업무상 질병으로 최초로 요양하는 경우 대통령령으로 정하는 기간에는 <별표 1>을 적용하지 아니한다."

---

14) 경제활동인구가 주로 60세 미만자가 대부분을 차지하고 있으나, 고용상 연령차별금지 및 고령자고용촉진에 관한 법률 시행령 제2조에서는 55세 이상인 자를 고령자로 규정하고 있다.

고 규정하고 있다.

<표 4-3> 고령자의 휴업급여 지급기준(제55조 관련 <별표 1>)

1. 제52조 및 제56조에 따라 산정한 휴업급여를 지급받는 자가 해당 연령에 도달하면 다음 산식에 따라 산정한다. 다만 제52조에 따라 산정한 휴업급여를 지급받는 자의 경우 그 산정한 금액이 제3호에 따라 산정한 금액보다 적으면 제3호에 따라 산정한다.

연령	지급액
61세	1일당 휴업급여 지급액 × 66/70
62세	1일당 휴업급여 지급액 × 62/70
63세	1일당 휴업급여 지급액 × 58/70
64세	1일당 휴업급여 지급액 × 54/70
65세 이후	1일당 휴업급여 지급액 × 50/70

2. 제54조 제1항 본문 및 제54조 제2항에 따라 산정한 휴업급여를 지급받는 자가 해당 연령에 도달하면 다음 산식에 따라 산정한다.

연령	지급액
61세	1일당 휴업급여 지급액 × 86/90
62세	1일당 휴업급여 지급액 × 82/90
63세	1일당 휴업급여 지급액 × 78/90
64세	1일당 휴업급여 지급액 × 74/90
65세 이후	1일당 휴업급여 지급액 × 70/90

3. 제54조 제1항 단서에 따라 산정한 휴업급여를 지급받는 자가 해당 연령에 도달하면 다음 산식에 따라 산정한다.

연령	지급액
61세	최저보상기준금액 × 80/100 × 86/90
62세	최저보상기준금액 × 80/100 × 82/90
63세	최저보상기준금액 × 80/100 × 78/90
64세	최저보상기준금액 × 80/100 × 74/90
65세 이후	최저보상기준금액 × 80/100 × 70/90

나. 고용보험법에 따른 고령자의 차등지급기준

고용보험법 제37조 제1항에서는 "실업급여는 구직급여와 취업촉진 수당으로 구분한다."고 규정하고 있다. 이 경우 취업촉진 수당의 종류는 ㉠ 조기(早期)재취업 수당, ㉡ 직업능력개발 수당, ㉢ 광역 구직활동비, ㉣ 이주비로 구분하여 지급한다(고용보험법 제37조 제2항). 고용보험법에서는 구직급여에 대해서 연령에 따라 차등 지급을 하는 규정을 두고 있다. 고용보험법 제50조 제1항에 따르면, "하나의 수급자격에 따라 구직급여를 지급받을 수 있는 날(이하 '소정급여일수'라 한다)은 대기기간이 끝난 다음 날부터 계산하기 시작하여 피보험기간과 연령에 따라 별표에서 정한 일수가 되는 날까지로 한다."고 규정하고 있다.

수급자격자가 소정급여일수 내에 고용보험법 제48조 제2항에 따른 임신·출산·육아, 그 밖에 대통령령으로 정하는 사유로 수급기간을 연장한 경우에는 그 기간만큼 구직급여를 유예하여 지급한다(고용보험법 제50조 제2항). 이때 피보험기간은 그 수급자격과 관련된 이직 당시의 적용사업에서의 고용기간(제10조 각 호의 어느 하나에 해당하는 근로자로 고용된 기간은 제외한다. 이하 이 조에서 같다)으로 한다. 다만 그 사업에 고용되기 전에 다른 적용사업에서 이직한 사실이 있고 그 이직일부터 3년 이내에 피보험자격을 재취득한 경우에는 그 이직 전 적용사업에서의 고용기간을 포함하여 피보험기간을 계산한다(고용보험법 제50조 제3항). 고용보험법에서 구직급여에 대해 피보험기간과 이직 시 현재 연령을 기준으로 차등을 두고 있다.[15]

---

15) 고용보험법 제50조 제3항 단서에 따라 피보험기간을 계산할 때 이직할 당시의 적용사업에서 피보험자격을 재취득하기 전에 구직급여를 지급받은 사실이 있는 경우에는 그 구직급여와 관련된 이직일 이전의 고용기간은 피보험기간에 포함하여 계산하지 아니한다(고용보험법 제50조 제4항). 하나의 피보험기간에 피보험자로 된 날이 제17조에 따른 피보험자격 취득이 확인된 날부터 소급하여 3년 전이면 그 확인된 날부터 소급하여 3년이 되는 날에 그 피보험자격을 취득한 것으로 보아 피보험기간을 계산한다(고용

<표 4-4> 구직급여의 소정급여일수(제50조 제1항 관련 별표)

구분		피보험기간				
		1년 미만	1년 이상 3년 미만	3년 이상 5년 미만	5년 이상 10년 미만	10년 이상
이직일 현재 연령	30세 미만	90일	90일	120일	150일	180일
	30세 이상 50세 미만	90일	120일	150일	180일	210일
	50세 이상 및 장애인	90일	150일	180일	210일	240일

비고: 장애인이란 '장애인고용촉진 및 직업재활법'에 따른 장애인을 말한다.

다. 국민연금법에 따른 고령자의 차등적 감액기준

국민연금은 근로계층의 노후생활을 보장하기 위하여 제정된 사회보장제도이다. 국민연금은 공무원, 군인, 사립학교교직원 등과 같은 특수 직역에 종사하는 자를 제외하고 모든 국민을 가입자로 하는 강제보험이다. 국민연금에 관한 법률제도로서 국민연금법은 제49조(급여의 종류)에서는 급여의 종류를 노령연금, 장애연금, 유족연금, 반환일시금으로 규정하고 있다.

국민연금법 제61조(노령연금 수급권자) 제1항에서는 "가입기간이 20년 이상인 가입자 또는 가입자였던 자에 대해서는 60세(특수직종근로자는 55세)가 된 때부터 그가 생존하는 동안 노령연금을 지급한다."고 규정하고 있다. 이 경우 가입기간이 10년 이상 20년 미만인 가입자 또는 가입자였던 자에 대해서는 60세(특수직종근로자는 55세)가 된 때부터 그가 생존하는 동안 제1항에 따른 노령연금액에서 일정한 금액을 뺀 연금(이하 '감액노령연금'이라 한다)을 지급한다(국민연금법 제61조 제2항). 가입기간이 10년 이상인 자가

보험법 제50조 제5항).

소득이 있는 업무에 종사하고 있으면 60세 이상 65세 미만(특수직 종근로자는 55세 이상 60세 미만)인 기간에는 일정한 금액의 연금 (이하 '재직자노령연금'이라 한다)을 지급한다(국민연금법 제61조 제3항). 가입기간이 10년 이상인 가입자 또는 가입자였던 자로서 55세 이상인 자가 소득이 있는 업무에 종사하지 아니하는 경우 본인이 희망하면 60세가 되기 전이라도 그가 생존하는 동안 일정한 금액의 연금(이하 '조기노령연금'이라 한다)을 받을 수 있다(국민연금법 제61조 제4항). 가입기간과 연령에 따라 지급수준을 달리할 수 있다.

또한 국민연금법 제63조(노령연금액) 제1항에서는 노령연금액은 기본연금액에 부양가족연금액을 더한 금액으로 지급하도록 규정하고 있다. 감액노령연금액은 기본연금액의 1,000분의 500에 해당하는 금액에 부양가족연금액을 더한 금액으로 한다. 다만 가입기간이 10년을 초과하면 그 초과하는 1년(1년 미만이면 매 1개월을 12분의 1년으로 계산한다)마다 기본연금액의 1,000분의 50에 해당하는 금액을 더한다(국민연금법 제63조 제2항).

또한 국민연금법 제63조 제3항에서는 재직자노령연금액은 가입기간 등에 따라 노령연금액에서 부양가족연금액을 제외한 금액에 수급권자의 연령별로 일정 비율을 곱한 금액으로 지급하도록 하고 있다. 이와 같이 국민연금은 가입기간, 연령, 부양가족 수에 따라 차등지급을 할 수 있도록 규정하고 있다. 이 경우 국민연금은 근로자가 직장생활을 하면서 보험연도소득을 기준으로 보험료를 납입하는 공동부담방식을 채택하고 있다. 따라서 국민연금은 소득보장급여로서 소득수준 이외에 가입기간 등을 고려하여 보험급여를 지급하므로 차등적 적용방식이 합리성을 지닌다.

　라. 건강보험법에 따른 고령자의 차등지급 여부

　국민건강보험법 제39조(요양급여) 제1항에서는 가입자 및 피부양자의 질병·부상·출산 등에 대하여 ㉠ 진찰·검사, ㉡ 약제·치료재료의 지급, ㉢ 처치·수술 기타의 치료, ㉣ 예방·재활, ㉤ 입원, ㉥ 간호, ㉦ 이송의 요양급여를 실시한다고 규정하고 있다. 이 경우 요양급여(이하 '요양급여'라 한다)의 방법·절차·범위·상한 등 요양급여의 기준은 보건복지가족부령으로 정한다(국민연금법 제39조 제2항). 보건복지가족부장관은 제2항의 규정에 의하여 요양급여의 기준을 정함에 있어 업무 또는 일상생활에 지장이 없는 질환, 기타 보건복지가족부령이 정하는 사항은 요양급여의 대상에서 제외할 수 있다(국민연금법 제39조 제3항). 그러나 요양을 받아야 할 수급권에 대해 연령에 따른 차등적용이나 감액하는 조정에 관한 법적 근거를 마련하지 않고 있다. 다만 국민건강보험법 제48조에서 일정한 사유를 위반하는 경우 보험급여를 하지 아니할 수 있다고 하여 불이익을 줄 뿐이다.[16] 건강보험에서는 환자의 각종 질병을

---

16) 따라서 국민건강보험법 제1항에 따르면, ㉠ 고의 또는 중대한 과실로 인한 범죄행위에 기인하거나 고의로 사고를 발생시킨 때(제1호), ㉡ 고의 또는 중대한 과실로 공단이나 요양기관의 요양에 관한 지시에 따르지 아니한 때(제2호), ㉢ 고의 또는 중대한 과실로 제50조의 규정에 의한 문서, 기타 물건의 제출을 거부하거나 질문 또는 진단을 기피한 때(제3호), ㉣ 업무상 또는 공무상 질병·부상·재해로 인하여 다른 법령에 의한 보험급여나 보상 또는 보상을 받게 되는 때(제4호)에 대해 보험급여를 하지 않는다. 또한 공단은 보험급여를 받을 수 있는 자가 다른 법령에 의하여 국가 또는 지방자치단체로부터 보험급여에 상당하는 급여를 받거나 보험급여에 상당하는 비용을 지급받게 되는 때에는 그 한도 내에서 보험급여를 실시하지 아니한다(국민건강보험법 제48조 제2항). 건강보험공단은 세대단위의 보험료를 대통령령이 정하는 기간 이상 체납한 지역가입자에 대하여 보험료를 완납할 때까지 보험급여를 실시하지 아니할 수 있다(국민건강보험법 제48조 제3항).

조기에 치료하는 의료서비스 제공을 주된 내용으로 하는 데 그치고 요양기간 중 생계를 보장하기 위한 금전적 소득보장제도를 두고 있지 않다. 따라서 휴업급여제도에 관한 규정은 법률적으로 규정되어 있지 않다.

(3) 취업가능기간 이후 고령자 휴업급여의 지급방안

가. 취업가능기간을 경과한 자에 대한 휴업급여의 지급방안

고령자로서 61세 이상인 자는 취업연령을 경과한 자에 해당되며, 60세 정년을 기준으로 퇴직한 경우라도 다시 재취업을 하여 경제활동을 할 수 있다. 이러한 자에 대해서는 원칙적으로 소득 있는 자에 대해서는 업무상재해로 인정하고, 재해에 따른 요양에 대해 휴업급여를 지급하는 것이 타당하다. 그러나 현행 산재보험법 제55조에서는 연령을 기준으로 고령자 휴업급여를 규정하고 있다. 이 규정에 의하여 61세 이상 초고령자에게 휴업급여를 지급하는 것을 전제로 연령별 감액기준을 정해 차등적으로 지급하고 있다. 따라서 61세 이상 초고령자는 직업의 종류를 불문하고 근로자로서 소득활동을 하다 재해를 당한 경우 휴업급여를 지급하여야 한다.

이러한 고령자의 경우에는 일반적인 재직근로자와 달리 임금수준이 낮아 휴업급여의 지급수준이 낮아질 가능성이 매우 높다. 또한 재직 중 재해를 당하여 장기간 요양을 하던 중 연령이 61세를 넘은 경우에는 지속적인 평균임금의 상승으로 휴업급여가 지나치게 높아질 우려가 있다. 이와 같이 고령자의 휴업급여 지급수준이 양극화로 높아질 경우에 대비하여 휴업급여의 지급률을 차등적으

로 감액하고자 하는 것이 현행 규정이다. 특히 평균임금이 낮아질 우려가 있는 경우에 대해서는 산재보험법 제54조(저소득근로자의 휴업급여)의 규정을 적용하여 일정 수준을 보호하고자 한다. 따라서 고소득 고령자의 휴업급여를 제한하는 방안과 저소득근로자를 보호하고자 하는 두 가지 입법규정이 현재 존재하고 있다.

그러나 이러한 휴업급여의 지급규정은 불합리한 정책적 규정으로 보아야 한다. 고령자의 휴업급여가 지나치게 높은 경우에는 취업연령에 비하여 과도한 보호라서 산재보험의 재정을 악화시킬 우려가 있다. 따라서 고령자의 휴업급여가 지나치게 높은 경우에는 일정 한도를 기준으로 규제할 필요가 있다. 이러한 문제점을 해결하기 위해서는 61세 이상인 자에 대해서는 취업연령을 경과한 초고령자로 규정하여 휴업급여의 지급수준을 한정하고, 정부가 고시하는 금액으로 휴업급여를 지급하는 것이 바람직하다. 동시에 저소득 고시금액으로 하거나 일정 한도를 초과하지 않는 한 실제로 지급받은 임금수준을 고려하여 휴업급여를 산정해서 지급하는 것이 바람직하다. 그러나 예외적으로, 비정규직 근로자로 간헐적 근로를 하는 초고령자의 경우에는 정부가 고시하는 임금수준을 기준으로 휴업급여를 산정하여 지급할 필요가 있다. 정부가 고시하는 금액은 초고령자의 임금수준이 지나치게 낮은 점, 재해 직전 일정 기간 소득이 없는 점으로 인해 평균임금에 따른 휴업급여의 지급수준이 지나치게 낮아지는 점을 고려하여 정부가 결정고시를 하되, 지급기간도 일정 기간으로 한정할 필요가 있다.

〈표 4-5〉 초고령자의 휴업급여

현행	개정안
〈신설〉	제○○조(초고령자의 휴업급여) ① 61세에서 65세까지 초고령자의 휴업급여가 노동부장관이 정하는 금액을 초과하는 경우에는 그 이하로 지급할 수 있다. ② 초고령자의 휴업급여는 2년을 초과하여 지급할 수 없다. 다만 66세 이상인 자에 대해서는 휴업급여를 지급하지 아니한다.

나. 고령자 저소득근로자의 휴업급여 지급방안

현행 휴업급여제도는 통상적인 취업활동이 가능한 젊은 근로자와 달리 고령자라는 연령을 이유로 산정기준을 달리 적용하는 것은 소득보장설의 입장에서 검토하면 형평성에 어긋나는 비판의 여지가 또한 산재보험법 제54조(저소득근로자의 휴업급여)의 규정이 고령자에게 적용될 소지가 있어 입법적으로 불합리하다. 따라서 61세부터 65세까지 감액하는 기준을 사용하고자 현행규정은 법리적으로 문제가 있으므로 폐지하고, 초고령자의 경우에는 산재보험법 제54조에 대한 적용을 제외하는 특례규정을 둘 필요가 있다. 61세 이상 초고령자의 경우에는 요양급여를 위주로 인정하되, 업무상재해시 저소득수준을 그대로 반영하여 적은 금액의 휴업급여를 지급하고자 하는 취지이다. 현행법의 소득수준을 산정기준으로 인정하는 경우 고령자에 대한 산정기준도 통일적으로 적용할 필요가 있기 때문이다.

〈표 4-6〉 저소득고령자의 휴업급여

현행	개정안
〈신설〉	제○○조(저소득 초고령자의 휴업급여) ① 61세에서 65세까지에 해당하는 초고령자의 휴업급여는 산재보험법 제54조의 규정에도 불구하고 실제로 지급받은 임금을 기준으로 산정한 금액으로 한다. ② 제1항에 의한 초고령자의 휴업급여가 지나치게 낮은 경우에는 노동부장관이 고시하는 금액으로 지급한다.

다. 61세에서 65세 초고령자의 휴업급여 지급방안

휴업급여의 지급수준은 사회보장급여설의 입장에서 보면, 정부가 정책적으로 결정하여 지급할 수 있다. 이러한 경우에는 재직자와 고령자의 구별 없이 휴업급여의 산정기준은 소득수준 이외에 다른 산정기준으로 대체하여 산정할 수 있다. 일반근로자의 경우에는 휴업급여의 산정방식이 소득기준으로 경정하기 때문에 다소 복잡한 문제점이 있고, 이러한 입장에서는 연령만을 이유로 감액하는 것은 논란의 여지가 있다. 휴업급여의 결정기준을 같은 직종 근로자에 대해 연령만을 이유로 차등적으로 감액하는 것은 연령차별에 해당되어 불합리하기 때문이다. 이러한 문제는 곧바로 연령을 이유로 한 차별대우에 해당될 뿐만 아니라 형평성 차원에서 위헌성의 소지가 있다.

특히 휴업급여의 기능이 생계보장이라는 측면을 강조하는 입장에서는 소득보장설에 따른 법적 성격을 무시할 수 없기 때문이다. 이러한 논란을 해소하기 위해서는 연령기준에 따른 차등적용의 당위성을 주장하기보다, 차라리 연령기준을 폐지하고 다른 대체수단을 찾는 편이 오히려 합리적이다. 따라서 통상적인 재직근로자와 같이 초고령자에 대해서도 임금수준을 그대로 반영하여 휴업급여를 산정하여 지급하는 것을 원칙으로 삼아야 한다. 다만 휴업급여의 사회보장급여라는 성격을 고려하여 연령 이외에 경제활동참가율, 취업가능기간, 소득수준을 참작하여 정책적으로 휴업급여를 결정하여 지급할 수 있다고 보아야 한다. 휴업급여의 결정은 다양한 변수를 고려하는 경우 복잡해질 우려가 있으므로 고시하는 금액으로 산정에 갈음할 수 있다고 본다.

〈표 4-7〉 고령자의 휴업급여 개정안

현행	개정안
〈신설〉	제○○조(고령자의 휴업급여) ① 61세에서 65세까지에 해당하는 근로자의 휴업급여는 〈별표 1〉에 따라 산정한 금액으로 한다. 다만 66세 이상인 자에 대해서는 휴업급여를 지급하지 아니한다. ② 재해 직전의 소득이 없는 경우에는 노동부장관이 고시하는 금액을 기준으로 산정한다.

Ⅲ. 휴업급여의 조정을 위한 취업능력 상실계수의 도입

1. 취업능력 상실계수의 개념과 도입취지

(1) 취업능력 상실계수의 개념

일반적으로 근로자가 업무상 부상이나 질병을 당한 경우에는 요양기간으로 인해 취업을 할 수 없게 된다. 여기서 취업능력의 상실은 요양으로 인하여 취업활동을 할 수 없는 상태를 말한다. 이러한 의미는 근로자가 업무상재해로 신체의 일부가 절단되어 상실하거나 신체상의 외관에 있으나 기능을 상실한 상태를 의미하는 것이므로 상병 상태가 고착되지 않고 예견이 가능한 정도를 말한다. 휴업급여의 조정에서 관심의 대상은 상병 상태로 인해 근로자가 경제활동을 할 수 있는 취업능력을 어느 정도 상실하였는지를 의미하나, 노동력 상실률과 취업능력 상실률이 반드시 일치하는 것은 아니다.

취업의사가 있으나 요양으로 인해 취업능력을 상실한 경우 일률적으로 취업능력을 모두 상실하였다고 보기 곤란하다. 근로자가 다리의 부상으로 인해 입원요양을 해야 할 정도라면 취업활동을 전혀 할 수 없다고 보아 100% 취업능력을 상실하였다고 볼 수 있다. 그러나 다리부상으로 인해 일정 기간 입원요양을 하고 자택에서 통원치료를 하는 환자는 입원치료가 끝났더라도 원래의 직장에 복귀하여 일부 근로가 가능한지, 아니면 통원치료를 하더라도 육체근로의 성격상 일부 근로가 불가능한지를 다시 평가할 필요가 있다. 따라서 직종에 따라 일부 취업이 가능한 경우와 불가능한 경우로 구분되어 다시 평가를 할 필요가 있다. 재해근로자가 요양으로 인해 원래의 업무에 복귀하여 취업을 할 수 없다면 경제적 관점에서 소득행위를 할 수 있는 능력을 상실한 것으로 본다. 따라서 근로자가 업무상재해로 요양기간 동안 취업을 할 수 없는지를 직업이나 신체부위, 상병종류나 요양기간에 따라 평가할 필요가 있다. 이때 경제적인 관점에서 가득능력을 얼마나 상실하였는지를 판단하기 위해 필요한 용어가 '취업능력 상실계수'라고 정의할 수 있다.

(2) 취업능력의 상실계수의 도입취지

재직자와 달리 취업연령을 도과한 자에 대한 휴업급여의 지급수준을 합리적으로 결정하기 위해서는 일정한 표준지표를 도입할 필요가 있다. 또한 재해근로자의 상병 상태에 따라 요양으로 인해 전혀 취업활동을 할 수 없는 경우와 일부 취업이 가능한 경우로 구분이 가능하다. 이러한 재해근로자의 취업능력상실에 따라 휴업급여의 지급액을 절감하게 되면, 그 재원으로 다른 보험급여를 확대하여 지급할 수 있게 되어 사회보험의 포괄성을 증대할 수 있다.

현재 산재보험법 제52조에 따른 휴업급여는 원칙적으로 취업능력을 100% 상실한 근로자의 경우에도 일률적으로 70%의 한도에서 취업능력을 상실한 것으로 보는 입법태도이다. 반면에 산재보험법 제53조에 따른 부분휴업급여는 노동능력을 100% 상실하였더라도 부분적으로 취업활동으로 인한 소득이 있다면 차감하는 방식이다. 여기서 문제는 요양으로 인해 취업활동을 하지 못하더라도 해당 직업에서 소득이 생긴다면 이를 차감해야 하는 것이다. 휴업급여의 일부를 지급하는 경우 얼마로 정해야 할지 표준지표가 없어 합리적이지 못하다는 비판을 면할 수 없다. 이러한 문제를 해결하기 위해서는 재해근로자가 장해 여부와 상관없이 상병 상태의 요양 등으로 인한 취업능력이 일시적으로 상실되었는지를 평가하여 취업능력을 상실계수를 도출할 수 있다면, 이를 활용하여 일부 취업활동의 불능 상태에 따른 차등적용이나 조정이 가능할 것이다. 따라서 취업상실계수를 개발하여 도입할 수 있다면 고령자의 일부 취업불능에 따른 합리적 산출적용이 가능하고, 휴업급여의 지급수준을 감액하거나 중단하는 데 활용이 가능하리라 본다.

2. 취업능력 상실계수의 유형별 도입방안

(1) 신체장해등급과 연계한 취업능력 상실계수

가. 신체장해등급의 준용방법과 적합성 검토

상병 상태가 고착된 후 후유장해를 기준으로 능력 상실의 정도를 평가하는 노동력 상실률을 기준으로 하는 것을 준용하는 방안이다. 이 경우 노동력 상실률은 의학적 평가 이외에 법적 및 경제적 평가가 가미되는 특성을 지니므로 노동력 상실률은 신체장해가 남는 경우에 주로 적용한다. 그러나 상병 상태가 고정되어 후유장해를 평가받기 이전의 상태에 대해 잠정적으로 입원으로 경제활동을 하는 기간에 대해 노동력 상실률을 100%로 평가하기도 한다. 그렇다고 상병 상태가 고착되기 이전에 대해 일반적 견해에 따라 노동력 상실률을 당연히 확대적용을 하는 것은 불합리하다. 이러한 문제점을 예방하기 위해서는 노동력 상실률과 유사한 평가방법을 준용하는 방안으로 취업능력 상실계수를 사용할 필요가 있다.

취업능력 상실계수를 도입하는 경우 준용방법의 적합성을 검토하면 다음과 같다. 노동력 상실률을 장해등급과 비교하여 평가할 수 있다. 국가배상법이나 산재보험법은 신체장해등급을 1급부터 14등급까지 구분하고 있다. 이 경우 신체장해부위별 신체장해등급 1급부터 제3급은 100%의 노동력 상실률을 나타내고 14급은 5%의 노동력 상실률을 나타낸다. 이러한 신체장해등급을 고려하여 판단되는 노동력 상실률과 연계하여 경제적 관점에서 휴업급여 지급률을 결정할 수 있다. 따라서 재해근로자가 입원치료가 불가피하거나 상병 상태의 중증도가 높다면 그 해당 일수만큼 노동력 상실률 100%에 인정하여야 하고, 그 외의 경우에는 장해등급에 따라 노동력 상실률을 차등적으로 판단하여 이를 취업능력 상실계수를 적용할 수 있다.

〈표 4-8〉 장해등급별 노동력 상실률

산재보험법		국가배상법		취업능력 상실계수
장해등급	노동력 상실률(%)	장해등급	노동력 상실률(%)	
1	100	1	100	1.0
2	100	2	100	1.0
3	100	3	100	1.0
4	92	4	90	0.92
5	79	5	80	0.79
6	67	6	70	0.67
7	56	7	60	0.56
8	45	8	50	0.45
9	35	9	40	0.35
10	27	10	30	0.27
11	20	11	20	0.20
12	14	12	15	0.14
13	9	13	10	0.09
14	5	14	5	0.05

신체장해 6급에 해당하는 부상을 당한 자의 경우 입원치료기간 중에는 노동력 상실률 100%로 보아 휴업급여를 지급하나, 수술이 어느 정도 이루어지고 통원치료의 필요성이 있는 경우에는 장해 6급에 상응하는 노동능력 상실률 0.67을 취업능력 상실률로 보아 휴업급여를 지급하게 된다. 따라서 재해근로자의 상병 상태에 따라 입원기간, 통원치료기간에 대한 취업능력 상실을 달리 평가할 여지가 있다. 취업능력 상실계수를 사용한다면 재직자와 고령자의 구분 없이 일률적으로 0.7을 곱하는 산정기준을 폐지해야 한다. 산재보험법과 국가배상법에 의한 신체장해등급별 노동력 상실률에 대한 비교를 하면 다음 표와 같다. 이 경우 같은 신체장해등급에도 불구하고 노동력 상실률에서는 약간씩 서로 차이가 난다. 이 경우 노동

능력 상실률을 기준으로 취업능력 상실계수를 어느 것으로 정할 것인가에 대한 통일적 기준이 필요하다.

나. 신체장해등급의 준용방법의 장점

첫째, 신체장해등급과 연계하여 노동력 상실률이 결정되기 때문에 과학적으로 취업능력 상실계수를 환산할 수 있다. 노동력 상실률에 의해 경제적 능력의 상실 정도를 평가하기 때문에 설득력이 있다.

둘째, 상병부위별 취업능력 상실계수에 예측하기 쉽고, 산정방법이 객관적이기 때문에 법집행 시 불공정성으로 인한 분쟁의 소지가 낮다.

셋째, 의학적 전문지식에 따라 노동력 상실률에 대한 취업능력 상실계수를 산정기준으로 정한다면, 일반인도 예측이 가능해 운영의 효율성이 있게 된다.

다. 신체장해등급의 준용방법의 단점

첫째, 신체장해등급의 도입취지가 후유장해의 확정에 따른 경제적 보상이므로 사전적 보상방법인 휴업급여의 산정기준으로 준용할 입법적 근거가 필요하다. 이러한 준용방식은 상병 유형을 신체부위에 따라 다양하게 분류하고, 의학적인 관점에서 신체장해를 구분하고, 이를 기초로 취업능력 상실률을 정하는 것이다. 그러나 신체장해등급표는 생물학적 또는 해부학적 관점에서 신체장해등급을 구분한다. 따라서 신체장해등급표를 상병 상태가 고착된 치유단계 이후에 적용하는 것이 입법취지에 어긋난다. 따라서 신체장해등급은 경제적 관점으로 전환하여 사용하기 위해서는 반드시 준용한다는 입법적 명문규정이 필요하다.

둘째, 신체장해등급의 준용에 따른 유용성에도 불구하고 그 제도적 취지를 달리하므로 입법적 당위성을 설명하기 어렵다. 취업능력 상실계수를 도입하는 경우에 의학적인 관점이나 경제적 관점을 고려하지 아니하고 어느 한 가지 방식만으로 설명을 하면 납득하기가 어렵다. 또한 상병 상태가 아직 고착되기 전에는 신체장해 정도가 어느 단계에 이르렀더라도 단정하여 이를 쉽사리 고착으로 보아 후유장해를 평가하기가 곤란하다. 그렇다면 근로자가 업무상 부상이나 질병 또는 신체장해가 곧바로 예상되는 정도의 부상을 입은 경우 요양 중에 있다면 휴업급여를 지급해야 할 준용근거가 필요하다. 이러한 경우 신체부위에 따른 요양기간이나 상병 상태를 구분하여 경제적인 관점에서 취업능력을 어느 정도 상실한 것으로 볼 수 있지 않을까 생각한다.

<표 4-9> 취업능력 상실계수의 개정안

현행	개정안
신설	<u>제○○조(취업능력 상실계수의 적용) ① 업무상재해를 당한 자에 대한 휴업급여의 산정은 신체장해등급표에 따른 노동력 상실률을 취업능력 상실계수로 본다.</u> <u>② 휴업급여의 산정은 평균임금에 취업능력 상실계수를 곱하여 산정한다.</u>

(2) 신체부위별 중증도에 따른 취업능력 상실계수

가. 신체부위별 중증도와 취업능력 상실률

신체부위에 대한 상병 상태를 중증도를 고려하여 취업능력 상실계수를 정하는 방법이다. 사람의 신체부위 중 생명에 지장을 줄 정도의 위급성이 있는지 중요도에 따라 신체부위를 머리(뇌, 두부,), 얼굴(눈, 코, 입, 귀, 치아), 몸체(심장, 폐, 간, 콩팥, 척주), 복부장기(대장, 소장, 췌장 등), 팔다리, 생식기 등으로 해부학적 관점에서 구분할 필요가 있다. 따라서 생명유지기능이나 경제활동에 미치는 정도를 고려하여 일정한 가중치(중증도)를 부여하여 취업능력을 얼마나 상실했는지를 평가하여 취업능력 상실계수를 적용하는 방식이다.

새로운 취업능력 상실계수는 신체장해등급표에 대한 계열과 서열에 따른 분류방법을 사용하지 아니하고, 신체부위별로 중증도를 고려하여 경제활동에 얼마나 지장이 있는지, 신체부위에 대해 의학적으로 집중치료를 해야 할 필요성, 경제활동에 얼마나 지장을 주는지를 고려하게 된다. 따라서 같은 신체부위라도 요양기간 중 취업능력 상실계수를 차등적으로 적용할 수 있다.

<표 4-10> 신체부위별 중증도와 취업능력 상실계수

신체부위의 구분	신체부위별 중증도	노동력 상실률	취업능력 상실계수
머리 (뇌, 두부)	1. 머리 부분의 뇌를 손상하여 정상적 또는 일시적으로 기능을 하지 못할 우려가 있는 경우	100%	1.0
	2. 머리 부분의 두피에 외상을 받은 경우	50%	0.5
몸체 (심장, 폐, 간, 콩팥, 척주)	1. 신장부위의 기능을 상실하거나 이에 준하는 경우	100%	1.0
	2. 폐의 일부에 대한 기능을 상실하거나 이에 준하는 경우	50%	
	2. 간의 일부에 대한 기능을 상실하거나 이에 준하는 경우	100%	1.0
	2. 콩팥의 일부에 대한 기능을 상실하거나 이에 준하는 경우	100%	1.0
	2. 척주의 일부에 대한 기능을 상실하거나 이에 준하는 경우	50%	
얼굴 (눈, 코, 입, 귀, 치아)	1. 눈의 한쪽 또는 양쪽에 대한 기능을 상실할 우려가 있는 경우	100%	1.0
	2. 코의 기능을 상실하거나 상실할 우려가 있는 경우	50%	
	3. 입의 구강에 대한 기능을 상실하거나 상실할 우려가 있는 경우	50%	
	4. 귀의 한쪽 또는 양쪽에 대한 기능을 상실하거나 상실할 우려가 있는 경우	50%	
	5. 치아의 일부 또는 전부를 상실하거나 상실할 우려가 있는 경우	100%	1.0

신체부위의 구분	신체부위별 중증도	노동력 상실률	취업능력 상실계수
복부장기 (대장, 소장, 췌장, 십이지장)	1. 대장의 기능을 상실하거나 상실할 우려가 있는 경우		1.0
	2. 소장의 기능을 상실하거나 상실할 우려가 있는 경우		1.0
	3. 췌장의 기능을 상실하거나 상실할 우려가 있는 경우		1.0
	4. 십이지장의 기능을 상실하거나 상실할 우려가 있는 경우		1.0
팔다리	1. 양팔의 전부를 상실하거나 상실할 우려가 있는 경우		1.0
	2. 한 팔의 일부를 상실하거나 상실할 우려가 있는 경우		
	3. 양다리의 전부 또는 일부를 상실하거나 상실할 우려가 있는 경우		1.0
	4. 한 다리의 전부 또는 일부를 상실하거나 상실할 우려가 있는 경우		
생식기	1. 생식기의 전부를 상실하거나 상실할 우려가 있는 경우		1.0
	2. 생식기의 일부를 상실하거나 상실할 우려가 있는 경우		

※ 상기 분류표를 설명의 편의상 예시를 한 것이므로 의학적인 검토가 필요함.

나. 노동력 상실률의 평가와 차이점

현재 각종 손해배상에 대한 평가방법은 맥브라이드 씨의 노동능력 상실률 평가법, 미국의학협회 신체장해평가방법(AMA방식), 국가배상법 시행령의 규정 또는 산재보상보험법 시행령의 보상일수를 퍼센트(%)화한 것 등 다양하나, 아직 통일된 평가기준은 없다. 이와 같은 원인은 법률에 따라 보상원리 또는 배상원리가 서로 다르기 때문이다. 따라서 평가방법의 차이가 무엇인지 이해할 필요가 있다.

첫째, 맥브라이드 씨의 평가법은 미국 오클라호마 대학 맥브라이드(Earl D. McBride) 교수의 노동력 상실 평가방법으로 장해부위, 종류, 정도에 따라 노동력 상실률을 세분하고 직업에 따라 노동력 상실률을 다르게 평가하고 있다. 이 방식은 신체장해를 각 부분별로 100분차로 표시하는 방법을 개발하였으며, 서구제국의 재해보상의 기준으로 많이 채택되고 있다. 즉 신체 각 부분, 팔, 다리, 손, 발, 귀 등이 몸 전체 기능의 몇 %에 해당하는지를 정한 후 팔 중에서도 각 세부 부위의 기능 정도를 세분하는 방법으로 재해자의 노동력 상실률을 평가하는 것이다. 장해보상은 100% 노동력 상실 시 보상일수 또는 보상액(미국 대부분의 주는 임금의 2/3)에 당해 재해자의 노동력 상실률을 곱하여 보상액을 산정 지급한다. 그러나 과학적이고 합리적이지만 미국의 직종과 우리나라의 직종과는 차이가 많고 각 직종 간에도 작업내용이 다르기 때문에 우리가 그대로 사용하기에는 다소 문제점이 있다.[17]

둘째, 산재보험법, 국가배상법, 자동차손해배상보장법, 근로기준법은 신체장해등급을 14등급까지 구분하고 신경계 및 순환기계, 흉복부장기의 계통에 대한 노동능력 상실률에 대한 평가를 유용하게 하고 있다.[18] 이에 비하여 자동차보험, 개정약관과 민사재판상 손해배상청구에 대한 노동력 상실률은 맥브라이드의 노동력 상실 평가방법에 의한다. 장해등급의 판정은 노동능력 상실 정도의 평가인데, 국가배상법은 14등급 128항목으로 나누고 각 등급에 따라 노동력 상실률을 정하고 있다. 자동차손해배상보장법은 14등급 138항목으로 나누고 등급별 배상금액을 정하고 있고, 근기법은 14등급 129항목으로 나누어 등급별 보상일수를 정하고, 산재보험법은 14등급 140항목으로 나누고 연금과 일시금으로 구분하여 보상일수를 정하고 있다.[19]

---

17) AMA방식은 1971년 미국의학협의에서 책으로 발간되었는데, 신체를 13개로 구분하여 평가하고 각각의 장해 정도를 전신에 대한 비율로 표시하고 있다. AMA기준은 관절운동 측정의 정확한 방법이 알기 쉽도록 명시되었으므로 객관성은 있으나, 엄밀히 이야기해서 장해판단은 노동능력의 평가가 아니고 일상생활에 지장을 주는 정도에 대한 평가이다. 그리고 직업, 연령 등에 대한 고려가 없다(이상국, 산업재해보상보험법, 청암미디어 2001, 498면).

18) 이상국, 『산업재해보상보험법』, 청암미디어, 2001, 496면.

19) 산재보험법에 의한 신체장해등급표와 국가배상법에 의한 신체장해등급표, 자동차손해

셋째, 자동차종합보험개정약관과 민사재판에서는 맥브라이드 후유장해에 대한 노동력 상실률을 퍼센트로 산출하는데 신체장해의 부위·종류·정도에 따라 정밀하게 노동력 상실률을 세분하고, 연령요소·손잡이(좌·우측) 요소까지 고려하여 다시 280여 종의 직종별 계수를 만들기 때문에 과학적이고 비교적 정밀한 노동능력 상실을 평가기준으로 삼고 있다. 이들 제 요소를 서로 종합하면 수천 개 이상의 상실로 평가가 이루어질 수 있다.

〈표 4-11〉 관련 법률에 따른 장해등급별 계열 수

장해등급	산재보험법	근로기준법	국가배상법	자배법
1	8	9	9	9
2	6	4	4	6
3	5	5	5	5
4	7	7	7	7
5	8	6	6	8
6	8	7	7	8
7	13	13	13	13
8	11	11	12	11
9	16	14	14	16
10	11	10	10	11
11	11	9	9	11
12	14	14	13	14
13	11	10	10	11
14	11	10	9	9
계	140	129	128	139

배상보장법상의 신체장해등급표가 각기 다르고, 보상항목도 다르나, 휴업급여의 지급대상이 되는 것은 부상이나 질병에 해당하는 상병 상태를 전체로 하는 것이므로 이에 대한 판정기준을 정비할 필요가 있다. 산재보상보험법에서는 장해상태를 노동능력의 상실 정도에 따라 1급부터 14급까지 14단계로 구분하여 140개로 세분하고 있으며, 각 등급별 보상일수에 피해자의 평균임금에 해당하는 금액을 곱하여 지급하고 있다.

다. 신체부위에 따른 취업능력 상실계수의 장점

신체부위별 노동력 상실률을 기준으로 휴업급여를 지급하기 위한 취업능력 상실계수를 도입하는 경우 장점은 다음과 같다.

첫째, 신체부위에 대한 노동능력 상실률을 구분하여 적용하기가 쉽다. 같은 신체부위라면 원칙적으로 동일하나, 상병 상태의 중증도에 변화가 있다면 취업능력 상실계수가 변화되어 현실적인 상병상태를 반영할 수 있다.

둘째, 각 법률에 의한 신체장해등급을 평가하는 항목의 개수가 서로 상이하여 보상수준과 배상수준의 조정이 어려운 문제점이 있었으나, 신체부위별 등급기준을 통일한다면 보상조정의 대상을 명확히 구분하기 쉽다.

셋째, 신체부위별 중증도에 따라 보상을 하는 경우 공무원연금, 국가배상법 등 유사한 법률과 중복조정의 대상을 판단하기 쉽다. 이러한 관련 법률과 조정을 할 수 있는 입법적 체계를 정비할 수 있는 합리적인 근거가 된다.

넷째, 신체부위별 상병 유형에 연계한 취업능력 상실계수는 노동력 상실률에 대한 표준기준을 마련할 경우 같은 종류로서 비슷한 특성을 지닌 경우에는 동일 또는 유사한 휴업급여를 지급하는 합리적 기준으로 활용할 수 있다.

라. 신체부위의 중증도와 취업능력 상실계수의 단점

첫째, 신체부위나 장해상태 등에 따른 노동력 상실률을 어떻게 할 것인지 결정하기 위해서는 상병 상태의 중증도 기준을 마련할 필요가 있다. 그러나 중증도에 대한 평가가 의학적 지식에 의한 전문적이고 객관적인 기준을 적용하는 것이 적합한지 의문이 제기된다. 같은 신체부위라도 중증도가 수시로 또는 갑자기 변경될 경우 상병 상태의 판단에 임의성이 개입될 여기가 있다.

둘째, 휴업급여의 산정기준으로 신체장해등급표를 활용하거나 배상기준으로 활용하는 경우에는 입법적인 원리가 조정하기가 복잡하다. 따라서 산재보험법에 의한 보상을 목적으로 하는 신체장해등급에 대한 노동능력 상실률을 사전에 평가기준을 마련하지 않으면 도입하기 어렵다. 신체장해등급에 대한 기준이 객관적으로 통일되지 않으면 적용하기가 용이하지 않다. 따라서 신체부위에 의해 분류하기 곤란한 경우 이를 어떻게 할 것인지에 대한 고려가 미비하다. 각 법률에 따른 분류기준을 달리하는 경우 취업능력 상실계수를 기준으로 이를 보안하기 위한 연구가 필요하다.

셋째, 신체부위별 상병 상태의 중증도는 의학적으로 평가할 필요가 있으나, 이러한 기준을 객관적으로 정하기가 어렵다. 예를 들어 신체부위를 머리, 심장, 팔다리로 구분할 때 머리의 외부두피를 다친 경우와 뇌부위에 손상을 입은 경우에 어느 정도 중증도로 평가할 것인지 계수로 정하기가 어렵다. 따라서 같은 머리를 다친 경우라도 요양기간 중 갑자기 악화될 경우 중증도가 다시 급변하게 되어 객관적인 취업능력 상실계수를 적용하기가 곤란하다.

(3) 보험적용소득과 노동력 상실률에 따른 취업능력 상실계수

가. 보험적용소득과 노동력 상실률

휴업급여를 지급하는 경우 통상적으로 100%를 지급하는 방식과 부분적으로 휴업급여를 지급하는 방식으로 구분할 수 있다. 그러나 부분적인 휴업급여를 지급하는 방식은 취업연령을 도과하지 아니한 재직자에 대해서뿐만 아니라 취업연령을 도과한 자에 대한 구분 없이 휴업급여를 일부 지급하는 방식이다. 따라서 현행 휴업급여의 규정은 고령자의 연령기준을 고려하지 아니하고 전체 근로자의 차등 없이 일률적으로 보호대상으로 취급하고 있다. 재해근로자는 재해 직전에 1년을 기준으로 소득이 있는 근로자와 1년 이내에 전혀 소득이 없는 근로자, 1년 기간 중 일정 기간만 소득이 있는 자 등으로 다양한 형태로 나타날 수 있다. 보험적용소득기준으로 하는 방식은 노동능력의 전부 또는 부분적으로 상실한 경우 소득대체수단으로 지급하는 것이다. 여기서 노동력 상실률은 육체적 또는 정신적으로 기존의 업무에 상응하는 근로를 수행할 수 없을 상태를 의미한다.

나. 스위스의 보험적용소득과 휴업급여의 산정방식

스위스 산재보험제도에서 휴업급여는 근로자가 재해(산업재해와 일반재해를 포함) 또는 직업병으로 인하여 노동능력의 전부 또는 일부를 상실하게 되었을 경우 소득대체의 일환으로 지급된다. 이때 노동능력의 상실 정도는 순수하게 '의학적 기준'을 토대로 판정한다. 따라서 노동능력의 상실 정도는 육체적 또는 정신적 손상으로 인하여 재해근로자가 기존의 직업이나 업무에 상응하는 근로를 수행할 수 있는 능력을 전부 또는 부분적으로 상실한 상태로 정의할 수 있다. 재해근로자의 상병 상태가 장기간 지속될 경우 다른 직업이나 업무수행능력도 동시에 감안하여 노동능력의 상실수준을 결

정하도록 하고 있다.[20]

　스위스에서는 휴업급여의 지급률은 보험적용소득을 365일로 나누고 노동력 상실률을 곱하여 산정한다. 스위스는 휴업급여를 산정하는 경우 노동능력 상실률을 3개 등급으로 구분하여 적용하고 있다. 노동능력 상실률이 50% 이상인 경우에는 1등급으로 분류하여 휴업급여를 100% 지급하고, 노동력 상실률이 25% 이상 50% 미만인 경우에는 2등급으로 분류하여 휴업급여를 50% 지급하며, 노동력 상실률이 25% 미만인 경우에는 3등급으로 분류하여 휴업급여를 지급하지 않는다. 이러한 방식은 지나친 현금지급을 방지하고, 근로유인을 하기 위한 수단으로 보험적용소득의 상한선을 정하고 있다.[21] 상한선은 전체 근로자의 96%로 한정하고, 연방정부는 가입계층의 소득변동을 고려하여 소득상한선을 수시로 변경하고 있다.

〈표 4-12〉 보험적용소득별 휴업급여 지급수준

등급	노동력 상실률	지급수준
1등급	50% 이상	휴업급여는 소득수준의 100%
2등급	50% 미만~25% 이상	휴업급여는 소득수준의 50%
3등급	25% 미만	휴업급여를 지급하지 않음

출처: 노동부, 「산재보험급여체계의 합리적 개선방안에 관한 연구」, 2005. 12. 343면.

---

20) 한국사회보험연구소, 「산재보험급여체계의 합리적 개선방안에 관한 연구」, 노동부, 341면, 2005.

21) 여기서 보험적용소득은 개인별로 국민연금(AHV)의 적용소득을 기준으로 하되, 추가로 가족수당과 상여금을 가산하여 산정한다. 그리고 과도한 현금급여를 방지하고 근로유인을 하기 위한 목적으로 보험적용소득에 상한선을 별도로 적용한다(한국사회보험연구소, 「산재보험급여체계의 합리적 개선방안에 관한 연구」, 노동부, 341면, 2005).

그러나 보험적용소득은 재해발생 당시를 기준으로 소급하여 1년간인 365일로 산정할 것인지, 아니면 직전 연도의 소득기준을 기준으로 할 것인지는 정책적으로 판단할 사항이다. 재해 당시의 소득을 기준으로 하는 경우에는 직전 연도보다 소득수준이 높아지게 되므로 근로자에게 유리하다. 그러나 보험재정과의 형평성을 고려한다면 직전 연도를 기준으로 소득을 파악하여 이를 기준으로 산정하는 것이 보다 합리적이다. 이러한 방식은 우리나라의 휴업급여를 산정함에 있어서 재직자와 취업연령을 도과한 고령자에게 모두 공평하게 적용할 수 있는 시사점을 주고 있다. 이러한 방식을 그대로 적용하는 데 일부 문제점이 나타날 수 있다. 따라서 스위스에서는 사회정책적 차원에서 취약근로계층을 보호하기 위한 보험적용소득의 특례규정을 두고 있다. 군복무 및 재해나 질병 등으로 사전소득이 없거나 현저히 낮은 경우 정상적인 상황에서 개인이 획득할 수 있는 가상상황에서의 소득을 고려하고, 실업자나 불규칙근로자, 계절근로자 등에 대하여 예외적으로 보호하고 있다.

다. 보험적용소득을 적용한 취업능력 상실계수의 장점

첫째, 휴업급여의 산정을 위한 소득수준의 산정기간이 합리적으로 반영된다. 산재보험법에 따른 산재보험료는 1년분 임금총액을 기준으로 업종별 보험료율을 산정하여 보험료를 납부하는 데 비하여 산재보험급여는 3개월 단위 평균임금으로 보상기준을 산정하여 지급하여 보험수지율의 산정단위가 불일치하여 보험재정이 악화될 수밖에 없다. 그러나 보험적용소득을 기준으로 하는 경우에는 1년분의 소득수준을 반영하기 때문에 평균소득의 산정단위가 서로 일치하여 보험재정의 건전성을 유지하는 데 도움이 된다.

둘째, 보험적용소득에 노동력 상실률을 반영하기 때문에 상병 상태의 중증도를 반영할 수 있어 합리적인 기준에 따라 휴업급여의 지급수준을 차등적으로 적용할 수 있다. 동일한 근로자라도 소득수준이 높거나 상병 상태의 중증도에 따라 노동력 상실률이 달리 평가되기 때문에 휴업급여의 지급수준이 달라질 수 있다. 따라서 상병 상태의 노동력 상실률과 무관하게 요양을 한다는 사유만으로 휴업급여를 70% 지급하는 현행 제도의 문제점을 해소할 수 있다.

라. 보험적용소득을 적용한 취업능력 상실계수의 단점

첫째, 재해 직전의 무소득자에 대한 휴업급여의 지급수준을 결정하기 어렵다. 따라서 무소득자나 재해 이전에 소득이 없는 자가 일시적으로 또는 취업기간이 극히 짧은 기간 내에 재해가 발생한 경우에는 예외적으로 보험적용소득을 결정하기 위한 방안이 필요하다.

둘째, 휴업급여의 지급을 위해 현실적인 보험적용소득을 현실적으로 반영할 수 있으나, 지나치게 낮은 소득수준에 해당하는 경우 휴업급여를 산정하여 지급하기에는 생활보장적 기능이 취약하다. 이러한 저소득자에 대한 보완대책이 필요하다.

(4) 유형별 취업능력 상실계수에 대한 적합성 검토

가. 휴업급여의 취업능력 상실과 취업능력 상실계수의 차이

취업능력 상실계수는 근로자의 상병 상태에 따른 중증도를 고려하여 정상인에 비하여 의학적으로 노동능력을 얼마나 상실하였는지를 평가하고, 여기에 경제활동을 할 수 있는 취업가능기간을 얼마나 상실하였는지를 의미하는 미취업일수를 곱하는 방식이다. 그러나 현재 휴업급여는 평균임금을 기준으로 하여 소득보장을 하는 성격을 지니고 있다. 이러한 휴업급여의 산정은 일률적으로 취업능력 상실률을 70%에 해당하는 것으로 보고, 여기에 취업일수에 해당하는 일수를 보상하는 방식을 채택하고 있다. 이러한 이유로 상병 상태의 중증도와 상관없이 요양을 필요로 하는 자는 모두 휴업급여를 받는 편이 상대적으로 유리하여 취업을 기피할 수밖에 없다. 이러한 문제점을 해결하기 위한 대안으로서 고려된 것이 취업능력 상실계수의 도입방안이다.

취업능력 상실계수의 도입은 동일한 조건에 해당하는 근로자에 대해서는 동일한 휴업급여의 보장을 하되, 상병 상태의 중증도에 따라 휴업급여를 차등적용 할 수 있는 합리적인 기준이 무엇인지를 고민하여 도입하고자 하는 수단이다. 따라서 취업능력 상실계수의 도입은 재직자이든지 고령자이든지 연령을 구분하지 아니하고 통일적인 기준에 따라 휴업급여를 적용할 수 있는 유용성이 있다. 그러나 취업능력 상실계수를 결정함에 있어서 지나치게 의학적인 견해에 의존하기 쉽다는 한계성을 지닌다. 또한 합리성을 강조하다 보면 복잡한 결정기준이 되기 쉽기 때문에 단순화하는 연구가 필요하다.

나. 유형별 취업능력 상실계수와 취업능력 상실계수의 결정

그러나 지금까지 소개한 취업능력 상실계수의 유형은 나름대로의 장단점이 있기 때문에 일률적으로 어느 방식이 가장 적합하다고 보기 어렵다. 따라서 취업능력 상실계수의 적용방식을 첫째, 신체장해등급표를 준용하는 방식, 둘째, 상병 유형에 따른 취업능력

상실계수의 산정방식, 셋째, 보험적용소득과 노동력 상실률을 적용하는 방식으로 구분할 때 사회보험으로서 정책적 판단에 따라 선택을 하는 것이 바람직하다. 휴업급여의 산정기준을 단순화는 사례로서는 스위스의 지급수준을 참조할 만하다. 따라서 스위스와 같이 보험적용소득을 기준으로 노동력 상실률을 구분하여 휴업급여를 지급수준을 결정할 수 있다. 이때 노동능력 상실률은 100%, 75%, 50%, 25% 등으로 구분하고 25% 미만인 경우에는 휴업급여를 지급하지 않기로 정할 수 있다. 여기서 취업능력 상실계수는 0.75, 0.5의 두 단계로만 구분하여 보상을 할 수 있다.

3. 취업능력 상실계수의 도입조건과 조정방안

(1) 경제적 관점에서의 취업능력 상실계수

노동력 상실률과 연계한 상실계수의 사용하되, 경제적 관점에서 취업능력을 평가하기 위한 수단을 명확히 해야 한다. 이를 위해서는 노동능력을 무엇에 의해 몇 단계로 평가할 것인지를 고려해야 한다. 상병 상태로 요양기간 중에 있는 근로자의 생계를 보장하기 위한 입법취지를 고려할 때, 우선적으로 경제활동을 할 수 없을 정도로 신체가 기능적으로 제한이 되는지를 고려하여야 한다. 이를 위해서는 노동능력 상실률과 연계해서 평가를 해야 할 필요성이 생긴다.

(2) 휴업급여 지급률의 개선과 취업능력 상실계수

취업능력 상실계수의 적용을 위해 현행 산재보험법에 의한 휴업
급여의 70% 지급률을 개선할 필요가 있다. 현재 산재보험법에 의
한 휴업급여는 평균임금의 70%를 산정하므로 상병의 상태나 기간
에 상관없이 일률적으로 지급하는 방식이다. 다만 61세 이상 65세
에 해당하는 자에 대해서는 연령별 5%를 감액하는 방식을 채택하
고 있다. 그러나 취업능력 상실계수를 도입하는 경우에는 상병 상
태의 등급기준에 따라 노동력 상실률에 차이가 있는 것으로 보아
취업능력 상실계수를 종전과 다르게 차등을 두게 된다.

여기서 문제가 되는 점은 입원기간은 무조건 10%로 인정할 것
인가 아니면 신체부위별 중증도를 고려하여 신체장해등급별 노동
력 상실률에 의해 취업능력 상실계수를 적용할 것인지에 대한 정
책적 논의가 필요하다. 손해배상의 법리에서는 환자가 병원에 입원
한 경우에는 입원기간 동안 일률적으로 노동력 상실률을 100%로
인정하고 있다. 그 결과 업무상 교통사고로 근로자가 입원해 있다
면 입원기간에 대해 자동차손해배상보장법에 의한 노동력 상실률
을 100%로 인정하게 된다. 이러한 손해배상의 산정방식을 산재보
험법에 그대로 적용하기에는 불합리하다.

만약 취업능력 상실률을 산재보험법에 적용한다면, 요양을 목적
으로 입원한 기간에 대해 일률적으로 노동력 상실률을 100%로 인
정하여 휴업급여의 산정기준이 불합리하다. 손해배상원리에 따르
면, 다리부상을 당한 근로자에 대해 입원기간 동안 취업능력 상실
계수를 100%로 인정하게 되어 휴업급여는 평균임금의 70%가 아

닌 100%를 지급해야 하는 문제가 발생하기 때문이다. 따라서 상병부위에 대한 중증도를 고려하여 노동력 상실률을 인정하고 병원에의 입원 여부와 상관없이 치료를 목적으로 입원이나 통원치료, 재가치료를 하는 경우에 전부 또는 일부의 노동불능에 대해 노동력상실률을 인정하여 취업능력 상실계수로 전환하여 휴업급여를 산정하여 지급할 필요가 있다.

(3) 일용근로자의 노동통계계수와 취업능력 상실률의 결정

건설일용공에게 적용하는 취업능력 상실계수의 조정이 필요하다. 건설일용공의 경우에는 0.73이라는 노동통계계수를 곱하여 휴업급여를 산정한다. 건설일용공의 근로일수를 정확히 산정하기 곤란한 경우 대법원판례에 따라 1개월 평균 22일을 근로하는 것으로 보고, 월 평균일수 30으로 나누어 산정하면 0.73이 산출된다. 이러한 산정방식의 불합리성이 있으나, 논외로 하고 건설일용공의 휴업급여 산정은 0.73을 곱하여 산정하기 때문에 취업능력 상실계수를 0.73으로 보는 것이다.

노동통계계수는 일용근로자의 노동노력상실률을 고려하지 아니하고 근로일수만을 기준으로 산정한 문제점이 있다. 이러한 방식은 노동력 상실률을 고려하지 아니하고 단순히 취업활동을 할 수 있는 기간이 월평균 얼마인지를 고려하여 그 상실분을 경제적으로 보장해 주기 위한 것이다. 이러한 방식은 오히려 건설업이 통상근로자에 비하여 휴업급여의 지급률이 높게 결정된다는 문제점이 있다. 따라서 건설일용공에 대한 현재의 노동통계계수의 사용을 폐지하고 취업능력 상실계수를 개발하여 일반근로자와 동일하게 취급하여야 할 필요가 있다.

(4) 근로기준법에 의한 휴업보상과의 조정

근로기준법 제79조 제1항에 따르면, 사용자는 요양 중에 있는 근로자에게 그 근로자의 요양 중 평균임금의 100분의 60이 휴업보상을 지급하도록 하고 있다. 이 경우 휴업보상은 평균임금의 60%를 지급하여 생계를 보장해 주고자 하는 취지이다. 따라서 일반근로자에 비하여 재해근로자는 임금을 벌 수 있는 가득능력을 상실한 것으로 보고 취업능력 상실률을 60% 인정한 것으로 해석된다.

산재보험법에서 상병 상태에 따라 노동능력 상실률이 어느 정도이면 그 경제활동을 할 수 없는 기간이 얼마로 볼 수 있는지를 고려하여 취업능력 상실계수를 적용하여 불합리하게 지출되는 휴업급여를 조정하기 위한 것이다. 이러한 휴업급여를 도입하면 근로기준법에서 지급하는 휴업보상이 낮아질 경우 근로자는 산재보험법에 의한 휴업급여를 신청하지 아니하고 보다 유리한 사업주를 상대로 휴업보상을 신청할 우려가 있다. 산재보험법상 휴업급여의 개선을 위한 합리성을 강조하다 보니, 자칫 근로기준법으로 재해근로자가 회귀하는 현상을 초래할 우려가 있다. 이러한 문제점을 예방하기 위해서는 근로기준법에 의한 휴업보상 지급 시 산정기준에 대해서도 취업능력 상실계수를 도입할 필요가 있다. 이러한 경우에는 취업능력 상실계수라는 산정방식에 따르게 되므로 근로기준법이나 산재보험법에 의한 보상수준에 격차가 생길 우려가 줄어들게 된다. 따라서 산재보험법에 따른 휴업급여와 근로기준법에 따른 휴업보상은 동시에 개선되어야 한다.

Ⅳ. 고령자의 휴업급여와 중단문제

1. 고령자 휴업급여의 중단시기와 취업활동연령

(1) 휴업급여의 성격전환과 경제활동연령을 고려

고령자가 취업가능기간의 한도를 경과한 경우에는 휴업급여의 지급을 중단할 수 있다. 그러나 이러한 지급을 중단하기 위한 방안을 고려하기 위해서는 역시 휴업급여의 성격을 소득보장급여가 아닌 사회보장급여로 전환하는 선결조건이 충족되어야 한다. 이러한 법률적 문제를 해결하지 아니하고 단순히 연령 기준을 66세 이상인 자는 휴업급여를 지급하지 않는다고 규정한다면 해당 법률에 대한 위헌성의 소지가 발생하기 때문이다. 또한 휴업급여의 지급을 중단하기 위한 기준을 위해서는 취업활동연령을 고려하여 65세를 기준으로 중단하는 것이 바람직한지 검토할 필요가 있다. 근로자가 부상 또는 질병으로 인해 경제활동을 할 수 있는 기간임에도 불구하고 휴업급여의 중단시기를 잘못 설정하다면 불합리하게 재해근로자의 수입상실을 확대시킬 우려가 있기 때문이다. 이러한 판단을 위해서 우리나라 인구의 경제활동인구를 연령별로 분석해 참조하고자 한다.

(2) 61세 이후 경제활동인구와 취업자 수의 분석

근로자가 취업연령을 도과하여 살고 있거나 평균수명을 넘어 살면서 일시적 또는 계절적 경제활동을 하다가 업무상재해를 당하였더라도 요양을 해 주는 이외에 휴업급여의 지급을 중단할 필요가 있다면 그 연령을 언제를 기준으로 할 것인지 의문이 제기된다. 최근 우리 사회가 인구분포상 고령화 사회가 급속히 진행됨에 따라 젊은 생산인력이 감소하고 있으며, 통계청이 조사한 49세까지 통상적인 경제활동인력을 살펴보면 다음과 같다. 20세 이상 29세 미만인 경제활동인구를 살펴보면 2007년에는 4,298천 명이며 이 중에서 취업자는 3,992천 명에 해당한다. 2008년에 경제활동인구는 4,187천 명인데, 이 중에서 취업자는 3,894천 명에 해당된다. 이러한 연령에 해당하는 경우에는 휴업급여를 정상적으로 지급할 필요가 있다.

〈표 4-13〉 50세 미만 경제활동인구

연령계층별	항 목	2007	2008
20~29세	# 15세 이상 인구 (천 명)	6,653	6,584
	경제활동인구 (천 명)	4,298	4,187
	취업자 (천 명)	3,992	3,894
	실업자 (천 명)	306	293
	비경제활동인구 (천 명)	2,355	2,397
	경제활동참가율 (%)	64.6	63.6
	실업률 (%)	7.1	7
	고용률 (%)	60	59.1

연령계층별	항 목	2007	2008
30~39세	# 15세 이상 인구 (천 명)	8,282	8,248
	경제활동인구 (천 명)	6,233	6,203
	취업자 (천 명)	6,035	6,010
	실업자 (천 명)	198	194
	비경제활동인구 (천 명)	2,049	2,045
	경제활동참가율 (%)	75.3	75.2
	실업률 (%)	3.2	3.1
	고용률 (%)	72.9	72.9
40~49세	# 15세 이상 인구 (천 명)	8,282	8,353
	경제활동인구 (천 명)	6,619	6,690
	취업자 (천 명)	6,484	6,548
	실업자 (천 명)	135	142
	비경제활동인구 (천 명)	1,663	1,663
	경제활동참가율 (%)	79.9	80.1
	실업률 (%)	2	2.1
	고용률 (%)	78.3	78.4

50세 이상 59세에 해당하는 경제활동인구 중에서 취업자를 살펴
볼 필요가 있다. 2007년 경제활동인구 4,180천 명에서 취업자는
4,093천 명에 해당하고, 2008년 경제활동인구 4,388천 명에서 취업
자는 4,300천 명에 해당한다. 이러한 연령대의 재해근로자도 휴업
급여를 정상적으로 지급할 필요가 있다.

〈표 4-14〉 50세 이상 60세 미만 경제활동인구

연령계층별	항 목	2007	2008
50~59세	# 15세 이상 인구 (천 명)	5,873	6,091
	경제활동인구 (천 명)	4,180	4,388
	취업자 (천 명)	4,093	4,300
	실업자 (천 명)	87	87
	비경제활동인구 (천 명)	1,693	1,703
	경제활동참가율 (%)	71.2	72
	실업률 (%)	2.1	2
	고용률 (%)	69.7	70.6

연령계층별	항 목	2007	2008
50～54세	# 15세 이상 인구 (천 명)	3,401	3,557
	경제활동인구 (천 명)	2,535	2,682
	취업자 (천 명)	2,482	2,630
	실업자 (천 명)	53	52
	비경제활동인구 (천 명)	866	875
	경제활동참가율 (%)	74.5	75.4
50～54세	실업률 (%)	2.1	1.9
	고용률 (%)	73	73.9
55～59세	# 15세 이상 인구 (천 명)	2,472	2,534
	경제활동인구 (천 명)	1,645	1,706
	취업자 (천 명)	1,611	1,670
	실업자 (천 명)	34	36
	비경제활동인구 (천 명)	827	828
	경제활동참가율 (%)	66.6	67.3
	실업률 (%)	2.1	2.1
	고용률 (%)	65.2	65.9

그러나 20대 연령과 30대 연령, 40대 연령에 비해 상대적으로 50대 연령, 60대 연령에서 비경제활동인구가 매우 높게 나타나고 있다. 2008년 통계청자료에 의하면, 60세 이상의 고령자가 경제활동인구 2,667천 명 중 취업자 수는 2,636천 명으로 나타났다. 또한 61세 이상 64세 초고령자의 경제활동인구는 1,127천 명이고 취업수는 1,107천 명으로 나타났다. 65세 이상은 1,541천 명인데, 취업자 수는 1,529천 명으로 나타났다. 그러나 비경제활동인구는 65세에서 급격히 늘어나고 있다. 이것은 인간의 여명기간이 늘어나는 것과 관련하여 어떠한 형태로든지 경제활동을 하고자 하는 경향을 나타낸다. 따라서 61세 이상인 자에 비하여 65세 이상에서 오히려 증가하는 경향을 나타내고 있다.

〈표 4-15〉 60세 이상 경제활동인구

연령계층별	항 목	2007	2008
60세 이상	# 15세 이상 인구 (천 명)	6,878	7,084
	경제활동인구 (천 명)	2,654	2,667
	취업자 (천 명)	2,618	2,636
	실업자 (천 명)	36	32
	비경제활동인구 (천 명)	4,224	4,417
	경제활동참가율 (%)	38.6	37.7
	실업률 (%)	1.4	1.2
	고용률 (%)	38.1	37.2
61 ~ 64세	# 15세 이상 인구 (천 명)	2,007	2,046
	경제활동인구 (천 명)	1,130	1,127
	취업자 (천 명)	1,104	1,107
	실업자 (천 명)	26	20
	비경제활동인구 (천 명)	877	919
	경제활동참가율 (%)	56.3	55.1
	실업률 (%)	2.3	1.7
	고용률 (%)	55	54.1
65세 이상	# 15세 이상 인구 (천 명)	4,871	5,038
	경제활동인구 (천 명)	1,524	1,541
	취업자 (천 명)	1,514	1,529
	실업자 (천 명)	10	12
	비경제활동인구 (천 명)	3,348	3,497
	경제활동참가율 (%)	31.3	30.6
	실업률 (%)	0.7	0.8
	고용률 (%)	31.1	30.3

(3) 휴업급여 중단시기 등에 대한 검토

휴업급여의 성격이나 고령자의 취업활동기간을 고려할 때 어느 시기를 휴업급여의 중단시기로 보아야 하는지, 이 경우 연령에 따른 휴업급여의 중단시기를 66세로 한다면 과연 합리적인지, 장기 요양 중에 있는 자에 대한 휴업급여는 얼마기간 동안 인정하는 것이 합리적인지 논란의 여지가 있다. 첫째, 초고령자의 휴업급여를 어느 시기에 중단할 것인지를 논의하기 위해서는 취업활동기간이 일반근로자와 달리 극히 낮고 노동능력이 현저히 낮은 점에서 찾을 수 있다. 또한 소득수준의 측면에서도 통상근로자와 달리 소득수준이 극히 낮거나 재해 직전의 소득이 없는 경우가 대부분이고, 일시적인 활동에 따른 소득에 불과하여 산정이 곤란한 경우가 많기 때문에 이 경우 연령기준을 이유로 초고령자의 연령에서 휴업급여의 중단시기를 결정할 수 있다.[22]

둘째, 장기 요양 중에 있는 고령자 요양기간에 따른 휴업급여의 지급기간에 대한 규제가능성을 검토할 필요가 있다. 일반적으로 재직 중에 업무상재해를 당하고 요양을 하다 회사에서 정한 정년을 초과하여 61세 이상의 고령자에 해당될 수 있다. 이러한 경우에는 당해 회사에서 정한 취업연령을 도과한 것이므로 재직 당시를 기준으로 휴업급여를 계속하여 지급하는 것은 불합리하다. 보험재정의 관점에서도 더 이상 부담을 납부하여야 할 소득근로자가 아닌 고령자에 대해 휴업급여를 계속적으로 지급하고 그 경제적 부담을 회사에 후전(後轉)시키는 결과가 되는 불합리성이 있다. 일면에서는 사회보장적 성격을 고려하여 퇴직연령 이후에 해당하는 자에 대해서도 사회적 연대책임을 고려하여 비용부담이 당연하다고 주장할 수 있다. 그러나 이러한 주장은 휴업급여의 소득보장급여의 성격을 사회보장급여로 전환하지 않는 한 논리적으로 설득력이 약하다.[23]

---

22) 이 경우 61세 이상인 자에 대한 감액조정이나 66세 이상인 자에 대해 단순히 연령기준을 이유로 지급중단을 정하는 것은 합리적으로 납득시키기 어렵고, 법리적으로 설득력이 취약하다. 그러나 상기와 같은 일반근로자와 다른 특성을 고려하여 차등적용의 근거로 하는 경우에는 연령기준에 따른 시비를 해소할 수 있다.

근로기준법 제23조 제2항에 따르면 사용자는 근로자가 업무상 부상 또는 질병의 요양을 위하여 휴업한 기간과 그 후 30일 동안은 해고하지 못하도록 규정하고 있다. 이러한 이유로 정년을 도과하여 요양 중에 있는 자에게 휴업급여를 계속하여 지급하여야 한다는 해석에 이른다. 그러나 이러한 근로기준법의 규정에도 불구하고 정년을 넘어 휴업급여를 지급하는 것으로 당연히 소득대체수단으로 인정하기에는 불합리하므로 산재보험법에 따른 고령자로서 휴업급여는 조정대상이 될 수 있다. 따라서 연령차별의 관점에서 산재보험법 제55조에 대한 위헌성에도 불구하고[24] 재해자가 산재보험법 제52조에서 정한 요양 중에 있다면 휴업급여는 연령의 제한 없이 지급되는 문제점이 있다.[25] 따라서 장기 요양 중에 있는 초고령자의 휴업급여에 대해서도 중단 여부를 고려할 필요가 있다.

---

23) 이 경우 사회보장급여의 성격으로 전환하고 퇴직근로자에 대하여 휴업급여를 지급할 것인지는 별도로 논의할 필요가 있다. 사회보장적 성격으로 전환 시에도 지급을 중단할 것인지, 일정한 정액수준으로 낮추어 지급할 것인지는 정책적으로 판단할 사항이기 때문이다.

24) 근로자가 장기간의 요양으로 인해 취업연령을 도과한 고령자라면 종전과 같은 산정기준에 따라 휴업급여를 감액하는 것은 퇴직자와 다르기 때문에 법리적으로 위헌성의 소지가 있다. 이미 수급권이 인정된 자에 대해 일방적으로 감액지급을 하는 것은 불합리하기 때문이다. 산재보험법 제55조에서는 고령자의 휴업급여를 정하여 61세부터 65세까지 매년 4%씩 줄여 통상근로자에 비하여 최대 20%까지 감액할 수 있도록 하고 있다. 또한 제도적으로 고액의 연봉근로자인 취업근로자에게는 별다른 감액효과가 없으며, 여전히 저임금근로자에 비하여 취업연령을 도과한 후에도 높은 수준이라는 비판을 면하기 어렵다. 이러한 재직 당시에 재해를 입은 근로자에 대해서는 평균임금을 기준으로 70%까지 소득대체를 하고 있다.

25) 산재보험법에서는 고령자에 대한 정의를 규정하고 있지 않으나, 산재보험법 제55조에 따르면 61세 이상인 자를 의미한다고 본다. 산재보험법 제55조(고령자의 휴업급여)에 따르면, 휴업급여를 받는 근로자가 61세가 되면 그 이후의 휴업급여는 <별표 1>에 따라 산정한 금액을 지급한다. 다만 61세 이후에 취업 중인 자가 업무상의 재해로 요양하거나 61세 전에 제37조 제1항 제2호에 따른 업무상 질병으로 장해급여를 받은 자가 61세 이후에 그 업무상 질병으로 최초로 요양하는 경우 대통령령으로 정하는 기간에는 <별표 1>을 적용하지 아니한다.

독일 산재보험법 제46조 제3항 제2문에 따르면 근로불능 상태가 시작된 후 78주 후에는 휴업급여의 지급을 원칙적으로 중단한다. 다만 입원치료가 계속되는 경우에는 예외로 한다.

2. 고령자 휴업급여의 중단방안 검토

(1) 고령자의 소득수준과 중단방안

가. 재취업한 고령자의 소득수준과 중단방안

취업활동기간을 도과하여 이미 고령자에 해당하는 연령 중에 있는 자가 회사에 재취업을 하여 근무 중 업무상재해를 당한 경우에 문제가 된다. 취업연령을 도과한 고령자가 다시 재취업을 하는 경우에는 통상적인 재직근로자에 비하여 소득수준이 상대적으로 낮은 편이다. 이러한 재취업자가 낮은 임금을 받고 근로를 하다 업무상재해를 당한 경우 평균임금은 고액연봉자에 비하여 상대적으로 휴업급여도 낮은 수준에서 결정될 수밖에 없다. 이러한 재해근로자에 대하여 산재보험법 제55조에 의한 고령자의 휴업급여를 적용한다면 소득격차는 더욱 크게 벌어져 불합리하다고 보아야 한다.

소득수준이 극히 낮은 고령자에 대하여 취업연령을 도과한 것을 이유로 휴업급여의 지급을 차별적으로 낮추기보다는 오히려 최저수준을 정해 지급하는 것이 사회보험의 이념에 더 부합된다고 볼 수 있다. 따라서 산재보험법 제54조에서는 최저보상기준금액을 정하여 100분의 90을 보상기준으로 정하여 조정할 수 있도록 하고, 최저임금법에 의한 시간급 최저임금과 비교하여 보장하도록 하고 있다. 이러한 저임금자의 휴업급여 산정기준도 역시 고령자에게 적용될 여지가 있다고 본다. 이러한 경우에 고령자에 대해 산재보험법 제55조에 따른 감액을 할 수 있을지에 대해서는 법률적으로 불명확하다. 따라서 이론상으로는 감액기준을 적용할 여지가 충분하다. 이러한 경우에 저소득자인 고령자의 휴업급여는 이중으로 불이익한 대우를 받을 우려가 있다. 따라서 소득보장급여로서의 법률적 관점에서는 위헌성의 소지가 있다. 오히려 휴업급여의 사회보장적 성격을 고려하여 소득수준에 상관없이 모두 일률적으로 정액급여를 지급하는 방안이 바람직하다.

또한 66세 이상인 자에 해당하는 경우에는 휴업급여를 지급하지 않는다는 입법적 규정도 가능하다고 본다. 입법적 근거 없이 퇴직 후 재취업을 한 재해근로자에게 일률적으로 휴업급여의 지급을 중단하는 것은 불합리하다. 이러한 문제를 해결하기 위해서는 휴업급여의 성격을 사회보장급여로 전환하고, 입법·정책적으로 "66세 이상 자에 대해서는 휴업급여를 지급하지 않는다."거나 사회보장적 차원에서 '최소금액을 고시하여 지급'하는 방안을 도입하는 것이 바람직하다.

나. 과거소득이 없는 고령자 휴업급여의 중단방안

과거소득이 없는 고령자가 일시적으로 업무에 종사하던 중 업무상재해가 발생할 수 있다. 재해 직전에 취업활동을 하지 아니하여 3개월 단위의 휴업급여를 산정하기가 곤란한 고령자에 대해서 휴업급여의 지급을 거부할 수 있는지 논란의 여지가 있다. 그러나 현행 산재보험법 제52조에 의하면, 고령자가 일시적이거나 간헐적인 업무에 종사를 하다 재해를 당한 경우에도 요양을 하게 되면 휴업급여의 지급사유가 된다. 따라서 연령에 상관없이 또는 과거소득이 없더라도 현행법에 따르면, 휴업급여의 지급을 거부할 수 없다.

재요양근로자의 경우에는 산재보험법 제56조 제2항에서 휴업급여의 산정대상이 되는 임금이 없으면 최저임금을 1일당 휴업급여로 지급한다고 규정하고 있다. 따라서 소득기준이 없는 고령자에 대해서도 최저기준을 정해 지급해야 하는 문제가 발생하기 때문에 단지 연령을 이유로 감액하는 것은 불합리하다. 재직근로자와 달리 고령자에게는 이중적으로 불합리한 기준이 될 여지가 있다. 이러한 문제점을 해결하기 위해 입법적으로 "66세 이상 고령자에 대해서는 휴업급여를 지급하지 않는다."거나 사회보장적 차원에서 소득수준과 상관없이 '최소금액을 고시하여 지급'하는 방안을 고려해 볼 만하다.

(2) 66세 이상 초고령자의 휴업급여 중단방안

고령자 중에서 61세 이상 초고령자는 대부분 퇴직하는 연령에 해당되어 '취업연령을 도과한 자'로서 정규근로자와 동일한 휴업급여의 산정방법에 따라 휴업급여를 지급하는 것은 불합리하다. 이러한 문제를 해결하기 위해서는 우선적으로 현행 산재보험법에서 66세 이상인 자에 대한 휴업급여의 지급기준이나 산정기준이 합리적인지 개정할 필요가 있다. 휴업급여를 일반근로자에 비하여 취업연령을 도과한 초고령자에게 동일한 임금수준으로 지급하는 것은 불합리하다. 휴업급여 지급수준에 대한 불합리한 사유는 첫째, 일반근로자와 달리 초고령자는 통상적으로 근로하는 취업활동기간이 극히 짧거나 일시적인 경우가 대부분인 점, 둘째, 초고령자에 대해 휴업급여의 지급기간은 젊은 근로자에 비해 고령으로 인해 신체적 면역력이 극히 낮고 성인병 등 다른 질병의 유발가능성이 높아 회복능력이 매우 낮은 점 등을 고려할 때 한번 발병을 하면 장기간으로 계속될 개연성이 매우 높은 점, 셋째, 초고령자의 경우에는 취업활동능력이 거의 없는 것이 일반적인 점을 고려할 때 휴업급여보다는 요양급여를 적절히 해 주는 것이 오히려 사회보장급여로서 바람직하다고 본다. 국민연금법에 의한 국민연금의 수혜기간에 해당하는 점 등을 고려할 때 취업활동에 따른 소득대체수단으로 보완이 가능하다는 점도 고려의 대상이 된다.

설사 근로자가 우연적 사정으로 업무상재해를 당하였더라도 해당 직종의 근로자는 55세 또는 60세의 연령에 대부분 퇴직을 하여 더 이상 정규직에서 취업활동을 하지 않는다고 보는 것이 일반적이다. 따라서 간헐적이거나 단시간에 걸쳐 일시적으로 업무를 수행하는 경우도 있으나, 통상적인 일반근로자에 비하여 고령자에게 재직근로자와 동일 또는 유사한 소득기준을 준용하여 일률적으로 평균임금의 70%를 휴업급여로 지급하는 것이 불합리하다.[26]

휴업급여의 중단은 원칙적으로 휴업급여의 지급사유가 되나 일정한 사유가 있는 경우에 그 지급을 일시적으로 중지하는 것을 의미한다. 따라서 일정 연령을 기준으로 휴업급여를 지급하지 않을

---

[26] 통상적으로 고령자가 취업이 가능한 자에 해당하는지는 건강 상태, 연령 등을 고려하여 판단하여야 한다. 그러나 고령자가 취업활동을 하다가 부상, 질병, 신체장해를 당한 경우에 요양으로 인한 휴업급여의 지급을 이러한 사항까지 고려하여 판단하기에는 너무 어렵다.

목적으로 휴업급여의 청구권을 소멸시키는 의미라고 한다면, 오히려 '휴업급여의 종료'라는 용어를 사용함이 타당하다. 이와 같은 의미에서 여기에서는 휴업급여의 중단을 종료라는 의미로 사용한다. 휴업급여의 지급을 중단하는 연령기준의 사례를 살펴보면, 독일의 산재보험법 제46조 제3항에서 첫째, 재해근로자가 노동불능의 상태를 극복하는 경우, 둘째, 요양치료로 인하여 전일제근로가 불가능하게 된 상태가 종료되는 경우, 셋째, 직업재활과 함께 전환급여의 수급권이 발생하게 된 경우 그 전날에 휴업급여의 지급이 중단된다고 규정하고 있다. 또한 독일 산재보험법 제46조 제3항 제2호에 따르면, 재해근로자의 상황을 고려할 때 노동능력의 회복이나 직업재활의 효과가 더 이상 기대되지 않을 경우 의료보험법의 관련 규정을 원용하여 직권으로 휴업급여를 중단할 수 있도록 하고 있다. 이러한 규정들이 적용되는 대표적인 사례로는 첫째, 제반적인 용양치료에도 불구하고 타인으로부터 수발이나 이와 유사한 도움이 지속적으로 필요할 것으로 예상되는 경우, 둘째, 일련의 직업재활에 대한 지원에도 불구하고 그 효과를 제대로 기대할 수 없거나 아니면, 연령상의 이유로 인하여 비용효과성이 낮을 것으로 판단되는 경우, 셋째, 요양치료 이후 재해근로자가 퇴직을 희망하는 경우이다. 이러한 사례에서 연령을 이유로 하거나 퇴직을 이유로 하여 휴업급여의 지급을 중단하는 사례를 볼 수 있다.

네덜란드의 경우에는 1996년 질병 시 임금계속지급확대법(WULBZ: Wet Uitbreriding Doorbetalingsplicht bij ziekte)에 따라 사용자는 질병급부법에 따른 질병급부청구권이 존재하지 않는 한 월 2,050유로 한도의 임금지급의무를 부과하고 있으며, 질병 시 현금급여는 65세까지 인정하고 있다.[27] 뉴질랜드의 경우에는 휴업급여를 대신하여 현금보상을 실시하고 있는데, 상해의 결과 상실소득에 대한 주당보상(18세 미만 아동 또는 대학생의 경우에는 잠재소득의 상실에 대한 보상)을 실시하며, 주당보상은 노동불능의 상태에 있는 기간 또는 노령연금 수급연령인 65세에 도달한 때까지 지급하고 있다.[28]

(3) 휴업급여의 지급중단과 법률개정안

대체로 66세 이상인 자에 대해서는 사회정책적 차원에서 또는 보정재정의 건전성을 위해서 또는 경제활동을 통한 사회적 비용을 부담하는 수익자부담의 원칙에 위반되기 때문에 66세 이상인 자에 대해서는 휴업급여의 지급을 중단하는 것이 합리적이다. 이 경우에는 현행 산재보험법 제55조에 의한 차등적으로 감소하는 규정을 폐지하는 것이 바람직하다. 고령자라 하더라도 소득이 있는 경우에는 취업능력 상실률을 고려하여 휴업급여를 지급하고, 그 지급기간을 한정하는 것이 바람직하기 때문이다. 그러나 고령자의 경우 재해를 당한 경우에 젊은 근로자에 비하여 요양기간이 장기화될 여지가 많다. 따라서 61세 이상 자가 재해를 당한 경우에는 요양급여의 기간은 제한 없이 인정하나, 휴업급여의 지급기간은 제한할 필요가 있다.

입법적으로는 61세 이상 자가 재해를 당한 경우에는 1년간 휴업급여를 지급하고, 그 기간은 1년을 초과할 수 없도록 해야 한다. 이 경우에 휴업급여의 산정기준은 종전소득이 있는 경우에는 그

---

27) 한국사회보험연구소, 「산재보험급여체계의 합리적 개선방안에 관한 연구」, 노동부, 2005, 155면.

28) 한국사회보험연구소, 전게논문, 191면.

해당 금액을 기준으로 평균임금을 산정하여 지급하고, 지나치게 저소득에 해당하는 경우에는 산재보험법 제54조를 적용하여 지급할 필요가 있다. 그러나 수급기간이 1년을 초과하여 지급할 수 없고, 66세 이상 고령자에 해당하는 경우에는 그 시기부터 다시 휴업급여를 지급하지 않도록 개정함이 타당하다.

〈표 4-16〉 휴업급여의 중단에 관한 개정안

현 행	개정안
〈신설〉	제○○조(고령자의 휴업급여) ① 61세 이상 고령자에 대한 휴업급여의 산정은 평균임금과 취업능력 상실계수를 기초로 산정하여 지급한다. 다만 61세 이상 고령자의 휴업급여는 요양 개시일로부터 1년을 초과하여 지급하지 못한다. ② 제1항의 휴업급여를 산정함에 있어서 이전 소득이 없는 경우에는 산재보험법 제54조의 규정을 적용할 수 있다. ③ 고령자의 휴업급여는 65세를 초과하지 지급하지 못한다.

Ⅴ. 휴업급여의 지급과 중복수급권의 조정

1. 사회보험의 급여 종류와 산정기준의 검토

(1) 4대 사회보험의 중복 여부의 판단

휴업급여와 유사한 사회보험으로 대표적인 4대사회보험으로서 국민연금, 건강보험, 산재보험, 고용보험에 대하여 고령자의 급여산정기준이나 수급요건, 성격 등을 고려할 때 중복조정의 여지가 있는지 살펴볼 필요가 있다.

가. 국민연금과의 중복 여부

국민연금은 1988년에 도입되어 노령으로 인한 퇴직, 장애, 사망 등으로 소득능력이 상실 또는 감퇴되었을 때, 피보험자 본인과 가족이 안정된 생활을 영위할 수 있도록 장기적으로 소득을 보장하는 제도로서 노령연금, 유족연금, 장애연금의 세 가지 기본급여를 마련하고 있다. 국민연금에 의한 소득대체율은 평균소득자가 20년 가입 시 30%, 40년 가입 시 60%의 수준에 달한다. 국민연금은 소득보장급여라는 성격을 고려할 때 휴업급여와 유사한 성격을 지니므로 중복조정에 대한 검토가 필요하다.

나. 국민연금과의 중복 여부

건강보험은 1963년에 의료보험법의 제정으로 임의적용을 해 오다 1989년 전 국민에게 확대되었고, 질병, 부상, 분만 등에 대하여 의료서비스를 제공하기 위해 요양급여와 분만급여의 법정급여와 부가급여를 마련하고 있다. 현재 건강보험은 의료서비스를 제공하는 것을 원칙으로 하며, 예외적으로 현금급여를 하고 있다. 건강보험은 휴업급여나 같은 생계보장을 위한 소득보장급여를 지급하지 않고 있어 중복여지가 없다.

다. 산재보험과의 중복 여부

산재보험은 1964년 산업재해보상보험법의 제정으로 도입된 후, 부상, 질병, 신체장해, 사망 등 업무상재해로 인해 상실된 소득을 보장하고, 직업재활을 통한 근로자의 직장복귀를 촉진하며 근로자의 복지 증진을 목적으로 한다. 산재보험은 급여로 요양급여, 휴업급여, 상병보상연금, 간병급여, 장해급여(일시금과 연금으로 구분),

유족급여(유족보상일시금, 유족보상연금), 장의비를 마련하고 있다. 특히 산재보험에서 휴업급여는 평균임금의 70%를 지급하여 소득을 대체하고 있다. 산재보험의 자체 내에서는 휴업급여에 상병보상연금의 중복여지에 따른 연계성의 검토가 필요하다.

라. 고용보험과의 중복 여부

고용보험은 1995년 고용보험법이 제정된 후 실업으로 인한 소득상실을 보장하기 위한 실업급여, 근로자의 직업능력을 개발하기 위한 직업능력개발사업, 고용안정을 지원하기 위한 고용안정사업을 제도화하여 노동시장정책적인 지원을 하고 있다. 특히 고용보험에서 지급하는 구직급여는 실직 전 평균임금의 50%를 지급하여 소득을 대체하고 있다. 따라서 소득보장이라는 측면에서 유사성이 있으나, 산재보험의 취업활동 중 재해로 인한 소득상실을 보장하는 제도라는 점에서 지급요건상 차이가 난다. 따라서 산재보험법상 휴업급여의 재해기간 동안 생계보장을 목적으로 하는 유사성이 있으나, 실업기간 중의 재해발생이 경합될 여지가 없어 지급요건과 차이가 있기 때문에 중복조정의 대상이 될 여지가 없는 것으로 나타났다. 실업상태에서 소득을 보전하는 실업급여에서 구직급여는 중복조정의 대상이 되지 않는다.

〈표 4-17〉 사회보험급여의 종류 및 급여수준

구분	급여의 종류	급여수준
국민연금	노령연금, 장애연금, 유족연금, 반환일시금, 사망일시금	40년 가입 시 표준소득월액의 60%
건강보험	요양급여, 분만급여, 요양비, 분만비, 건강진단, 부가급여	요양급여기간 330일(등록장애인, 65세 이상 노인, 국가유공자 등은 무제한)
산재보험	요양급여, 휴업급여, 간병급여, 장해급여, 유족급여, 상병보상연금, 장의비, 장해특별급여·유족특별급여	휴업급여 평균임금의 70%
고용보험	실업급여	구직급여: 평균임금의 50%

(2) 휴업급여와 국민연금의 중복조정

가. 산재보험과 국민연금의 조정문제

산재보험과 국민연금의 급여구성을 살펴보면, 산재보험은 평균임금을 기준으로 휴업급여 등 보험급여를 산정하는 반면, 국민연금은 소득을 기준으로 기본연금액과 가변연금액의 급여를 산정한다. 산재보험과 국민연금은 동일한 사유로 보험급여가 이루어지는 경우에는 중복급여에 대한 병급조정이 가능하다. 우선 산재보험과 국민연금을 비교하면, 가입대상자가 중복적으로 각각의 공적보험에 가입해 있는 피보험자가 산재사고를 당하여 장해가 발생한 경우 국민연금의 장애연금과 산재보험의 장해급여를 동시에 받을 수 있다. 사망재해의 경우에도 피보험자의 유족은 산재보험의 유족급여와 국민연금의 유족연금을 동시에 수급하게 된다. 연령기준을 살펴보면, 재해근로자가 산재보험법에 의한 상병보상연금 수급권이 있는 동시에 피보험자로서 국민연금의 노령연금을 수급할 수 있는 연령에 달한 경우 노령연금 또는 특례노령연금을 받을 수 있다. 이러한 이유로 현재 국민연금의 지급사유와 동일한 사유로 인하여 산재보험에 의한 장해급여 또는 유족급여를 지급받을 수 있는 경우에는, 국민연금의 장애연금액과 유족연금액을 2분의 1에 해당하는 액으로 조정하여 지급(국민연금법 제93조 제1항)함으로써, 중복급여 관계에서 병급조정이 이루어지고 있다.

나. 산재보험과 국민연금의 중복급여 규정

산재보험급여체계 내에서 발생할 수 있는 ㉠ 유족급여와 장해급여, ㉡ 유족급여와 상병보상연금, ㉢ 유족급여와 휴업급여 등이 포함된다. 현재 산재보험에서는 유족급여와 산재보험급여 내 다른 급여의 중복발생 시, 급여를 조정하는 방법은 구체적으로 마련되어 있지 않다. 한편 산재보험급여체계 내에서 발생하는 장해연금과 휴업급여는 동일한 재해에 대해서는 이를 조정하는 규정이 있으나, 상이한 재해에 대한 중복급여를 조정하는 규정은 없다.

〈표 4-18〉 산재보험급여체계 내에서의 중복급여 형태

중복급여 형태		비고(경향)
급여1	급여2	
유족급여 유족급여 유족급여	장해연금 상병보상연금 휴업급여	산재보험급여체계 내에서 유족급여와 장해연금, 상병보상연금, 휴업급여가 중복되는 경우에는 극히 드문 경우라 할 수 있음
장해연금	휴업급여	산재보험 체계 내에서는 중복급여의 발생은 장해연금과 휴업급여의 중복급여 지급이 대부분을 차지함

자료: 김진수, 「산재보험과 국민연금 중복체계의 합리화 방안」, 강남대학교부설 사회복지연구소, 2002, 35면.

다. 고령자의 휴업급여와 국민연금의 중복조정안

휴업급여는 생계보장을 목적으로 지급하는 사회보장급여이므로 국민연금법에 의한 중복급여에 여지가 있는지 검토할 필요가 있다. 그러나 국민연금의 노령연금 또는 특례노령연금과 산재보험의 휴

업급여 간에는 그 지급요건이 상이하여 아무런 병급조정이 이루어 지지 않고 있다. 생계비를 보조하는 성격으로서 연금을 지급하나, 구체적으로는 지급요건이 서로 다르기 때문이다. 휴업급여를 조정 하기 위해서는 국민연금법에 의한 노령연금과 연령기준을 연계하 여 조정하는 방안을 고려할 수 있다. 국민연금은 사고성에 따른 보 험지급요건이 아니라 일정 연령에 도달한 것을 기준으로 수급자격 을 인정한다. 그러나 휴업급여는 업무상재해라는 사고성이라는 보 험지급요건에 따른 것이므로 서로 지급요건에 차이가 난다. 그러나 지급요건에 차이가 나더라도 일정한 연령기준에 도달하면 수급권 의 중복여지가 생기게 된다.

재해근로자가 61세 이상의 고령자에 해당하면서 국민연금법에 의 한 노력연금의 대상자가 되는 경우이다. 이러한 경우에는 연령기준 을 이유로 수급권을 조정할 여지가 생긴다. 그러나 국민연금은 근본 적으로 근로자가 개인적으로 수년간에 걸쳐 보험적립을 한 것이므 로 그 수급권의 보장성을 침해하여서는 아니 된다. 따라서 국민연금 법에 의한 노령연금을 감액하는 것은 부당하며, 보험급여의 사유를 살펴볼 때 업무상재해는 우연적 사고에 따른 사고성 보험급여의 일 종이기 때문에 산재보험법에 의한 휴업급여를 감액조정 하는 것이 타당하다. 따라서 병급조정의 대상이 되는 경우에는 산재보험법에 의한 휴업급여를 감액하거나 지급을 중단하는 것이 합리적이다.

〈표 4-19〉 휴업급여의 중복급여와 조정에 관한 개정안

현행	개정안
〈신설〉	제○○조(휴업급여의 중복조정) 61세 이상 고령자가 휴업급여를 받는 경우 국민연금법 등 다른 법률의 규정에 의해 동일한 수준의 금품을 받는 경우에는 해당 금액의 범위 내에서 휴업급여를 지급하지 아니한다.

2. 자동차손해배상보장법과의 중복조정

(1) 자동차책임특별법의 제정

산업발달과 더불어 자동차의 이용은 불가결하지만 동시에 필연적으로 산업재해를 동반하고 그 재해에 대하여 피해자에게 가해자의 과실을 입증하라는 것은 편파적으로 부당하다. 따라서 여러 나라에서는 과실책임의 민법을 수정하는 자동차특별책임법이 일찍부터 제정되었다.[29] 이 법은 자동차운행에 따른 교통사고에 대한 손해를 배상하기 위해서 자동차의 소유자와 운전자에 대한 구분을 하고 법적 책임을 부과한다.[30] 근로자가 업무수행 중에 교통사고를 당하였다면 산재보험법에 의한 보험급여의 청구와 별도로 자동차손해배상보장법(이하 '자배법'이라 한다)에 의한 자동차보험을 청구할 수 있는 권리가 경합된다.[31] 이 경우 재해근로자가 산재보험법에 의한 각종보험급여를 청구하게 된다면, 근로복지공단은 사후에

---

29) 자동차의 개념은 자동차관리법 제2조 제1호, 도로교통법 제2조 제14호 및 자동차손해배상보장법 제2조 제1호에서 각각 규정하고 있다. 이 경우 자동차의 개념은 각 법률의 목적에 따라 약간의 차이가 있다.

30) 여기서 운행이란 사람 또는 물건의 운송 여부에 관계없이 자동차를 그 용법에 따라 사용 또는 관리하는 것을 말한다. 또한 자동차보유자란 자동차의 소유자 또는 자동차를 사용할 권리가 있는 자로서 자기를 위하여 자동차를 운행하는 자를 말한다. 자배법상 운전자라 함은 타인을 위하여 자동차의 운전 또는 운전보조에 종사하는 자를 말하므로 자동차를 운전하는 자 중에서 보유자 또는 운행자를 제외한 자(고용운전자 등)를 말한다(이상국, 『산업재해보상보험법』, 대명출판사, 2006, 524면 이하 참조).

31) 자동차손해배상보장법에서 규정하고 있는 자동차는 자동차관리법의 적용을 받는 자동차와 건설기계관리법의 적용을 받는 자동차 중 대통령령으로 정하는 건설기계가 이에 해당한다. 건설기계로서 덤프트럭, 타이어식 기중기, 콘크리트 믹스트럭, 트럭적재식으로 된 콘크리트 펌프트럭, 트럭적재식으로 된 아스팔트 살포기, 타이어식 굴삭기가 적용대상이 된다(자배법 시행령 제2조). 이것은 일응 원동기에 의하여 육상을 이동하는 차를 의미하나 농기계, 군용차량, 궤도 또는 가선에 의하여 운행하는 차량은 제외된다.

그 사고의 발생원인을 고려할 때 자동차보험에 대해 구상권을 행사하여 조정할 필요성이 있다. 따라서 재해근로자는 경합되는 보험에 대해 이중적 청구가 가능한지 혹은 가능하다면 산재보험과 조정이 가능한 범위는 어느 정도인지 살펴볼 필요가 있다.

(2) 자동차손해배상보장법의 성격

자배법은 민법상의 불법행위책임원리의 수정형식으로 출발하여 자동차의 운행으로 사람의 생명·신체가 사상된 경우에 그 손해배상을 보장하는 제도를 확립함으로써 피해자의 보호를 도모하고 자동차 운송의 건전한 발달을 촉진함을 목적으로 한다(자배법 제1조). 자배법 제3조에 의하면, 자기를 위하여 자동차를 운행하는 자(이하 '운행자'라 한다)는 그 운행으로 인하여 타인의 생명 또는 신체를 사상한 때에는 그 손해를 배상할 책임이 있다고 명시하고 있다. 다만 승객 이외의 자가 사상한 경우에 있어서는 ㉠ 자기 및 운전자가 자동차의 운행에 관하여 주의를 게을리하지 아니하였고, ㉡ 피해자 또는 자기 및 운전자 외의 제삼자에게 고의·과실이 있으며, ㉢ 자동차의 구조상 결함 또는 기능에 장애가 없었다는 것을 모두 입증하지 않는 한, 그리고 승객의 경우에는 고의 및 자살행위로 인하여 말미암은 때를 면책사유로 규정하고 있다. 이 규정을 민법 제750조와 비교하면 ㉠ 손해배상의 범위를 인적 손해에 국한시키고 ㉡ 불법행위요건 중 가해자의 고의·과실을 배제하고 ㉢ 운전자보다도 운행자에게 중한 책임을 과한다. 운행자는 이러한 세 가지 요건상 과실이 있다고 추정하여 입증책임을 전도시켜 무과실책임에 가까운 손해배상의무를 정하고 있기 때문에, 이와 같은 법규정 취지를 결합하면 자배법은 민법 제750조 및 제756조의 특별규정이라고 해석된다.[32] 자배법 제3조의 입법근거는 일반적으로 보상책임원리와 위험책임원리를 말하며, 이 두 원리는 개인주의적 과실책임에서 사회주의적 무과실책임으로 이전하는 과정에서 창출된 것이다. 따라서 위험한 자동차를 운행하여 자기의 생활범위를 넓히고 이윤을 얻는 자는 그 운행으로 타인에게 입힌 손해를 배상토록 하는 것이 형평이념에 맞는다는 생각이 자배법의 입법근거라 할 수 있다.

(3) 자동차손해배상보장법과의 조정범위

자동차책임보험(자배보험)은 자동차의 운행으로 타인의 신체를 상해하거나 타인을 사망시킨 자의 손해배상책임을 이행하는 제도이므로 산재보험급여와의 조정에 있어서 양자가 동일한 손해에 의하여 동일한 수급권자에게 중복되는 한도에서 이중수령이 되지 않도록 하여야 한다. 대법원판례에서는 "피해자가 배상책임이 있는 피보험자의 고용인으로서 근로기준법에 의한 재해보상을 받을 수 있는 사람인 경우를 대인배상에 관한 보험회사의 면책사유의 하나로 들고 있다. 따라서 자동차종합보험보통약관의 규정은 노사관계에서 발생한 업무상재해로 인한 손해에 대해서는 산재보험에 의해

---

32) 공무원이 그 직무를 집행할 때 고의 또는 과실로 법령에 위반하여 타인에게 손해를 가하면 국가 또는 그 밖에 지방자치단체는 국가배상법에 따라 그 손해를 배상하여야 하고, 같은 법에 의한 손해배상의 소송은 배상심의회의 결정을 거친 후가 아니면 소송을 제기할 수 없다(국배법 제9조). 이러한 규정은 사용자가 국가 또는 지방자치단체인 경우에 배상심의전치주의를 채용하고 공무원의 경과실의 경우에는 구상권행사를 제한하고 있으므로 민법 제756조에 대한 특별규정으로 해석된다.

전보를 받도록 하고 제삼자에 대한 배상책임을 전보하는 것을 목
적으로 한 자동차보험의 대인배상범위에서는 이를 제외하고 있다.
이러한 취지는 위와 같은 면책조항이 상법 제659조에 규정된 면책
사유보다 보험계약자에게 불이익하게 변경된 규정이라고 볼 수 없
다."고 판시하고 있다.[33]

산재보험과 자동차종합보험(대인배상보험)은 보험의 목적과 보험
사고가 동일하다고 볼 수 없기 때문에 사용자가 위 보험에 모두 가
입하였다고 하여도 동일한 목적과 동일한 사고에 관하여 수 개의
보험계약이 체결된 경우를 말하는 상법 제672조 소정의 중복보험
에 해당한다고 할 수 없다. 자배법 제15조는 다른 법률에 의한 배
상 등과의 조정을 명시하고 있다. 즉 피해자가 국가배상법·산재보
험법 그 밖의 대통령령이 정하는 법률에 의하여 제14조의 규정에
의한 손해에 대하여 배상 또는 보상을 받는 경우에는 정부는 그가
배상 또는 보상받는 금액의 범위 안에서 동 조의 규정에 의한 보상
책임을 면한다. 또한 피해자가 자동차손해배상보장법 제3조의 규정
에 의한 손해배상책임이 있는 자로부터 제14조의 규정에 의한 손
해에 대하여 배상을 받은 때에는 정부는 그가 배상받는 금액의 범
위 안에서 동 조의 규정에 의한 보상책임을 면한다고 되어 있다.

---

33) 대판 1989. 11. 14, 88다카29177.

〈표 4-20〉 자동차손해배상의 종류와 한도

보험의 종류		보험가입	담보성격	담보대상	보상한도	구상권
책임보험 (대인배상 Ⅰ)		강제	배상책임	타인	있음	있음
임 의 보 험	대인배상 Ⅱ	임의	배상책임	타인	없음	있음
	대물배상	임의	배상책임	타인의 재물	있음	있음
	자기신체사고 (자동차상해)	임의	인보험	자신 및 가족	있음	-
	무보험자동차에 의한 상해	임의	배상책임 + 인보험	자신 및 가족	있음	있음
	자기차량손해	임의	재물보험	자기차량	있음	있음

(4) 휴업급여 중복조정의 대상과 구상금의 손실

우리나라에서 현재 실시되고 있는 자동차보험은 두 가지 종류로 나누어 볼 수 있다. 하나는 자동차손해배상책임보험이고, 다른 하나는 자동차종합보험이다. 자동차보험에서 중복조정의 대상이 되는 범위는 대인배상이다. 대상배상은 사망, 부상, 후유장해가 있으며, 교통사고에 대하여 조정대상이 된다. 자동차손해배상책임보험에서 지불되는 손해배상은 부상의 경우에는 치료비, 일실소득으로서 임금상실분, 신체장해로 인한 장해보상, 사망 시의 장례비 등 일정액 한도에서 지급된다. 그러나 산재보험은 대물피해에 대하여 보상을 하지 않으므로 중복급여의 조정대상이 되지 않는다. 자동차보험에서는 피해자에 대한 대물피해를 자동차보험의 종류에 따라 보상을 한다. 대인배상의 경우에는 재해근로자의 월급여를 기준으로 자동차보험에서 지급하게 된다.

그러나 교통사고에 대해 당사자 간에 적절히 합의가 이루어지지 않는다면 피해자는 가해자를 상대로 손해배상이나 산재보험을 청구할 수 있다.[34] 따라서 교통사고로 인한 자동차보험과 산재보험의 보험급여가 중복되는 범위에 대해서는 산재보험에서 먼저 지급을 하고 자동차보험을 상대로 구상권을 행사할 수 있다. 근로자가 휴업급여를 받는 경우 이러한 생계비도 중복조정의 조정의 대상이 될 수 있는지를 검토할 필요가 있다.

자동차보험에서는 치료비, 휴업손해액, 장해급여에 해당하는 상실수익액(노동능력 상실률에 따른 상실수익액), 위자료를 지급하며, 사망 시에는 상실수익액과 장례비를 지급하며, 책임보험은 최소한의 한도에서 보상하는 것이며, 종합보험(대인배상 II)은 무한책임으로 보상을 하게 된다. 따라서 자동차보험과 휴업손해액이 중복급여의 대상이 되므로 조정을 할 필요가 있다. 그러나 산재보험법에 의한 휴업급여와 자동차보험의 중복조정에 대한 규정이 없다.

그 결과 산재보험에도 선지급을 하고 사후에 자동차보험으로 구상권을 행사하는 경우 입법상의 미비로 인하여 구상금을 제대로 회수하지 못하고 있다. 산재보험의 무과실책임원리와 자동차손해배상의 과실책임원리가 서로 다르기 때문에 산재보험의 구상금손실이 발생한다. 중복급여에 대한 구상금손실을 사전에 조정하지 못하는 한 산재보험의 선지급으로 그 손실액이 사업주의 보험료부담으로 후전(後轉)되는 문제점이 있다. 이러한 문제점을 예방하기 위해서는 자동차보험과 조정을 하기 위한 입법적 개선이 필요하다.

---

34) 소송을 제기하기 위해서는 무엇보다도 적절한 주장과 그 사실을 뒷받침할 수 있는 증거를 제대로 제출해야 한다. 따라서 정확한 교통사고의 경위를 기술하고 손해배상의 책임 있는 사람을 상대로 손해에 대한 구체적인 증거에 의하여 그 배상액을 산정하여 주장하여야 한다.

〈표 4-21〉 자동차보험과의 조정에 관한 규정

현행	개정안
〈신설〉	제○○조(휴업급여와 자동차보험) ① 공단은 근로자가 업무상재해로 교통사고를 당한 경우 자동차보험에 따른 휴업급여의 지급범위 내에서 보험급여를 하지 아니할 수 있다. ② 근로자가 업무상재해로 교통사고를 당하여 산재보험법 제52조 내지 제55조에 따른 휴업급여를 우선 청구하여 지급한 경우에는 근로자를 대위하여 동일한 금액에 대하여 자동차보험에 구상금을 청구할 수 있다.

3. 공무원연금법과의 중복조정

(1) 공무원연금법에 의한 연금급여의 종류

공무원연금은 장기소득보장을 목적으로 하는 장기급여와 단기보험사고에 대비하는 단기급여를 규정하고 있다. 장기급여에는 퇴직급여(퇴직연금, 조기퇴직연금, 퇴직연금일시금, 퇴직연금공제일시금, 퇴직일시금), 장해급여(장해연금, 장해보상금), 유족급여(유족연금, 유족연금일시금, 유족연금부가금, 유족연금특별부가금, 유족일시금, 유족보상금) 및 퇴직수당이 해당된다. 단기급여에는 공무상요양비, 공무상요양일시금, 재해부조금, 사망조위금이 있다. 이러한 급여는 급여의 성격별로 볼 때 소득보장급여, 근로보상급여, 재해보상급여 및 부조급여로 구분해 볼 수 있다. 퇴직급여와 유족급여는 공무원이 퇴직 또는 사망함으로써 소득을 상실했을 때, 그 소득을 보장해 주기 위해 지급하는 연금제도의 가장 기본이 되는 급여이다.[35]

---

[35] 퇴직급여와 유족급여는 20년 미만 재직한 자에 대해서 퇴직 또는 사망한 때에 일정액을 일시금으로 지급하고, 20년 이상 재직한 자에 대해서는 연금과 일시금 또는 공제일시금 중에서 본인이 선택하여 지급을 받을 수 있다. 이 경우 연금은 퇴직자 또는 그 유족이 생존하고 있는 동안 매월 보수의 일정한 비율을 지급하게 된다(김중양·최재식, 『공무원연금제도』, 법우사, 2004, 39면).

공무원연금법에 의한 보상기준은 보수월액을 기준으로 산정한다. 보수월액은 공무원의 종류 및 급별에 따라 지급되는 월급여액으로서 봉급과 기말수당의 연지급합계액을 12개월로 평균한 금액과 공무원의 근속연수에 따라 지급하는 정근수당(가산금 중 추가가산금은 제외한다)의 연지급 합계액을 12개월로 평균한 금액을 합한 금액을 말한다. 그리고 연봉을 받는 공무원의 보수월액은 공무원의 종류 및 급별 등을 고려하여 대통령령이 정하는 금액을 말한다(공무원연금법 제3조 제4호).[36)

(2) 공무원연금수급자의 재취업과 휴업급여의 중복조정

가. 공무원연금수급자의 재취업과 휴업급여

공무원으로 20년 이상 근속하고 퇴직하여 공무원연금을 수급하는 자가 민간기업에 취업하여 국민연금에 가입하고 근무를 하던 중 업무상 부상을 당하여 요양 중에 있다면 해당 근로자는 공무원연금의 수급권과는 별도로 업무상재해로 인한 휴업급여 또는 상병보상연금의 수급권이 발생할 수 있다.

만약 재해근로자가 휴업급여를 받은 지 2년 이상이고 상병 상태

---

36) 공무원연금법의 적용은 국가공무원 및 지방공무원과 대통령령이 정하는 국가 또는 지방자치단체의 그 밖의 직원을 포함한다. 다만 군인은 따로 군인연금법이 적용되며, 선거에 의하여 취임하는 공무원은 장기간 근속을 할 수 없으므로 제외된다. 국가 또는 지방자치단체의 그 밖의 직원에 해당하는 자는 ① 청원경찰법에 의하여 국가 또는 지방자치단체에 근무하는 청원경찰, ② '청원산림보호직원배치에 관한 법률'에 의하여 국가 또는 지방자치단체에 근무하는 청원산림보호직원, ③ 국가 또는 지방자치단체의 위원회 등의 상임위원과 전임직원으로서 매월 정책의 보수 또는 이에 준하는 급여를 받는 자, 다만 한시적인 자문위원회와 법령에 의하지 아니하는 위원회 등의 상임위원과 전임위원은 제외된다. ④ 그 밖에 국가 또는 지방자치단체의 정규공무원 외의 직원으로서 수행업무의 계속성과 매월 정액의 보수지급 여부 등을 참작하여 행정안전부장관이 인정하는 자를 말한다.

가 폐질등급 3급 이상에 해당된다면 휴업급여에 갈음하여 상병보
상연금의 수급건도 발생하게 된다. 그러나 이러한 사례는 휴업급여
에 비하여 드문 경우에 해당된다. 문제는 공무원연금수급권자가 민
간기업에 재취업을 하여 재해를 당하고 요양기간 중 휴업급여의
지급요건에 해당하는 경우에 공무원연금과 조정을 할 수 있는가
하는 것이다.

나. 고령자의 휴업급여와 공무원연금의 중복조정

공무원의 경우에는 신분의 특수성으로 인해 산재보험의 적용대
상이 되지 않으므로 법조경합의 사유가 발생하지 않는다. 그러나
공무원에서 퇴직하여 퇴직연금을 받고 있는 기간 중에 재취업을
하여 재해를 당한 경우에는 중복조정의 여지가 있는지 의문이 제
기된다. 퇴직공무원의 경우에는 공무원으로 재직하는 기간 동안 공
무원연금을 적립한 것이며, 그 급여는 노후대상의 보장을 위해 지
급하는 금품으로서 소득보장급여의 성격을 지닌다. 따라서 퇴직근
로자가 재취업을 하여 우연한 사정으로 재해를 당하여 휴업을 하
고 휴업급여를 받는 것과는 법적 성질을 달리한다.

그러나 휴업급여는 요양으로 인하여 경제활동을 할 수 없어 생
계곤란을 받게 될 우려를 고려하여 지급하는 금품이기 때문에 공
무원연금수급자에 대해 휴업급여를 지급한다면 생계보장을 이중적
으로 하게 되는 불합리한 문제가 발생한다. 이와 같이 휴업급여는
재해로 인한 근로자의 생계보장을 하는 데 입법목적이 있다면, 다
른 법률에 의해 생계보장적 급여를 받는 한도 내에서 휴업급여를
지급하지 않는 것이 오히려 바람직하다. 따라서 공무원연금의 수급

자가 재취업을 하여 재해를 당한 경우에는 휴업급여를 지급하지 않도록 입법적 근거를 마련할 필요가 있다.

〈표 4-22〉 공무원연금의 수급자와 휴업급여의 조정

현행	개정안
〈신설〉	제○○조(휴업급여와 공무원연금과의 관계) 공무원연금을 받는 자가 재취업을 하여 업무상재해를 당한 경우 요양기간에도 불구하고 휴업급여를 지급하지 아니한다.

제5장

무소득자 등의 요양 시
휴업급여의 지급문제

Ⅰ. 서 설

  산재보험은 근로기준법에 의한 사업주의 재해보상책임을 사회보험방식에 의하여 책임보험화한 것이다. 산재보험급여의 법적 성격에 대해서는 손해배상설, 근로조건 보호설, 생활보장설 등의 논의가 있으나, 우리나라 대법원은 다음과 같이 판시하고 있다. 산재보험법상의 모든 보험급여는 근로기준법상의 재해보상과 그 성질이 동일하며,[1] 산재보험법에 의한 보험급여는 근로자의 생활보장적 성격 외에 근로기준법에 따른 사용자의 재해보상에 대한 책임보험적 기능도 수행하고,[2] 상법상의 손해보험적 성격을 넘어 사회보장적 성격도 있지만,[3] 사업주의 민사상의 손해배상책임에 대한 책임보험적 성질까지 가지는 것은 아니므로[4] 재해보상금에 대해서는 근로자의 과실 여부를 가려 손익상계를 할 수도 없고, 재해보상금이 민법의 손해배상액을 초과한다 하여 그 초과 부분에 대하여 부당이득 반환청구권이 발생할 여지도 없으며,[5] 재해보상이 위자료의 성질을 갖지도 않는다.[6]

  또한 헌법재판소는 "산재보험법의 기본 이념은 산업재해를 당한 근로자와 그 가족의 생존권을 보장하는 데 있고, 산재보험수급권은 이러한 헌법상의 생존권적 기본권에 근거하여 산재보험법에 의하

---

1) 대판 1981. 10. 13, 80다2928.
2) 대판 1994. 5. 24, 93다38826.
3) 대판 1992. 12. 8, 92다23360.
4) 대판 1989. 11. 14, 88다카28204, 2002. 10. 11, 2002다39944.
5) 대판 1981. 10. 13, 80다2928.
6) 대판 1969. 1. 28, 68다1464.

여 구체화된 것"이라 한다.[7] 근로자의 업무상재해에 대한 보상의 성격은 그 시대의 국가가 추구하는 이념과 보호목적에 따라 다를 수 있다. 우리나라 산재보험법 제80조는 동일한 재해에 대하여 산재보험급여와 민사상의 손해배상과의 조정제도를 두고 있으며, 산재보험급여에 소요되는 보험료는 사업주가 전액을 부담할 뿐만 아니라,[8] 보험수지율에 따라 보험요율을 인상 또는 인하하는 점 등을 고려하면 산재보험급여의 손해전보적 기능을 완전히 부인하기도 어려운 한계가 있다.[9]

Ⅱ. 미취업 요양자에 대한 휴업급여 지급의 정당성 여부

1. 휴업급여의 지급사유인 '요양으로 취업하지 못한 기간'

근로기준법 제79조 제1항은 "사용자는 제78조에 따라 **요양 중에 있는 근로자에게** 그 근로자의 요양 중 평균임금의 100분의 60의 휴업보상을 하여야 한다."고 규정하고 있으나, 산재보험법 제52조는 "휴업급여는 업무상 사유로 부상을 당하거나 질병에 걸린 근로자에게 **요양으로 취업하지 못한 기간**에 대하여 지급하되, 1일당 지급액은 평균임금[10]의 100분의 70에 상당하는 금액으로 한다."고

---

7) 헌재 2005. 11. 24, 2004헌바97.

8) 문원주·조석련, 『산업재해보상보험법』, 법원사, 1992, 178면.

9) 황운희, 『미지급 사회보험급여 연구』, 한국학술정보(주), 2008, 78면.

10) 휴업급여가 순수 상실소득(통상임금 - 세금 등 공제)이 아닌 평균임금을 기준으로 지급

규정하고 있다.[11]

　산재보험법에 따르면 휴업급여는 '요양으로 취업하지 못하는 기간'에 대하여 지급한다. 따라서 요양은 휴업급여의 전제조건이다. '요양'이라 함은 업무상 부상 또는 질병으로 인한 입원요양, 통원요양, 재가요양 등 부상이나 질병의 치유를 목적으로 하는 의료서비스의 주체인 의사나 한의사, 약사 등으로부터 진료 또는 지도를 받는 것을 말한다.[12] 휴업급여는 그 부상이나 질병이 치유[13]될 때까지 계속하여 지급되고 있다.

　여기서 '취업하지 못한'의 의미는 일반적으로 근로를 할 수 없는 상태를 말하며 반드시 재해 이전에 종사하던 근로를 제공할 수 없는 경우만을 말하는 것은 아니다. '취업'은 종속노동으로서 고용관계의 유지뿐만 아니라 자영업도 포함되는 개념으로 생업의 범주로 볼 수 있는 범위까지 포함하는 것이므로,[14] 근로자가 재해 당시의 소속 사업장 및 직종뿐만 아니라 다른 사업장 또는 자영업을 포함하여 소득금액에 관계없이 소득을 목적으로 하는 경제활동에 종사하는 것을 말한다.[15] 그러나 임금의 지급 없이 판공비나 출장비

하여 수급기간의 장기화 요인이 된다는 비판이 있다(노동부 심의관실, 『산재보험제도 개선방안』, 2006, 248면).

11) 그러나 이와 같이 휴업급여의 지급기준을 평균임금을 기준으로 하는 것은 기본급 비중이 낮고 각종 수당 등 부과급여의 비중이 큰 우리나라의 임금구조 아래에서는 휴업급여 지급액이 통상임금보다 높거나 비슷하여 재해자가 요양기간을 연장시키면서 직장복귀를 기피하는 부작용이 있다는 비판이 있다(이완영, "산재보험제도의 문제점 분석", 『경영연구(제8권 제1호)』, 2002, 43면, 김강식, "한국 산재보험제도의 개선방안", 『경영연구(제8권 제1호)』, 2001, 42면).

12) 한국사회보험연구소, 전게서, 288면.

13) '치유'란 부상이나 질병이 완치되거나 더 이상 치료효과를 기대할 수 없게 되고, 그 증상이 고정된 상태에 이르는 것을 말한다.

14) 보상 6602 - 758, 2003. 05. 24.

15) 근로복지공단, 『사이버 직무교육교재 산재보험보상』, 2004, 62면.

만 지급받는 경우에는 취업으로 보지 아니한다.[16] 휴업급여는 재해근로자가 요양으로 인하여 근로제공을 못 하여 사업주로부터 임금을 지급받을 수 없기 때문에 지급되므로, 그 재해근로자의 실제 취업 여부와 노동력의 상실은 휴업급여 지급의 중요한 판단기준이 된다.[17]

재해근로자의 요양기간은 상실된 노동력을 회복시키는 기간으로 근로제공의 기회를 잃게 된다. 업무상재해로 인하여 요양 중인 재해근로자가 요양이 없었다면 취업할 수 있었던 기간은 당연히 '요양으로 취업하지 못한 기간'에 해당될 것이다. 그런데 요양이 없었어도 취업이 불가능한 경우 즉 더 이상의 취업이 기대되지 않는 노령자나 근로자가 감옥 등에 수감되어 신체의 자유를 구속당하는 경우에도 요양이라는 사실의 존재만으로 휴업급여를 지급하여야 할 것인가? 또한 재해근로자가 요양 이전에 사업 또는 사업장에서 근로제공이 없었거나 또는 불가능하여 임금을 지급받지 아니하여 요양기간에 상실된 임금이 없는 경우에도 휴업급여를 지급하여야 할 것인가?

이와 같은 문제는 산재보험급여의 법적 성격을 어떻게 규명하는가에 따라 견해가 달라질 수 있다. 산재보험급여의 생활보장 측면을 강조한다면 요양으로 인한 소득활동의 참여가능성 여부를 떠나서 요양기간 중에는 휴업급여가 지급되어야 한다. 반면에 단기적 노동불능에 대하여 상실된 노동력의 손해전보적 측면을 강조한다

---

16) 아파트 입주자 대표자는 자영업자도 아니며 종속노동의 관계로 이해할 수 있는 고용관계는 더욱 아닌 것으로 아파트 입주자 대표회의 회장이 받는 판공비의 성격은 노무제공의 대가가 아니라 아파트 입주민의 관리 및 아파트 관리 사무소 직원과 기타 유관기관과의 관계유지관리를 위한 소요비용이고 출장비 역시 실비변상적인 것이므로 취업으로 보지 아니한다(보상6602 - 758, 2003. 5. 24).

17) 한국사회보험연구소, 전게서, 289면.

면 휴업급여를 지급하지 않아도 된다는 주장을 할 수도 있다.

2. '요양으로 취업하지 못한 기간'에 대한 논의

(1) '요양으로 취업하지 못한 기간'이란?

가. '요양 중에 있는 근로자'에 대한 보상이라는 견해

휴업급여는 업무상 '요양 중에 있는 근로자'에게 지급해야 한다는 것이 이 견해이다. 근로기준법 제79조 제1항은 "사용자는 제78조에 따라 '요양 중에 있는 근로자'에게 그 근로자의 요양 중 평균임금의 100분의 60의 휴업보상을 하여야 한다."라고 규정하고 있어, 이 규정을 문리적으로 해석하면 '요양 중에 있는 모든 근로자'에게 아무런 제한 없이 휴업급여가 지급되어야 한다고 볼 수 있다.[18]

이 견해에 따르면 휴업급여는 요양기간 중의 취업가능성이나 임금상실 여부와 관계없이 휴업급여를 지급해야 한다. 예컨대 요양기간 중에 교도소에서 복역 중인 경우와 같이 업무상 요양이 아니라도 취업할 수 없는 경우까지도 휴업급여를 지급해야 한다.

---

18) 판례(대판 1981. 10. 13, 80다2928)는 "산업재해보상보험법에 의한 보험급여는 근로기준법에 규정된 재해보상의 사유가 발생할 때에 수급권자의 청구에 의하여 지급하도록 되어 있고 그의 산업재해보상보험법이나 근로기준법에 규정하고 있는 보상 사유는 서로 일치하고 있으며, 또 보상체제 간에도 서로 균형을 유지하고 있어 산재보험상의 모든 보험급여는 근로기준법상의 당해 재해보상에 상당하는 것이라고 할 것이므로 두 법에 의한 유족보상금이나 장사비는 그 성질에 있어서도 마찬가지라고 할 것이다."라고 한다. 그러나 현행 근로기준법과 산재보험법의 두 규정은 다소 차이가 있다. 근로기준법 제79조(휴업보상) 제1항은, "사용자는 제78조에 따라 요양 중에 있는 근로자에게 그 근로자의 요양 중 평균임금의 100분의 60의 휴업보상을 하여야 한다."고 규정하고 있으며, 산재보험법 제52조는 "휴업급여는 업무상 사유로 부상을 당하거나 질병에 걸린 근로자에게 요양으로 취업하지 못한 기간에 대하여 지급하되, 1일당 지급액은 평균임금의 100분의 70에 상당하는 금액으로 한다."고 규정하고 있다.

이 견해는 현행 산재보험법 제56조 제2항의 규정에 의하면 "재요양 당시 평균임금 산정의 대상이 되는 임금이 없어도 최저임금액을 1일당 휴업급여 지급액으로 한다."는 규정의 지급 근거가 될 수 있다.[19]

그러나 업무상 요양 중이라 하여 아무런 제한 없이 근로능력이 없는 노령자에게도 휴업급여를 지급한다는 것은 논리적 모순이며 일반인의 상식에도 벗어나는 과도한 사회보장이라는 비판이 있다.[20] 업무상재해에 대한 사업주의 배상책임원리를 강조한다면 업무상재해 직전이나 또는 요양기간 중에 임금소득 창출능력이 전제된 경우에만 휴업급여가 지급되어야 할 것이다. 따라서 요양 중에 취업이 기대되지 않는 경우까지도 휴업급여를 지급하는 것은 사업주가 보험료의 전액을 납부하는 산재보험에서는 그 논거를 찾기가 쉽지 않다.

나. 요양으로 인한 취업기회 상실에 대한 전보(塡補)라는 견해

휴업급여는 업무상 요양근로자의 임금상실에 대한 보상은 물론이고, 요양 직전에 취업은 하였으나 업무상재해가 없었어도 계속하여 고용관계가 유지되기 어려운 일시적 취업자도 요양으로 인하여 다른 취업의 기회나 취업 이외의 다른 사회활동을 할 수 없으므로 그것에 대한 보상이 휴업급여라는 것이다. 그러나 취업의 기회를 얻기 힘든 노령자나 또는 요양 중에 신체의 자유를 구속당한 경우

---

19) 그러나 이 규정은 재요양 이전에 재해근로자의 임금발생이 없었던 경우에도 최저생활을 보장하자는 사회 정책적 취지로 보아야 할 것이다.

20) 노사정위원회, 『산업재해보상보험제도 개선방안 논의자료』, 2007, 688면, 이정우, 「산재보험제도 휴업급여의 개선방안에 관한 연구」, 『사회보장연구(제23권 1호)』, 2007, 101면.

에는 비록 요양을 받지 않아도 취업의 기회가 없을 것이므로 휴업
급여가 지급될 수 없을 것이다.

휴업급여의 지급취지에 충실하자면 요양기간 중의 임금상실에
대해서만 휴업급여가 지급된다고 보는 것이 타당하다. 그런데 산재
보험급여는 민사상의 손해배상적 성격을 완전히 배척할 수 없는
한계가 있다. 민사상의 일실이익의 손해배상은 특별한 사정이 없는
한 불법행위 발생 당시 피해자의 수입을 기준으로 산정한다. 사람
은 누구나 특별한 사정이 없는 한 성별과 연령에 따라 보통 노임
정도의 수입을 얻는 것으로 본다.[21] 따라서 요양기간 중에 현실적
인 임금상실이 없는 경우에도 재해근로자가 사업주를 상대로 요양
기간 중의 일실이익에 대하여 손해배상을 청구할 수 있다. 이에 따
라 사업주가 손해배상을 하고 난 이후에 공단에 휴업급여 상당액
에 대하여 수급권을 대위 행사하는 경우에 이를 막을 수 있는 방법
이 없는 한계가 있다.

다. 요양으로 인한 소득상실의 전보라는 견해

휴업급여는 단지 근로자가 업무상 요양 중에 있다고 하여 지급
되는 것이 아니며, 또한 비록 요양 중에 있어도 요양 직전에 임금
소득의 발생이 없었거나 또는 요양으로 인한 소득상실이 없었다면
휴업급여는 지급될 수 없다는 것이 이 견해이다. 휴업급여는 요양
으로 인한 소득상실의 보전급여이므로 현실적으로 재해근로자가
요양이 아니었다면 취업하여 임금소득을 창출할 수 있었으나, 요양
으로 인하여 취업하지 못하였기 때문에 소득공백이 발생하여 재해

---

21) 대판 1966. 11. 23, 66다1504.

근로자와 그 가족의 생활이 곤란하므로 그 소득공백을 보전해 주는 것이 휴업급여라는 것이다.[22]

휴업급여는 요양 직전에 임금소득이 있던 자가 요양기간 중에는 정상적인 근로제공이 어렵게 되었지만 치료 이후에는 정상적인 근로가 가능할 것으로 예상되는 자를 대상으로 하여 요양기간 동안 상실된 소득을 보전을 하는 단기성 보험급여라는 것이다.[23]

이에 따르면 업무상 요양이 아니라도 취업할 수 없었던 경우, 즉 노동능력이 없는 노령자나 교도소에서 복역 중인 재해근로자는 당연히 휴업급여청구권이 없다. 학생이나 군인이 휴일을 이용하여 건설현장에서 일시적으로 취업하다가 업무상재해를 당한 경우에도 요양으로 인하여 근로제공을 못 하는 기간에만 휴업급여가 지급되지만, 요양 중이라도 근로제공을 할 수 없는 군복무기간이나 학업기간에는 휴업급여를 지급하지 않아도 된다.

(2) 외국의 입법례

독일의 사회법전 제7권의 산재보험법 제45조는 휴업급여의 전제조건을 "노동불능 또는 요양이 시작되기 직전에 근로소득, 사업소득, 질병보조금, 휴업급여, 질병부가보조금, 전환급여, 생활비, 단기

---

22) 우리나라의 대부분의 산재보험법 관련 문헌은 휴업급여의 취지를 이와 같이 설명하고 있다(김수복, 전게서, 404면, 김우기, 『산업재해보상보험법상해』, 중앙경제사, 1988, 104면, 근로복지공단, 『사이버 직무교육교재 산재보험보상』, 59면, 문원주·조석련, 『산업재해보상보험법』, 법원사, 1992, 397면, 박승두, 『사회보장법』, 중앙경제사, 1997, 460면, 이상국, 『산업재해보상보험법』, (주) 청암미디어, 2001, 441면, 조보현, 『산업재해보상보험법』, 홍익재, 2000, 291면, 한국사회보험연구소, 전게서, 289면, 이완영, 전게논문, 43면, 김강식, 전게논문, 42면, 이정우, 전게논문, 84면).

23) 이정우, 전게논문, 101면.

근로자보조금, 동절기 수당, 실업급여, 실업보조 또는 모성수당에 대한 청구권이 있는 경우"로 규정하고 있다. 휴업급여는 의료적 재활을 보완하는 급여로서 산재사고로 인한 노동불능으로 야기된 근로소득 또는 사업소득의 탈락을 보상하여야 한다. 이로써 피보험자와 그 가족의 생계가 보장된다. 휴업급여는 법적 의료보험의 질병보조금과 같이 구체적인 임금 또는 소득대체기능을 한다.[24] 따라서 휴업급여는 업무상재해로 인하여 치료를 받고 있는 동안 임금대체를 위하여 지급되고 업무상재해 직전에 소득활동에 참가하던 자만이 수혜대상이 된다.[25] 그러나 수감자가 자유형 집행기간 동안 산재사고를 당한 경우에는 자유형 집행기간에 대해 노동불능으로 인하여 그에게 탈루된 정기적인 임금액에 따라 휴업급여를 산정한다.[26]

일본의 노동자재해보상보험법(勞働者災害補償保險法)은, "노동자가 업무상의 부상 또는 질병에 의한 요양을 위하여 노동을 할 수 없기 때문에 임금을 받지 못하는 날의 제4일째부터 휴업급부를 지급하나(제14조 제1항), 노동자가 감옥, 노역장 기타 이에 준하는 시설에 구금되어 있는 경우와 소년원 기타 이에 준하는 시설에 수용되어 있는 경우에는 휴업보상급부를 행하지 아니한다."고 규정하고 있다(제14조의 2). 이에 대한 구체적 기준을 동법 시행규칙 제12조의 4는 다음과 같이 규정하고 있다. "징역, 금고 혹은 구류형의 집행으로 인하여 혹은 사형선고를 받아 감옥에 구치되어 있는 경우, 노역장 유치를 선고받아 노역장에 유치되어 있는 경우 또는 감치

---

24) 근로복지공단, 『독일 산재보험법 해설서』, 2005, 353면.
25) 이현주 외 5인, 『주요국의 산재보험 급여체계 비교연구』, 한국노동연구원, 2003, 54면.
26) 근로복지공단, 『독일 산재보험법 해설서』, 2005, 377 - 378면.

재판(監置裁判)의 집행을 위하여 감치장(監置場)에 유치되어 있는 경우, 소년법 제24조의 규정에 의하여 보호처분으로서 소년원 혹은 아동자립지원시설에 송치되어 수용되어 있는 경우 또는 매춘방지법 제17조의 규정에 의하여 보도처분으로 부인보도원(夫人補導院)에 수용되어 있는 경우에는 비록 업무상 요양 중이라도 휴업급부를 지급하지 아니한다."

이와 같은 규정은 노동자가 감옥 등에 감금 또는 수용되었을 경우에는 업무상의 사유에 의해서 부상·질병에 따른 요양이라는 사정이 없었어도, 이미 신체의 자유를 구속당하여 노동제공이 불가능하여 임금소득을 얻지 못하는 상태에 있었던 것으로 보아야 한다는 입장이다. 이러한 경우에도 휴업보상 급부를 지급하는 것은 '노동자가 업무상의 사유에 의해 부상 또는 질병의 요양으로 인한 노동불능일 경우'에 대해서 급부를 행하는 휴업보상급부 제도의 본래의 취지에 적합하지 않다. 노동자 본인의 범죄행위의 귀결로서 감옥에서의 감금 등은 일종의 자초행위의 결과인 노동불능에 대해서까지 사업주의 비용부담에 의해 급부를 행하는 것은 타당하지 않고, 더욱이 건강보험법, 선원보험법 등에서도 유사한 경우에는 보험급부를 지급하지 않고 있는 점을 고려해서 1986년 개정법에서 이 규정이 도입되었다.[27] 따라서 개정법 시행일 이전부터 계속하여 징역형의 집행으로 인해 감옥에 구치되어 있는 경우 개정법의 시행일 전날의 휴업급부는 지급되지만 시행일 이후부터는 휴업급부가 지급되지 않고 있다.[28]

---

27) 勞働省 勞働基準局 勞災管理課, 『(三訂新版) 勞働者災害補償保險法』, 勞務行政研究所, 1992, 349면.

미국의 워싱턴 州의 경우에는 의사가 작성한 보고서에서 근로자가 사업장으로 복귀할 만한 상태가 아님을 증명하는 한 계속해서 휴업급여를 받을 수 있다. 즉 사업주가 의뢰하여 근로자에 대한 소득능력을 파악하기 위해 검진을 실행한 의사가 사업주가 제안한 직무를 수행할 수 있는 육체적 능력이 근로자에게 있다고 판단하여 근로자가 그 직무에 복귀할 때까지 휴업급여는 계속 지급된다. 또한 의사가 근로자의 부상이 완전히 치유되지 않았다고 판단하는 상황에서 근로자가 일을 그만두거나 근로자가 직장에 복귀하지 않는 것이 좋겠다고 의사가 판단한 상황에서 근로자가 일을 그만둔 경우에도 급여는 계속 지급된다. 하지만 근로자가 자발적으로 퇴직을 하였고 더 이상 노동시장에 머물지 않는다고 판단할 경우 휴업급여는 중단된다.[29]

스위스의 경우 휴업급여의 산정기초가 되는 보험적용소득은 재해발생 이전의 소득과 법적 청구권을 가지는 미지급급여를 합산한 금액이다. 그리고 휴업급여는 개인별로 근로능력의 상실수준에 따라 차등적으로 지급된다. 근로능력을 50% 이상 상실한 경우에는 휴업급여의 전액이 지급되며, 근로능력을 25% 이상 50% 미만으로 상실한 경우에는 휴업급여는 그 절반의 수준으로 지급되며, 근로능력이 25% 미만의 경미한 상실의 경우에는 휴업급여가 지급되지 않는다.[30]

---

28) 1987. 3. 30, 發勞徵 제23호 · 起發 제174호(근로복지공단, 『노재보험법 해석총람』, 2004, 637면).

29) 이현주 외 5인, 전게서, 108면.

30) 한국사회보험연구소, 전게서, 113면.

(3) 판 례

우리나라 판례는 "업무상 부상으로 요양 중에 있는 근로자와 그 가족의 최저생활을 보장하기 위하여 평균임금의 100분의 60에 상당하는 금액을 하루분의 휴업급여로 지급할 것을 규정한 산업재해보상보험법 제9조의 4 소정의 '요양으로 인하여 취업하지 못한 기간'이라 함은, 근로자가 업무상 부상으로 요양을 하느라고 근로를 제공할 수 없었기 때문에 임금을 받지 못한 기간을 의미하는 것이라고 해석되므로, 근로자가 의료기관에서 업무상 부상을 치료받은 기간뿐만 아니라 근로자가 자기 집에서 요양을 하느라고 실제로 취업하지 못하였기 때문에 임금을 받지 못한 기간도 포함된다고 보아야 할 것이다."라고 하였다.[31][32] 따라서 "근로자가 입은 업무상 부상의 정도, 부상의 치유과정 및 치유상태, 요양방법 등에 비추어 근로자가 요양하느라고 취업을 하지 못한 것이 아닌 경우에는 실제로 취업을 하지 못하였다고 하더라도 그 기간에 대하여 휴업급여를 지급할 수는 없다."[33]고 한다.

---

31) 대판 1989. 6. 27, 선고 88누2205.

32) 행정해석에 의하면, 재가요양기간의 휴업급여 지급을 인정하고 있으며(재보 01254-18824, 1991. 12. 28), 업무상재해로 인하여 요양을 받던 자가 요양을 중지하였다면 재가 요양이 필요하다는 의학적 소견이 있는 경우를 제외하고는 요양 중에 있는 자로 볼 수 없고(보상 1458.7-2012. 1984. 1. 24), 당초 부상 부위가 완치되고 취업 가능한 상태에서 장기간(1984. 7. 11~1987. 1. 3.)에 걸쳐 1개월에 2~3일 정도 간염에 대한 통원 치료만 하였다면 휴업급여를 지급할 수 없으나(보상 32540-12423 1987. 8. 4), 업무상재해로 인한 요양기간과 개인질병 치료기간이 중복된 경우에는 휴업급여를 지급해야 한다(1991. 1. 17, 재보 01254-642). 그러나 휴업급여는 취업할 수 있음에도 불구하고 요양으로 인하여 취업할 수 없는 자에게 보상적인 차원에서 지급하는 금품으로 보아야 하기 때문에, 74세의 고령인 자가 재요양 사유에 해당되어 요양급여를 지급받는다 할지라도 취업할 수 있다고 보기 어렵기 때문에 당연히 휴업급여를 지급해야 하는 것이라고 볼 수는 없는 것으로(노동부, 산재68607-307, 1996. 9. 17.) 보았다.

33) 대판 2002. 7. 12, 2002두3997, 부산고판 2001. 8. 24, 2000누4057, 서울행판 2006. 6.

그리고 재해근로자가 교도소에 수감되었던 기간에 대한 휴업급여청구 사건에서, "'요양으로 취업하지 못한 기간'이라 함은 근로자가 업무상 부상 또는 질병으로 요양을 하느라고 근로를 제공할 수 없었기 때문에 임금을 받지 못한 기간을 의미하는 것으로, 근로자가 자신의 범죄행위로 인하여 교도소 등에 수감된 경우에는 가사 요양이라는 사정이 있었더라도 휴업급여 본래의 취지에 부합되지 않으므로 교도소에 수감되어 취업하지 못한 기간은 실제로 요양을 받았다거나 요양을 요하는 상태였는지 여부와 관계없이 요양으로 인하여 취업하지 못한 기간에 해당하지 아니한다고 봄이 타당하다."고 하며, "근로자 자신의 범죄행위로 인하여 교도소에 수감된 경우에는 가사 요양이라는 사정이 없었다고 하더라도 애당초 신체의 자유가 제한된 결과 취업을 할 수 없는 상태에 있었을 뿐만 아니라 또한 범죄행위로 인하여 취업하지 못한 기간에 대하여 휴업급여를 지급한다는 것은 사업주의 비용부담으로 요양 중에 있는 근로자의 최저생활을 보장하려는 휴업급여 본래의 취지에 부합되지 않는다."[34]고 한다.

또한 "치료를 받으면서 취업하는 것이 가능함에도 이 요양기간에 대한 휴업급여를 청구함은, 원고가 요양 때문에 취업을 할 수 없을 정도의 상태에 있었다고 보기 어렵고, 가령 원고가 그 주장처럼 그 기간 동안 현실적으로 취업을 하지 못하였다 하더라도, 원고가 요양으로 인하여 그와 같이 취업하지 못한 것이라고 인정하기에 부족하다."며 휴업급여 부지급 결정이 정당하다는 판결을 하였다.[35][36]

23, 2005구단10722..

34) 대전지판 2006. 3. 14, 2005구단321.

(4) 검토 의견

산재보험의 휴업급여는 단기적 노동불능에 대한 대체급여로서 요양기간 중의 재해근로자 및 그 가족의 생활을 보장하기 위한 것이다. 이러한 휴업급여의 지급사유가 되는 '요양으로 인하여 취업하지 못한 기간'이란 원칙적으로 근로능력 있는 자가 요양으로 인하여 취업하지 못하여 임금소득이 상실된 기간으로 보아야 할 것이다. 휴업급여의 지급취지는 근로자가 업무상재해로 인하여 요양을 받지 않았더라면 취업하여 임금소득을 창출하였을 것이라는 전제하에 지급하는 보험급여이기 때문이다.[37] 그리고 산재보험급여의 민사상의 손해배상적 성격을 완전히 배척할 수 없는 한계를 감안한다면 비록 요양기간 중에 단기간의 근로계약이 종료되어 실질적인 임금상실은 없었으나, 새로운 취업의 기회가 제한되거나 또는 취업 이외의 다른 사회활동에 제한을 받는 경우에도 휴업급여는 지급되어야 할 것이다.

그러나 근로기준법은 1953년 제정법 이래 현재까지 휴업보상을 "'요양 중에 있는 근로자'에 대해서는 사용자는 근로자의 요양 중 평균임금의 100분의 60의 휴업보상을 행하여야 한다."고 규정하고 있다. 반면에 산재보험법은 1963년 11월 5일 동법 제정 당시에는 휴업급여는 "'요양으로 인한 휴업기간' 중 1일에 대하여 평균임금의 100분의 60에 상당하는 금액으로 한다."고 하였으나, 1970년 12

---

35) 부산고판 2001. 8. 24, 2000누4057.

36) 행정해석도 같은 견해이다(보상 1455 – 13763. 1976. 8. 5, 보상6604 – 1991, 보상 6602 – 386, 1998. 5. 16).

37) 근로복지공단, 『산재보험법령 직무교육교재』, 2008, 322면.

월 31일 동법 개정 때에는 "휴업급여는 '요양으로 인하여 취업하지 못한 기간' 중 1일에 대하여 평균임금의 100분의 60에 상당하는 금액으로 한다."고 하였다가 1989년 4월 1일 지급수준을 평균임금의 100분의 70에 상당하는 금액으로 상향조정 한 후 오늘에 이르고 있다. 그러므로 미취업 요양자에게 산재보험법의 휴업급여를 지급하지 않는 경우에도 재해근로자는 근로기준법상의 재해보상을 청구하는 것이 금지되지 않는다. 따라서 미취업 요양자에게 휴업급여의 지급을 제한하려면 근로기준법의 휴업급여 규정도 산재보험법의 휴업급여 규정과 같이 그 지급사유를 '요양으로 인하여 취업하지 못한 기간'으로 개정하여야 할 것이다.

3. 미취업 요양자에 대한 휴업급여 지급의 정당성 여부

휴업급여는 요양으로 인하여 취업하지 못한 기간에 대한 소득보장급여이다. 그러므로 소득창출의 기회가 없었음에도 불구하고 요양기간이라 하여 소득보전을 해 준다는 것은 상실소득이 없음에도 상실소득을 보전해 주는 모순에 빠지게 된다. 휴업급여는 원칙적으로 요양이 아니었다면 취업할 수 있었던 자가 요양으로 인하여 취업을 못 하여 소득창출의 기회를 잃은 것에 대한 보험급여로 보아야 할 것이다. 따라서 요양 사실의 존재만으로 휴업급여를 지급할 수는 없을 것이다. 그러므로 요양이 아니었어도 취업이 어렵거나 또는 취업할 수 없었던 미취업자의 요양기간에 대하여 휴업급여를 지급할 정당성을 찾기는 어려울 것이다.[38]

Ⅲ. 재해 직전 무소득자(미취업자)의 휴업급여 지급문제

1. 퇴직 후 진폐증에 걸린 최초 요양근로자의 휴업급여

(1) 현행법의 규정

업무상 요양기간에 대한 근로자의 휴업급여는 그 근로자의 평균임금을 기준으로 하여 산정한다. 그러나 모든 재해근로자에게 그 근로자의 평균임금으로 휴업급여를 산정하면 재해근로자의 보호에 미흡한 경우가 있을 수 있다. 그중 하나가 직업병에 걸린 근로자의 평균임금일 것이다. 직업병은 보통의 사고성 재해와는 달리 재해근로자가 상당기간 유해한 환경에 노출된 이후에 정상적인 노동력이 발휘될 수 없을 때에도 걸릴 수 있기 때문이다. 산재보험법은 이와 같은 직업병에 걸린 근로자를 보호하기 위하여 평균임금의 산정에 있어 특례를 규정하고 있다.

산재보험법 제35조 제5항은 "보험급여를 산정할 때 진폐 등 대통령령으로 정하는 직업병으로 보험급여를 받게 되는 근로자에게 그 평균임금을 적용하는 것이 근로자의 보호에 적당하지 아니하다고 인정되면 대통령령으로 정하는 산정방법에 따라 산정한 금액을 그 근로자의 평균임금으로 한다."고 규정하고 있으며, 이에 따른 동법 시행령 제25조는 유해·위험요인에 일시적으로 다량 노출되

---

38) 다만 현행법의 재요양근로자에게 휴업급여를 지급할 때, "재요양 직전에 임금이 없으면 최저임금액을 1일당 휴업급여 지급액으로 한다."(동법 제56조 제2항)는 규정은 산재보험급여의 사회보장적 성격을 완전히 배제하기 어려운 측면에 대한 배려로 보인다.

어 급성으로 발병한 질병을 제외한 진폐 등의 직업병에 걸린 사람에 대한 평균임금의 산정에 있어 특례를 규정하고 있다.[39]

직업병에 걸린 근로자의 평균임금은 직업병이 확인된 날[40]이 속하는 분기의 전전 분기 말일 이전 1년간 그 근로자와 임금수준이 비슷한 근로자의 월평균임금총액[41]을 합산한 금액을 그 기간의 총일수로 나눈 금액으로 한다(동법 시행령 25조 제2항).[42]

또한 휴업급여를 받는 재해근로자가 61세가 되면 그 이후의 휴업급여는 매년 4%P씩 감액하여 65세 이후에는 1일당 휴업급여 지급액의 20%P를 감액하여 지급하는 고령자에 대한 휴업급여제도가 있다. 그러나 61세 전에 업무상 질병으로 장해급여를 받은 자가 61세 이후에 그 업무상 질병으로 최초로 요양하는 경우[43]에는 업무

---

39) 그러나 유해·위험요인에 일시적으로 다량 노출되어 급성으로 발병한 질병은 평균임금의 산정에 있어 장기간의 유해하고 위험한 요인에 노출되거나 폭로된 것이 아닌 것으로 보아 평균임금의 산정 특례에서 제외시키고 있다(동법 시행령 제25조 제1항 후단).

40) 여기서 '직업병이 확인된 날'은 그 직업병이 보험급여의 지급 대상이 된다고 확인될 당시에 발급된 진단서나 소견서의 발급일로 하며, 다만 그 직업병의 검사·치료의 경과 등이 진단서나 소견서의 발급과 시간적·의학적 연속성이 있는 경우에는 그 요양을 시작한 날로 한다. 동법 시행령 <별표 3> 제5호에 따른 소음성 난청의 경우에는 소음에 노출되는 업무를 하지 않게 된 날로 한다(동법 시행령 제25조 제3항).

41) 임금수준이 비슷한 근로자의 월평균임금총액은 '통계법' 제3조에 따른 지정통계로서 노동부장관이 작성하는 사업체임금근로시간조사에 따른 근로자의 월평균임금총액에 관한 조사내용 중 직업병에 걸린 근로자와 성별·직종 및 소속한 사업의 업종·규모가 비슷한 근로자의 월평균임금총액으로 한다. 이 경우 성별·직종 및 소속한 사업의 업종·규모가 비슷한 근로자의 판단 기준은 공단이 정한다(동법 시행령 제25조 제4항). 이때 그 근로자가 소속된 사업이 휴업 또는 폐업한 후 직업병이 확인된 경우(휴업 또는 폐업 전에 그 근로자가 퇴직한 경우를 포함한다)에는 그 사업이 휴업 또는 폐업한 날을 기준으로 제2항에 따라 산정한 금액을 직업병이 확인된 날까지 동법 시행령 <별표 2> 제1호에 따라 증감하여 산정한 금액을 그 근로자의 평균임금으로 본다(동법 시행령 제25조 제5항).

42) 만일 평균임금의 산정에 있어 근로기준법 제2조 제6호의 규정에 의한 평균임금이 위 특례 규정에 의한 평균임금보다 높다면 평균임금산정의 특례 적용의 신청을 하지 않고 근로기준법의 규정에 따른 평균임금으로 보험급여를 지급받을 수도 있다고 보아야 할 것이다.

43) "61세 전에 업무상 질병으로 장해급여를 받은 자가 61세 이후에 그 업무상 질병으로

상재해로 요양을 시작한 날로부터 2년간은 이와 같은 고령근로자의 휴업급여에 대한 규정을 적용하지 아니한다(동법 제55조).

<표 5-1> 직업병 근로자의 평균임금 산정에 있어서의 특례

내용＼구분	일반근로자	직업병 근로자
평균임금 대상 임금	자신의 임금	자신과 임금수준이 비슷한 근로자
평균임금 정사유발생일	재해발생일	직업병이 확인된 날이 속하는 분기의 전전 분기 말일
평균임금산정기간	재해발생일 이전 3개월	직업병이 확인된 날이 속하는 분기의 전전 분기 말일이 이전 1년
장해급여를 받은 자의 합병증 요양 시 고령자 휴업급여 감액	규정 없음	61세 전에 업무상 질병으로 장해급여를 받은 자가 61세 이후에 그 업무상 질병으로 최초로 요양하는 경우[44]에는 고령근로자의 휴업급여에 대한 감액을 안 한다.

(2) 일본의 경우

각 나라마다 산업의 특수성이 있어 직업병의 발병형태도 동일하지 않아 우리나라와 직접 비교할 수 있는 나라는 많지 않다. 일본의 경우에는 진폐 환자의 급부기초일액은 일반근로자와 같아 의사의 진단에 의해 진폐에 걸림이 확정된 날의 직전 3개월간의 임금총액을 그 기간의 총 일수로 나누어 산출된 평균임금에 해당하는 액수와 진폐에 걸려서 분진작업 이외의 작업으로 전환한 날의 직전 3개월간의 임금을 근거로 계산한 평균임금에 해당하는 액수와

최초로 요양하는 경우"란, 진폐증의 경우 61세 전에 장해급여를 받고 이후에 다시 정밀진단을 받은 결과 합병증 등으로 요양하는 경우를 말한다(근로복지공단, 『산재보험법령 직무교육교재』, 2008, 324-325면).

44) "61세 전에 업무상 질병으로 장해급여를 받은 자가 61세 이후에 그 업무상 질병으로 최초로 요양하는 경우"란, 진폐증의 경우 61세 전에 장해급여를 받고 이후에 다시 정밀진단을 받은 결과 합병증 등으로 요양하는 경우를 말한다(근로복지공단, 『산재보험법령 직무교육교재』, 2008, 324-325면).

비교하여 높은 쪽으로 정한다(노동자재해보상보험법 시행규칙 제9
조 제1항 제2호).[45] 진폐 환자에 대해서는 증상이 악화되지 않도록
하기 위하여 통상적으로 분진작업 이외의 작업으로 직업전환이 이
루어지지만, 작업전환 후에 요양이 필요하게 된 경우에는 그때의
임금이 작업전환 전의 임금과 비교하여 낮아지는 경우가 있으므로
이를 구제하기 위한 것이다.[46]

(3) 진폐 근로자의 휴업급여 지급현황

<표 2-12>에 의하면 2003년도의 진폐재해자 수는 3,225명
(2.7%)이었으나 2008년도에는 2,742명(2.3%)으로 줄어들었다. 그러
나 휴업급여 지급액은 2003년도에 23,734백만 원으로 총 휴업급여
지급액 819,681백만 원의 2.9%에 불과하던 것이 점차 증가하여
2008년에는 37,289백만 원에 이르러 총 휴업급여 지급액 792,490
백만 원의 4.7%에 이르고 있다.

(4) 직업병 재해자의 최초 요양 시 휴업급여 지급의 문제점

휴업급여는 요양기간 중의 상실임금에 대한 보전급여이므로 요
양 당시의 임금을 기준으로 보전됨이 타당하다. 그러나 현행 산재
보험법은 직업병에 걸린 재해근로자는 평균임금 산정특례제도로

---

45) 이와 같은 경우 외의 평균임금에 상당하는 금액을 급부기초일액으로 하는 것이 적당치
   아니하다고 인정되는 경우에는 후생노동성 노동기준국장이 정하는 기준에 따라 산정
   하는 금액으로 한다(노동자재해보상보험법 시행규칙 제9조 제1항 제3호).

46) 厚生勞働省 勞働基準局 勞災補償部 勞災管理課, 「勞災保險制度の詳解」, 株式會社
   勞務行政, 2004, 179면.

인하여 최초 요양 당시에 자신의 임금이 아니라 자신과 임금수준
이 비슷한 근로자의 임금을 대상으로 한다. 평균임금 산정일도 직
업병의 진단일이 아니라 직업병이 확인된 날이 속하는 분기의 전
전 분기 말일이다. 또한 평균임금 산정대상기간도 직업병이 확인된
날이 속하는 분기의 전전 분기 말일 이전 1년이며, 61세 전에 업무
상 질병으로 장해급여를 받은 자가 61세 이후에 그 업무상 질병으
로 최초로 요양하는 경우에도 고령근로자의 휴업급여에 대한 감액
규정도 적용하지 아니한다. 이로 말미암아 <표 2 - 12>에서와 같
이 진폐재해자의 수는 줄어드나 휴업급여 지급액은 증가하고 있다.

(5) 개선방안의 검토

진폐재해자의 경우 다른 상병과 동일한 보험급여와 보상기준을
적용함에 따라 합병증의 요양이 장기화되고, 요양환자와 비요양 진
폐재해자 간에 보상수준의 현격한 격차 등의 문제가 있어 보상제
도를 개편할 필요성이 제기된다. 이에 따라 현재 동법 개정안이 입
법예고(노동부 공고 제2009 - 96호, 2009. 4. 13.) 되었으며, 동법
개정안 제91조의 5에 의하면, 진폐재해자에 대해서는 진폐보상연금
으로 일원화하고, 유족에 대해서도 진폐유족연금을 지급하도록 하
여, 요양과 소득보상을 분리하고, 소득보상을 연금으로 지급함에
따라 진폐 요양관리의 합리화 및 진폐재해자의 생활 안정에 기여
할 것으로 기대된다.

2. 퇴직 후 직업병에 걸린 최초 요양근로자의 휴업급여

(1) 현행법의 관련 규정 및 문제점

퇴직이라 함은 근로자 자신의 의사에 따른 의원사직은 물론, 정
년퇴직, 근로계약기간의 종료, 사용자의 의사표시에 의한 해고, 사
업의 폐지 등 근로계약관계가 종료되는 모든 경우를 말한다. 그러
나 여기서의 '퇴직 후에 직업병에 걸린 근로자'란 아직 노동시장에
서 취업할 수 있는 연령으로 더 좋은 직장을 구하기 위한 이직을
말하는 것이 아니라, 근로자가 직업병이 유발된 사업장을 퇴직하거
나 또는 그 사업장이 휴업하거나 폐업한 이후에 근로자가 직업병
에 걸린 경우를 말한다. 이와 같은 근로자는 직업병 발병 당시에
더 이상의 취업의 기회를 얻기 어려워 새로운 노동시장으로의 진
입이 쉽지 않은 경우가 많을 것이다.[47]

현행법은 퇴직 후 직업병에 걸린 최초 요양자의 휴업급여는 요
양 당시의 상실된 임금소득을 기준으로 휴업급여가 산정되는 것이
아니라, 직업병에 걸린 근로자가 퇴직(휴업이나 폐업을 포함한다)한
날을 기준으로 평균임금산정 특례를 적용하여 산정한 금액에다 '직
업병이 확인된 날'까지 전체 근로자의 임금 평균액의 증감률에 따
라 증감하여 산정한 금액을 그 근로자의 평균임금으로 결정하여
휴업급여가 지급된다. 그러나 더 좋은 직장을 구하기 위한 퇴직이

---

47) 동법 제88조 제1항은 "근로자의 보험급여를 받을 권리는 퇴직하여도 소멸되지 아니한
   다."고 규정하고 있다. 그러므로 퇴직으로 인하여 휴업급여청구권이 소멸되거나 그 내용
   이 축소되거나 변경되지 아니한다. 또한 퇴직 후에 발생된 업무상재해의 경우에도 수급
   권자는 보험급여청구권을 행사함에 있어 아무런 제한이 없다(김수복, 전게서, 547면).

아닌 정년퇴직과 같이 더 이상 노동시장으로의 유입이 쉽지 않은 경우에는 요양으로 인한 임금소득의 상실이 적거나 없음에도 불구하고 이와 같이 계속하여 높은 평균임금을 기준으로 하여 휴업급여를 지급하는 것은 상실된 임금소득의 보전의 범위를 훨씬 벗어나는 지나친 보호이다.[48] 재요양의 경우에는 재요양 당시의 임금소득을 기준으로 휴업급여를 산정하며, 그것이 휴업급여의 지급취지에 어긋나지 않는다면, 당연히 최초 요양의 경우에도 최초 요양 당시의 임금소득을 기준으로 휴업급여가 산정되어야 할 것이다.[49]

(2) 개선방안의 검토

다른 보험급여의 종류와는 그 지급취지를 달리하는 휴업급여는 취업을 할 수 있던 근로자가 업무상재해로 인한 요양 때문에 취업할 수 없기 때문에 그 상실된 소득을 보전하는 단기적 노동불능에 대한 보험급여이다. 그런데 요양 직전에 경제적인 소득활동에 참여하지 아니하였을 뿐만 아니라 그러한 능력도 이미 쇠퇴한 재해자의 요양기간에 대하여 계속하여 높은 수준의 휴업급여를 지급하는

---

48) 김강식, 전게서, 42면.

49) 판례(대판 2008. 12. 24, 2007두10945)에 의하면 퇴직한 근로자의 재요양 시 평균임금 산정은, "퇴직한 근로자에게 진단에 의하여 재요양의 대상이 되는 상병이 발생되었다고 확정된 날을 평균임금 산정사유 발생일로 하여(구 근로기준법 시행령 제48조 참조) 평균임금을 산정하고 이에 따라 산업재해보상보험법상 보험급여를 지급하는 경우, 그 근로자의 퇴직일 이후 평균임금 산정사유 발생일, 즉 진단 확정일까지의 기간 역시 평균임금 산정기간에서 제외하여야 한다. 그리고 만일 평균임금 산정기간에서 제외되는 기간이 3개월 이상인 경우에는 그 제외되는 기간의 최초일을 평균임금 산정사유 발생일로 보아 평균임금을 산정하고(구 근로기준법 시행령 제4조, 노동부 고시 평균임금 산정특례 고시 제1조 제1항 참조), 그와 같이 산정된 금액에서 구 산업재해보상보험법 제38조 제3항, 같은 법 시행령 제25조 제1항의 규정에 따라 동일 직종 근로자의 임금변동률로 평균임금 증감을 거친 금액을 그 근로자의 보험급여 산정기준이 되는 평균임금으로 하여야 할 것(대판 2007. 4. 26, 2005두2810 등 참조)"이라 한다.

것은 타당하지 않다.

만일 이러한 퇴직근로자에게 높은 수준의 휴업급여를 지급한다면 요양으로 인하여 상실된 소득이 없거나 적음에도 불구하고 산재보험급여로서 상실소득보다 높은 소득보전을 하는 모순에 빠지게 된다. 이는 사업주가 전액 보험료를 납부하는 산재보험의 재정구조로서는 재해근로자에 대한 사회보장적 보호만을 주장하기 어려운 한계가 있다.

따라서 원칙적으로 노동시장으로의 재진입이 곤란한 연령의 근로자가 퇴직한 이후에 직업병이 발병되어 최초 요양을 받고 있는 경우에는 특별히 요양으로 인하여 상실될 소득이 없으므로 요양기간에 대하여 높은 수준의 휴업급여를 지급하기는 어려울 것이다.[50] 다만 산재보험급여의 법적 성격에 사회보장적 측면을 완전히 배제하기 어려운 점을 감안하여 사회보장 수준의 휴업급여 지급은 가능할 것이며, 그 수준으로는 저소득근로자에게 적용되는 휴업급여 수준인 최저임금을 지급하는 기준이 타당할 것이다.[51]

---

50) 재해근로자가 고령자에 해당하는 경우에는 본고 제4장을 참고하기 바란다.

51) 일본의 경우에는 노동기준법 제12조의 평균임금에 상당하는 금액을 급부기초일액으로 하는 것이 적당하지 아니하다고 인정되는 때에는 후생노동성령에서 정하는 바에 의하여 정부가 산정한 금액을 급부기초일액으로 한다(노동자재해보상보험법 제8조 제2항).

Ⅳ. 일시적 취업자의 휴업급여 지급의 문제

1. 일시적 취업자의 개념

업무상재해는 취업기간과 취업형태에 구분 없이 발생된다. 상용근로자가 아닌 일시적으로 사업 또는 사업장에서 취업활동을 하는 일시적 취업자도 업무상재해를 당하여 요양하는 경우가 있다. 이러한 일시적 취업자란 용어는 법률상의 개념이 아니다. 2008년에 종사상지위에 관한 통계의 효율적인 생산·보급·이용을 위해 국제고용상 지위분류(ICSE - 93)[52] 체계를 참고하여 통계청에서 작성한 '종사상 지위분류(Classification of Status in Employment)'에 의하면, 임금근로자는 개인, 가구 또는 사업체와 명시적(explicit) 또는 암묵적(implicit)으로 고용계약을 체결하여 일하고 그 대가로 급여, 봉급, 일당, 현물 등을 받는 근로자로서, 상용근로자와 임시 및 일용근로자로 구분하고 있다.

상용근로자는 고용계약기간이 1년 이상인 임금근로자를 말하고, 임시근로자는 고용계약기간이 1개월 이상 1년 미만인 임금근로자를 말한다. 일용근로자란 고용계약기간이 1개월 미만인 임금근로자와 매일매일 고용되어 근로의 대가로 일당제 급여를 받고 일하는 사람을 말한다.[53] 이와 비슷한 용어로 '한시적 근로자'가 있으나,

---

52) ICSE: International Classification of Status in Employment(ILO에서 작성)

53) 여기서 일용근로자들로서 '예시'된 경우를 보면, '1개월 미만 기간 동안 일할 것으로 구두 또는 문서로 계약을 체결하고 임금을 받고 일하는 사람', '건설현장의 일당잡부, 부두 등의 일당제 하역부, 인테리어 공사현장의 일당잡부, 조경공사 현장의 일당잡부,

'한시적 근로자'는 근로계약기간을 정한 근로자 또는 정하지 않았으나 비자발적 사유로 계속근무를 기대할 수 없는 근로자를 가리킨다.[54] 여기에는 기간제 근로자와 비기간제 근로자로서 근로계약기간을 정하지 않았으나 계약이 반복 갱신되어 또는 비자발적 사유로 계속근무를 기대할 수 없는 근로자가 포함된다.[55]

이하에서의 '일시적 취업자'는 계속하여 사업 또는 사업장에서 근로할 여건이 되지 못하여 일시적으로 취업하여 임금을 목적으로 근로를 제공하는 자를 지칭하기로 한다. 이와 같은 유형의 일시적 취업자는 학생이 휴일이나 방학을 이용하여 일시적으로 취업하거나 또는 공익근무요원이 휴일에 일시적으로 취업하는 경우, 군인이 휴가 중에 일시적으로 취업하는 경우 등이 있다. 이와 같은 자들은 계속하여 근로기준법 등에서 근로자의 지위를 가질 수 없는 자들로서, 일시적으로 사업 또는 사업장에서 임금을 목적으로 근로를 제공하는 경우로서 이들은 산재보험법에 의하면 평균임금을 산정함에 있어 일용근로자로 보고 있다.

사무실 이전 또는 이삿짐 운반을 위한 일당제 근로자', '일당제로 급여를 받기로 약속하고 홍보 또는 이벤트 행사장에서 일하는 행사도우미' 등이다(통계청 홈페이지 (http://www.nso.go.kr), 통계표준분류/종사상의 지위분류).

54) 통계청, 『경제활동인구 부가조사(근로형태별, 비임금근로) 결과」, (2007년 8월 실시)』, 25면.

55) 통계청, 전게서, 3면, 주 1)을 참조.

2. 일시적 취업자의 휴업급여 지급기준

(1) 최초 요양 시의 평균임금 산정

일시적 취업자는 일용근로자 형태로 취업하는 경우가 일반적이다. 산재보험법 제36조 제5항 및 동법 시행령 제23조 내지 제24조의 규정에 의하면 근로형태가 특이한 근로자의 평균임금은 통상근로계수를 적용하여 산정하여 보험급여를 지급하고 있다. 동법 시행령 제23조는 "근로형태가 특이하여 평균임금을 적용하는 것이 적당하지 아니하다고 인정되는 경우"를 일용근로자로 보고 있으며, 일용근로자란 1일 단위로 고용되거나 근로일에 따라 일당(미리 정하여진 1일 동안의 근로시간에 대하여 근로하는 대가로 지급되는 임금을 말한다) 형식의 임금을 지급받는 근로자를 말한다.[56]

이러한 일용근로자의 평균임금은 일용근로자의 일당[57]에 일용근로자의 1개월간 실제 근로일수 등을 고려하여 노동부장관이 고시

---

56) 다만 일용근로자가 다음 각 호의 어느 하나에 해당하는 경우에는 일용근로자로 보지 아니한다.
  1. 근로관계가 3개월 이상 계속되는 경우
  2. 그 근로자 및 같은 사업에서 같은 직종에 종사하는 다른 일용근로자의 근로조건, 근로계약의 형식, 구체적인 고용 실태 등을 종합적으로 고려할 때 근로 형태가 상용근로자와 비슷하다고 인정되는 경우

57) 공단의 보상업무처리규정 제7조는 근로형태가 특이한 근로자의 일당의 확인방법을 다음과 같이 정하고 있다.
  1. 근로계약이 서면으로 작성되어 있는 때에는 그 근로계약서의 내용
  2. 근로계약이 서면으로 작성되어 있지 아니한 때에는 당사자 간의 근로계약의 내용
  3. 해당 일용근로자와 같은 사업장에서 같은 업무에 종사하는 다른 일용근로자의 일당 등으로 하며, 이와 같은 방법에도 불구하고 해당 일용근로자의 일당을 확인할 수 없는 경우에는 해당 사업장의 소재 지역에서 그 사업과 업종·규모가 비슷하고 그 일용근로자와 성별이 같고, 직종·경력·기술·기능이 비슷한 일용근로자의 임금수준을 고려하여 일당을 결정할 수 있다.

하는 '통상근로계수 0.73'을 곱하여 산정한 금액이 휴업급여를 비롯한 보험급여의 지급기준이 된다. 그러나 평균임금 산정사유 발생일 당시 해당 사업에서 1개월 이상 근로한 일용근로자는 제1항에 따른 산정방법에 따라 산정한 금액을 평균임금으로 하는 것이 실제의 임금 또는 근로일수에 비추어 적절하지 아니한 경우에는 실제의 임금 또는 근로일수를 증명하는 서류를 첨부하여 공단에 통상근로계수의 적용 제외를 신청할 수 있다.

(2) 재요양 시의 평균임금 산정

산재보험법 제56조의 규정에 의하면, 재요양을 받는 자는 재요양 당시의 임금을 기준[58]으로 산정한 평균임금의 100분의 70에 상당하는 금액을 1일당 휴업급여 지급액으로 하며, 이에 따라 산정한 1일당 휴업급여 지급액이 최저임금액보다 적거나 재요양 당시 평균임금 산정의 대상이 되는 임금이 없으면 최저임금액을 1일당 휴업급여 지급액으로 한다.[59] 이와 같은 규정의 취지는 휴업급여가 요양이라는 단기적 노동력 상실에 대한 보험급여이므로 재요양 직전 또는 재요양 당시의 소득을 기준으로 재요양기간의 노동력 상실에 대하여 보상하려는 것으로 이해된다.

---

58) 판례(대판 2008. 12. 24, 2007두10945)도 "재요양은 일단 요양이 종결된 후에 당해 상병이 재발하거나 또는 당해 상병에 기인한 합병증에 대하여 실시하는 요양이라는 점 외에는 최초의 요양과 그 성질이 다를 바 없으므로, 재요양 중에 지급되는 휴업급여 등 각종 보험급여의 기초인 평균임금 산정의 기준시점은 '진단에 의하여 재요양의 대상이 되는 상병이 발생되었다고 확정된 날'이라고 할 것이다(대판 1998. 10. 23, 97누19755 판결 등 참조)."라고 한다.

59) 재요양 시 휴업급여 지급은 저소득근로자의 휴업급여 규정(동법 제54조)을 적용하지 아니한다.

이와 관련하여 재해근로자가 재요양 직전에 일시적으로 취업하
는 경우 휴업급여의 지급기준인 평균임금의 산정방법이 문제된다.
재요양 직전 재해발생 사업장 또는 다른 사업장에 상용 근로자로
근무하다가 재요양하는 경우에는 재요양 직전에 재직 중인 사업장
을 기준으로 평균임금을 산정하여 재요양 시 휴업급여를 지급하는
것에 대해서는 논란이 있을 수 없을 것이다. 그러나 재요양 직전에
일시적 취업, 즉 일용근무자로 근무하다가 재요양한 경우에는 평균
임금 산정과 관련해서는 현재 다음과 같이 견해가 나누어진다.[60]

첫째, 최저임금을 적용하자는 견해가 있다. 재요양 이전에 상용
직으로 일하였다면 당연히 재요양 직전의 임금을 기준으로 재요양
시의 평균임금을 산정하여야 하나, 일용근로자로 근무하였으므로
최저임금을 기준으로 재요양 시 휴업급여로 지급하여야 한다는 것
이다. 그 이유는 재요양 시 평균임금을 산정할 때 통상근로계수,
즉 평균임금산정 특례는 법령에서 준용함을 명시하지 않았으므로
적용할 수 없다는 것이다.[61]

둘째, 재요양 이전에 일용근로자로 근로한 경우에도 평균임금 산
정은 일급에 통상근로계수를 곱해서 산정하자는 것이다. 재요양 시
평균임금 산정이라 하여 통상근로계수를 적용시키지 말라는 규정
도 없으며, 만일 재해근로자가 동일한 사안에서 재요양이 아니라
최초 상병과 다른 상병으로 최초 요양하였다면 당연히 통상근로계

---

60) 이하는 재요양 이전 일한 기간(2008. 7. 3～2008. 7. 16.(11일 작업))에 일급 13만 원을
지급받은 사례에 대한 질의 회신(2008. 10. 01, 보상팀 – 6828)의 내용을 기준으로 재
구성하였다.

61) 근로복지공단의 지침(2008 – 29호)에 의하면, 재요양 바로 전날 일용직으로 근무한 경
우에도 최저임금을 기준으로 휴업급여를 지급한다.

수를 적용받아 평균임금을 산정하여야 할 것이기 때문이다.[62] 현행
법은 재요양 시의 휴업급여는 재요양 당시의 임금을 기준으로 산
정하여야 함을 명시적으로 규정하고 있으며, 여기서 재요양 당시의
임금은 상용직에 근무한 것에 한정된다고 명시하지도 않았다. 그러
므로 일용근로자라 하여 임금이 발생되었음에도 불구하고 최저임
금보다 적은지를 비교하지도 아니하고 임금발생이 없거나 최저임
금보다 적은 것으로 간주하여 최저임금을 기준으로 휴업급여를 지
급할 수는 없을 것이다. 재요양 시 최저임금으로 휴업급여를 지급
하는 것은 임금발생이 없거나 최저임금보다 적은 경우에 한하여
제한적으로 적용되어야 하기 때문이다. 그러므로 재요양 직전에 임
금발생이 있었는데도 불구하고 상용근로자가 아니라 하여 일용근
로자를 차별 적용할 근거는 없다. 또한 재요양 당시의 임금이 최초
요양 당시보다 높다 하여 이를 적용하지 않을 근거도 없다. 따라서
재요양 이전에 일용근로자로 근로한 경우에도 평균임금 산정은 일
급에 통상근로계수를 곱해서 산정함이 현행법의 해석상 타당하다.

---

62) 이에 대한 공단의 회시는 상용직 또는 상용직과 유사한 근로관계가 계속되는 형태가
   아닌 근로관계가 1일 단위로 단절되는 일반적인 일용근로자는 재요양기간 중의 휴업
   급여를 신설한 규정의 취지에 따른 평균임금을 적용할 수 없으므로 최저임금을 적용
   함이 타당하며, 또한 재요양기간 중의 휴업급여 지급을 위한 평균임금을 산정할 때 통
   상근로계수는 준용함을 명시하지도 않아 통상근로계수는 적용할 수 없다고 한다(2008.
   10. 01, 보상팀 – 6828).

3. 일시적 취업자의 최초 요양 시 휴업급여 지급 여부에
   대한 검토

(1) 일시적 취업자의 휴업급여 지급에 대한 견해[63]

가. 휴업급여를 지급할 수 없다는 견해

휴업급여는 업무상 요양기간 중의 근로자의 일실수입을 보장하기 위한 생활보장급여로서 요양으로 인하여 취업하지 못한 기간에 대하여 지급한다. 학생 신분과 같은 일시적 취업자는 요양기간 중에 근로계약이 지속되지 않기 때문에 근로계약 종료 이후에는 상실될 임금도 없다. 따라서 요양기간 중에는 휴업급여를 지급할 수 없다는 것이 이 견해이다.

그러나 공단이 휴업급여를 지급하지 않아도 재해근로자는 사업주를 상대로 한 휴업급여 상당액의 일실이익의 손해배상 청구는 가능할 것이며, 이때 패소한 사업주는 손해배상을 실시한 이후에 공단에 휴업급여 상당액의 수급권을 대위행사 할 수 있을 것이다.

나. 본업에 복귀하지 못한 기간만 휴업급여를 지급하자는 견해

학생 신분과 같은 일시적 취업자라 할지라도 휴일이나 방학기간

---

63) 이하는 고등학교 2학년 학생이 휴일에 건설 현장에서 근로 중에 업무상재해를 당하여 요양한 기간에 대하여 요양과 학업으로 인한 취업하지 못한 기간의 중복에 대한 휴업급여 지급 여부에 대하여 근로복직공단 천안지사장이 근로복지공단 이사장에게 질의한 내용을 재구성한 것이며(근로복지공단, 『재해보상편 산재보험 질의회시집(1995 - 1999)』, 1999, 101 - 103면), 이에 대한 회신은, "고등학생, 공익근무요원, 군인이 시간제 또는 일용직 등을 통해 임금을 목적으로 근로를 제공하다 업무상재해를 입은 경우 산업재해보상보험법상 휴업급여 지급은 사회통념상 합리적으로 판단하여 요양기간 중 취업을 기대할 수 있는 기간에 대해서 지급하는 것이 타당하다."(보상 6602 - 560, 1998. 7. 9.)였다.

에는 취업이 제한되지 아니하므로 요양으로 인해 취업하지 못한
기간으로 보아 휴업급여를 지급하여야 한다. 그러나 본래의 취업할
수 없는 신분(학업 등)으로 복귀한 때부터 휴업급여의 청구권이 중
단되는 것으로 본다. 이때는 요양이 아니라도 취업할 수가 없어 임
금소득을 얻을 수 없는 기간이기 때문이다. 그렇다고 하여도 요양
이 계속되고 있는 기간 중에 다시 취업할 수 있는 지위를 회복한
때부터는 휴업급여청구권이 부활된다고 보아야 할 것이다.

그러나 산재보험법 제88조는 보험급여 수급권이 퇴직으로 인하
여 소멸되지 않음을 규정하고 있다. 일시적 취업자의 근로관계 종
료도 퇴직의 한 유형으로 보아야 할 것이며, 그러하다면 근로계약
존속 중에 발생한 휴업급여 수급권을 일시적 근로계약이 만료되었
다 하여 소멸하거나 변경시킬 수는 없을 것이다. 또한 이 경우에도
근로계약기간 이외의 요양기간에 대하여 사업주에 대한 민사상의
손해배상청구권은 인정되며, 또한 사업주의 휴업급여 상당액의 수
급권 대위행사를 막을 수 없는 것은 앞의 견해에서와 같다.

다. 요양기간 중에 휴업급여가 지급되어야 한다는 견해

근로관계 및 산재보험관계에서 일시적 취업자라 하여 특별히 차
등적 처우를 할 이유가 없고, 법률적·제도적으로 학생 신분의 취
업 및 취업형태의 변경(단시간 아르바이트), 신분이탈(휴학, 자퇴
등)을 절대적으로 제한하지도 않고 있다. 재해발생 당시 임금을 목
적으로 근로를 제공한 근로자 신분이 인정된다면 법률에 의해 특
별한 규정이 없는 한 균등하게 처우하여야 하고, 본업인 면학에 임
할 수 있는 정도와 임금을 목적으로 근로를 제공할 수 있는 정도의

상태를 '동일시할 수 있으므로'[64] 학업에 복귀가능 여부 및 취업가능 시간에 관계없이 요양기간 중에는 휴업급여가 지급되어야 한다는 것이 이 견해이다.

(2) 외국의 경우

독일의 경우에는 단기근로자 또는 동절기 수당을 받는 동안 노동불능이 되고 질병사례에 대하여 법, 단체협약 또는 개별근로계약에 따른 임금계속지급청구권이 있는 근로자는 그 원인과 관련하여 노동법적 청구권이 존재하는 한 노동불능 상태 동안 단기근로자 또는 동절기 수당을 수령한다.[65] 그리고 재해를 당한 근로자가 아직 학교 또는 직업교육을 받는 중이면, 산재사고가 없었다면 교육이 종결되었을 시점에도 휴업급여청구권이 남아 있다.[66]

스위스의 경우에는 군복무 또는 재해, 질병, 모성 또는 단축근로 등의 사유로 소득이 없거나 현저히 낮았을 경우 정상적인 상황에서 개인이 취득할 수 있는 소득을 가상하여 보험적용소득을 정한다. 실업자에 대한 휴업급여는 제세를 공제한 순 실업급여를 기초로 하여 산정하고, 그리고 계절근로자에 대한 보험적용소득은 먼저 미취업 중에 발생한 재해의 경우 지난해 수령한 임금의 평균을 기초로, 다음으로 취업 중에 발생한 재해의 경우 실제 임금과 법적 청구권이 있는 미지급급여를 합산한 금액을 토대로 정한다. 그리고

---

64) 원문에는 '동일시할 수 없으므로'라고 표기되어 있으나 이는 전후 문맥으로 보아 '동일시할 수 있으므로'가 맞는 것으로 보인다.

65) 근로복지공단, 『독일 산재보험법 해설서』, 2005, 376면.

66) 근로복지공단, 『독일 산재보험법 해설서』, 2005, 378-379면.

견습생, 자원봉사자, 장애인 보호작업장의 실습생 등에 대해서는
만 20세 이상이면 일일 소득상한금액의 20% 이상, 만 20세 이하일
경우에는 일일 소득상한금액의 10% 이상에서 보험적용소득이 결
정되며, 근로자가 다수의 사업장에서 근로한 경우에는 모든 사업장
에서 지급받은 임금을 합산하여 계산한다.[67)

(3) 검토의견

일시적 취업자의 요양기간에 근로계약관계가 지속되는 경우에는
계속하여 근로자의 지위를 가지므로 요양으로 인한 임금소득의 상
실이 있으므로 휴업급여가 지급됨에 이의가 없을 것이다. 그러나
휴업급여의 지급 취지에 충실하자면 요양기간 중에 근로계약기간
의 만료로 인하여 근로자의 지위를 가질 수 없는 신분이 되는 경우
에는 휴업급여의 지급을 중단하고, 다시 요양기간 중에 근로자의
지위를 회복하는 경우에는 휴업급여청구권을 부활시키자는 견해가
설득력 있어 보인다.

그러나 산재보험법 제88조는 보험급여 수급권이 퇴직으로 인하
여 소멸되지 않음을 규정하고 있을 뿐만 아니라, 산재보험급여는
민사상의 손해배상과의 관계를 완전히 단절할 수 없는 한계가 있
다. 민사상의 일실이익의 손해는 특별한 사정이 없는 한 불법행위
발생 당시의 피해자의 수입을 기준으로 산정한다. 그리고 사람은
누구나 특별한 사정이 없는 한 성별과 연령에 따라 보통 노임 정도
의 수입을 얻는 것으로 본다.[68) 따라서 피해자가 사고 당시 직업이

---

67) 한국사회보험연구소, 전게서, 115면.

없는 경우나 미성년자, 학생, 가정주부인 경우에도 일실이익을 산
정하고 있다. 그 구체적 기준으로는 사고를 당한 사람의 장래의 일
실수익을 산정함에 있어 도시지역에 거주하는 사람은 최소한 도시
일용 노임을 얻을 수 있는 것으로 보고 농촌지역에 사는 사람은 최
소한 농촌 일용 노동임금을 얻을 수 있을 것으로 보아 그 거주하고
있던 지역에 따라 위 도시 또는 농촌 일용 노임을 기초로 산정하는
것이 헌법 제11조에 정한 평등의 원칙에 위반되거나 위법하다고
할 수 없다[69]고 한다. 따라서 일시적 취업자인 경우에도 요양기간
중에는 휴업급여를 계속하여 지급하여야 할 것이다. 그러나 이는
입법의 문제라기보다는 해석의 문제라 여겨진다.

Ⅴ. 장해급여와 휴업급여, 상병보상연금과의 조정방안

1. 장해급여 수급자의 휴업급여 조정방안

(1) 장해급여 수급자의 재요양 시 휴업급여 지급의 문제점

산재보험법 제56조의 규정에 의하면, 재요양을 받는 자에 대해서
는 재요양 당시의 임금을 기준으로 산정한 평균임금의 100분의 70
에 상당하는 금액을 1일당 휴업급여 지급액으로 하며, 산정한 1일
당 휴업급여 지급액이 최저임금액보다 적거나 재요양 당시 평균임

---

68) 대판 1966. 11. 23, 66다1504.
69) 대판 1990. 4. 10, 88다카23315.

금 산정의 대상이 되는 임금이 없으면 최저임금액을 1일당 휴업급여 지급액으로 한다.[70]

그리고 장해보상연금을 지급받고 있는 수급권자가 재요양을 하여도 장해보상연금은 계속하여 지급된다(동법 제60조 제1항). 장해보상연금을 지급받는 자가 재요양하는 경우에는 1일당 장해보상연금액과 재요양기간 중의 1일당 휴업급여 지급액을 합한 금액이 장해보상연금의 산정에 적용되는 평균임금[71]의 100분의 70을 초과하면 그 초과하는 금액 중 휴업급여에 해당하는 금액은 지급하지 아니한다. 그러므로 장해연금 수급권자가 재요양을 하는 경우 휴업급여와 장해급여를 지급하되 장해보상연금에 적용되는 평균임금액의 70%가 최고 한도액이 된다.

그러나 재요양근로자는 재요양기간 중에 장해보상연금에 적용되는 평균임금의 70%의 금액을 상한선으로 하여 장해보상연금과 재요양기간 중에 휴업급여를 함께 지급받아 재해근로자가 요양을 장기화시킬 우려가 있다.[72][73]

---

70) 그러나 재요양을 통해 휴업급여를 받고자 하는 자는 저임근로자나 실직자일 개연성이 높으므로 이러한 최저소득을 보장하는 것은 부당한 재요양의 청구를 자제하지 못한다는 비판이 있다(이정우, 전게논문, 101면).

71) 이러한 수준은 사회 정책적 타당성에도 불구하고 저소득계층의 자활유인에 긍정적 효과를 발휘할 수 없다는 비판이 있다(이정우, 전게논문, 101면).

72) 한국사회보험연구소, 전게서, 324면.

73) 또한 장기간의 요양치료로 인한 경제활동의 중단은 재해근로자의 생산경험을 사장시켜 신기술이나 새로운 업무에 적응을 하지 못하여 자신의 노동력을 노후화시키거나 활용가치를 상실시키기 때문에 노동시장으로의 복귀에 상당한 장애가 될 위험성이 있다(노동부 노동보험심의관실, 전게서, 252면). 그러므로 요양의 장기화는 요양근로자의 장기적인 노동력 보호를 위해서는 바람직하지 못하다. 독일에서는 예외적인 경우를 제외하고는 산재발생 후 78주 이전에 잔해등급의 판정이 이루어지고 있으며, 장해등급 판정 후 직업재활훈련에 참가하면 전환급여가, 그렇지 않은 경우에는 장해연금이 지급되어 우리나라와 같이 휴업급여를 수급하면서 장기간 입원치료를 받는 문제가 존재하지 않는다(한국사회보험연구소, 전게서, 64면).

독일의 경우에도 재요양이 필요한 재해근로자가 재요양 개시 직전에 취업하여 소득활동을 하였다면 휴업급여가 지급되며, 급여수준은 신규 취업에서 발생한 소득에 기초하여 산정된다. 그러나 재해근로자가 장해보상연금을 수급하면서 취업하지 않았다면 휴업급여가 지급되지 않는다.[74] 이에 따라 재해근로자는 경우에 따라서는 재요양기간 동안 휴업급여와 장해보상연금을 동시에 수급할 수 있다. 다만 동일한 사안에 대하여 재해근로자가 국민연금법의 장애기준에 해당될 경우 재요양 시 별도로 휴업급여 수급권이 발생하지 않도록 하고 있다.[75] 스위스의 경우도 부상이나 직업병이 재발하였을 경우 휴업급여는 그 이전의 소득을 기준으로 하고 만일 재해근로자가 당시에 소득활동을 하지 않았다면 휴업급여는 지급되지 않는다.[76]

(2) 장해급여 수급자의 휴업급여 조정방안

장해급여는 업무상재해로 상실된 노동력이 회복 불가능하여 그 훼손된 노동력에 대한 보험급여이며, 휴업급여는 요양기간 중 취업하지 못한 기간에 대한 소득보장급여이다. 장해급여 수급자가 재요양하는 경우에 휴업급여의 지급문제는 다음과 같은 기준에 따라 지급 여부가 결정되어야 할 것이다.

첫째, 재해근로자가 재요양 직전에 소득활동에 참여하였다면 재요양으로 인하여 소득활동에 참여할 수 없게 된 것이므로 그 기간

---

74) 한국사회보험연구소, 전게서, 68 - 69면.

75) 한국사회보험연구소, 전게서, 339면.

76) 한국사회보험연구소, 전게서, 345면 및 347 - 348면.

에 대한 휴업급여는 지급되어야 할 것이다. 물론 휴업급여의 지급
기준은 재요양 직전의 소득을 기준으로 산정한다. 이는 전술한 바
와 같이 요양으로 인한 소득공백의 문제를 해결하기 위한 휴업급
여의 취지와 목적상 당연하다.

둘째, 재해근로자가 재요양 직전에 복수의 사업장에 취업하여 임금
소득이 발생되었다면 재요양 직전의 평균임금은 복수의 사업장의 임
금을 합산하여 평균임금을 산정하여야 할 것이다. 노동시장의 유연화
그리고 독립적인 삶을 지향하는 가치관의 확산 등으로 인하여 고용관
계가 다양화되고 있으며, 이들은 고용관계의 특성상 저임금과 고용불
안 등 상대적으로 그 보호가 더 요청되는 계층이기 때문이다.[77]

셋째, 재요양 직전에 임금발생이 없었다면 재요양은 실시하되 더
이상의 휴업급여 지급은 없어야 할 것이다. 그 업무상재해로 인하
여 훼손되어 회복 불가능한 노동력에 대한 보상은 장해급여의 지
급으로 종료되었다고 보아야 하며,[78] 또한 휴업급여의 지급취지는
요양기간 중에 상실된 소득공백의 보전인데, 만일 임금소득의 상실
이 없는 재요양근로자에게도 휴업급여를 지급한다면 상실되지 않
은 소득을 보전하게 되어 휴업급여의 지급취지에도 어긋나기 때문
이다. 또한 재요양 직전에 임금소득이 없음에도 불구하고 휴업급여
를 지급한다면 장해급여 수급자가 재요양을 통하여 휴업급여의 재

---

77) 한국사회보험연구소, 전게서, 369면.

78) 1970년도에 도입된 장해연금제도에서 장해등급 1∼3급에 대해서도 선택에 의하도록
하였던 1989년 이전에, 장해등급 제1급자에 대하여 장해보상일시금이 지급된 경우, 동
장해보상일시금에는 노동력이 완전히(100%) 상실되었음을 전제로 지급된 것이므로 이
후 재요양기간 동안에는 요양급여 외에 휴업급여 또는 상병보상연금을 지급할 수 없
을 것이라는 행정해석(보상 6602 - 11, 1997. 1. 9.) 및 판례(대판 1997. 1. 21. 96누
15268)도 있다.

진입을 시도하는 유인으로 작용할 우려가 있을 수 있다.[79]

<표 5-2> 재요양기간 중의 휴업급여 개정방안

현　행	개정안
제56조(재요양기간 중의 휴업급여) ① 생략	제56조(재요양기간 중의 휴업급여) ① 생략
② 제1항에 따라 산정한 1일당 휴업급여 지급액이 최저임금액보다 적거나 재요양 당시 평균임금 산정의 대상이 되는 임금이 없으면 최저임금액을 1일당 휴업급여 지급액으로 한다.	② 제1항의 규정에 의한 평균임금은 근로자가 최초 재해발생 당시의 사업장 이외에 사업장에 취업한 경우에도 적용하며, 또한 근로자가 다수의 사업장에 취업하여 임금을 지급받은 경우에는 그 금액을 합산하여 평균임금을 산정한다.
③ 이하 생략	③ 이하 생략

2. 장해급여 수급자의 상병보상연금 조정방안

(1) 장해급여와 상병보상연금의 관계

상병보상연금은 요양 개시 후 2년이 경과한 날 이후에도 부상 또는 질병이 치유되지 아니하고, 그 폐질의 정도가 대통령령이 정하는 폐질등급기준[80]에 해당하는 경우에 휴업급여 대신 폐질등급[81]에 따라 지급하는 연금형식의 보험급여이다.[82] 재요양을 시작

---

79) 이정우, 전게논문, 96면.

80) 폐질등급이 제1급일 경우에는 평균임금의 329일분, 제2급일 경우 평균임금의 291일분, 제3급일 경우 평균임금의 257일분이 지급된다(법 제66조).

81) 상병보상연금액이 등급별로 그에 대응하는 장해보상연금액과 같은 것은 양자의 균형을 고려한 것으로서, 요양종결 후 제3급 이상의 장해보상연금을 지급받고 있던 자가 재요양하는 경우에는 장해보상연금 지급이 중단되고 휴업급여를 지급받을 때 재요양 전에 받던 급여수준보다 저하되는 것을 방지하여 중증 장해보상연금 수급자의 생활을 보호하기 위함이었다고 한다(윤윤수, 전게논문, 384면).

82) 이와 같은 상병보상연금제도를 폐지하고 임시장해연금제도를 도입하자는 주장도 있다(한국사회보험연구소, 앞의 책, 360면).

한 지 2년이 지난 후 상병 상태가 폐질 등급에 해당하는 경우에도 상병보상연금을 지급한다. 재요양기간 중에도 상병보상연금을 받는 근로자가 장해보상연금을 받고 있으면 폐질등급별 상병보상연금의 지급일수에서 장해등급별 장해보상연금의 지급일수를 뺀 일수에 재요양기간 중의 휴업급여에 산정되는 평균임금을 곱하여 산정한 금액을 그 근로자의 상병보상연금으로 한다(동법 제69조 제2항).[83] 노동력을 완전히 상실한 제1급 내지 제3급의 장해보상연금을 받는 근로자가 재요양하는 경우에는 상병보상연금을 지급하지 아니한다. 노동력을 완전히 상실하여 장해등급이 제1~3급인 경우에는 장해보상연금액이 상병보상연금액과 같기 때문이다. 그러나 재요양 중에 폐질등급이 높아지면 재요양을 시작한 때부터 2년이 경과한 것으로 보아 폐질등급별 상병보상연금의 지급일수에서 장해등급별 장해보상연금의 지급일수를 뺀 일수에 평균임금을 곱하여 산정한 금액을 그 근로자의 상병보상연금으로 한다(동법 제69조 제3항).[84] 재요양기간 중 상병보상연금을 산정할 때에는 저소득근로자의 상병보상연금 규정은 적용하지 아니한다.

---

83) 장해보상연금을 지급받고 있었던 경우라도 상병이 재발하여 요양을 하게 되면 증상이 고정된 상병에 대하여 장해보상연금을 지급할 수 없어 상병보상연금을 지급하게 되는데, 상병보상연금은 그 지급요건으로서 상병이 '치유되지 아니한 상태에 있을 것'이 요구되기 때문에 이미 지급받고 있던 장해보상연금과 동시에 지급할 수는 없었던 때도 있었다(윤윤수, 「요양급여 및 상병보상연금 지급 대상자가 임의로 요양을 중단하고 장해급여를 청구할 수 있는지 여부」, 『대법원판례해설(28호)』, 1997, 383면).

84) 따라서 제3급 장해보상연금 수급권자가 재요양 중에 폐질등급이 제2급이나 제1급으로 중해진 경우에는 중해진 시점에서 요양 개시 후 2년이 경과한 것으로 보고 중해진 시점부터 폐질등급 상향에 따른 일수 차액에 해당하는 상병보상연금을 지급하며, 제2급 장해보상연금 수급권자가 재요양 중에 폐질등급이 제1급으로 중해진 경우에는 중해진 시점에서 요양 개시 후 2년이 경과한 것으로 보고 중해진 시점부터 제1급의 폐질등급 상향에 따른 일수 차액에 해당하는 상병보상연금을 지급한다. 그러나 제1급의 장해보상연금 수급자는 재요양을 한다 하여도 더 이상의 폐질등급이 높아질 수 없으므로 어떠한 경우에도 재요양기간 동안 상병보상연금이 지급될 수 없다.

(2) 장해급여 수급자의 상병보상연금 수급의 문제점

상병보상연금도 요양으로 인하여 장기간에 걸쳐 소득활동에 참여할 수 없기 때문에 휴업급여 대신 지급하는 보험급여이다. 그렇다면 휴업급여의 경우와 같이 요양이 아니더라도 소득활동에 참여할 수 없다면 상병보상연금도 지급될 수 없을 것이다. 휴업급여가 요양으로 인한 단기적 소득불능에 대한 보전급여라면, 상병보상연금은 요양기간이 2년 이상 장기화되었고 그 정도가 폐질등급에 해당되어 장기간에 취업활동이 어려워 재해근로자와 그 가족의 생계를 보장하기 위한 장기적 소득불능에 대한 보험급여로 보아야 하기 때문이다. 재요양 당시에 임금소득이 발생되었다면 그 요양 당시의 평균임금을 기준으로 한 상병보상연금의 지급은 가능하다고 할 것이나, 그 평균임금이 최저임금액에 70분의 100을 곱한 금액보다 적거나 재요양 당시 평균임금 산정의 대상이 되는 임금이 없을 때에도 최저임금액의 70분의 100에 해당하는 금액으로 상병보상연금을 보장하는 것은 지나친 보호라 할 것이다.

상병보상연금은 휴업급여보다 상대적으로 높은 수준으로 지급되며 장해보상연금과 달리 요양급여와 같이 지급된다.[85] 상병보상연금은 휴업급여와는 달리 '요양으로 인하여 취업하지 못한 기간'이라는 전제가 없을 뿐만 아니라 취업 여부에 대한 명시적 규정이 없어,[86] 판례는 "설령 상병보상연금 수급권자가 취업을 하고 있다고

---

85) 상병보상연금제도는 근로기준법상의 일시보상제가 모든 피재근로자에게 일률적으로 적용되는 것이 중증의 장해자에게 가혹하고 재해보상의 본래의 취지에 역행한다는 이유로 1982년 12월 31일에 동법을 개정하면서 일시급여제를 폐지하고 새로이 도입하게 된 것이다(윤윤수, 「요양급여 및 상병보상연금 지급 대상자가 임의로 요양을 중단하고 장해급여를 청구할 수 있는지 여부」, 『대법원판례해설(28호)』, 1997, 383 - 384면).

하더라도 이를 이유로 상병보상연금의 지급이 거부될 수는 없다
."87)고 하여 상병보상연금이 취업 여부와 관계없이 지급되는 것으
로 보고 있다.88) 그러나 상병보상연금 요양으로 인한 소득상실의
보전급여이며, 다만 그 기간이 장기간임에 불과하므로 재해근로자
가 취업을 하고 있다면 그 지급을 배제함이 타당할 것이다.

(3) 장해급여와 상병보상연금의 조정방안

장해보상연금을 지급받고 있는 근로자는 재요양 중에도 계속하여
장해보상연금을 지급받음과 동시에 재요양 개시 후 2년이 경과하고
폐질의 정도가 폐질등급에 해당할 경우에는 휴업급여 대신 상병보
상연금을 지급받을 수 있다. 휴업급여가 요양으로 인한 단기적 소득
불능에 대한 보전급여라면 상병보상연금은 요양이 종결되지 아니하
고 요양기간이 2년 이상 장기화되어 그 정도가 폐질등급에 해당되
어 장기간에 걸쳐 취업활동이 어려워 재해근로자와 그 가족의 생계
를 보장하기 위한 급여이다.89) 그러므로 재요양 당시에 임금소득이
발생되었다면 그 당시의 평균임금을 기준으로 한 상병보상연금의
지급은 가능하다고 할 것이나, 재요양 당시에 임금발생이 없었던 경
우까지도 상병보상연금을 지급하는 것은 지나친 보호이다.

여기에 앞서 판례90)는 "'상병보상연금 지급에 있어서는 요양으로

---

86) 근로복지공단, 『사이버 직무교육교재 산재보험보상』, 72면.

87) 대판 2002. 1. 25, 2001두9073.

88) 그리고 요양 개시 후 2년이 경과되었다고 하여 산재보험법에 따라 요양급여를 받으면
서 동시에 상병보상연금을 지급받고 있는 근로자는 임의로 상병이 완치되었음을 이유
로 요양급여 및 상병보상연금의 수령을 거절하고 대신 장해급여(장해보상연금)를 청구
할 수도 없다(대판 1997. 5. 7, 96누16056).

89) 김수복, 전게서, 502면.

인하여 현실로 취업하지 못하고 있는 기간에만 지급한다.'는 휴업급여에서와 같은 제한이 없으므로 설령 상병보상연금 수급권자가 취업을 하고 있다고 하더라도 이를 이유로 상병보상연금의 지급이 거부될 수는 없다."고 한다. 그러므로 상병보상연금의 지급요건을 휴업급여와 같이 "요양으로 인하여 취업하지 못한 기간에 대하여 지급한다."로 개정하여 취업이 없는 경우에만 상병보상연금이 지급됨을 명문화하여야 할 것이다.

<표 5-3> 재요양기간 중의 상병보상연금 및 상병보상연금 개정방안

현행	개정안
제69조(재요양기간 중의 상병보상연금) ① 재요양을 시작한 지 2년이 지난 후에 상병 상태가 제66조 제1항 각 호의 요건 모두에 해당하는 자에게는 휴업급여 대신 〈별표 4〉에 따른 폐질등급에 따라 상병보상연금을 지급한다. 이 경우 상병보상연금을 산정할 때에는 재요양기간 중의 휴업급여 산정에 적용되는 평균임금을 적용하되, 그 평균임금이 최저임금액에 70분의 100을 곱한 금액보다 적거나 재요양 당시 평균임금 산정의 대상이 되는 임금이 없을 때에는 최저임금액의 70분의 100에 해당하는 금액을 그 근로자의 평균임금으로 보아 산정한다.	제69조(재요양기간 중의 상병보상연금) ① 재요양을 시작한 지 2년이 지난 후에 상병 상태가 제66조 제1항 각 호의 요건 모두에 해당하는 자에게는 휴업급여 대신 〈별표 4〉에 따른 폐질등급에 따라 상병보상연금을 지급한다. 이 경우 상병보상연금을 산정할 때에는 재요양기간 중의 휴업급여 산정에 적용되는 평균임금을 적용한다.
② 이하 생략	② 이하 생략
제66조(상병보상연금) ① 요양급여를 받는 근로자가 요양을 시작한 지 2년이 지난 날 이후에 다음 각 호의 요건 모두에 해당하는 상태가 계속되면 휴업급여 대신 상병보상연금을 그 근로자에게 지급한다.	제66조(상병보상연금) ① 요양급여를 받는 근로자가 요양을 시작한 지 2년이 지난 날 이후에 다음 각 호의 요건 모두에 해당하는 상태가 계속되면 휴업급여 대신 상병보상연금을 그 근로자에게 지급한다.
1. 그 부상이나 질병이 치유되지 아니한 상태일 것	1. 그 부상이나 질병이 치유되지 아니한 상태에 있으며, 요양으로 인하여 취업하지 못하고 있을 것
2. 이하 생략	2. 이하 생략

---

90) 대판 2002. 1. 25, 2001두9073.

결 론 **제6장**

이번 연구의 연구결과를 다음과 같이 요약 정리할 수 있다.

1. 휴업급여의 현황분석

제2장에서는 최근 6년간 휴업급여의 지급현황을 연령별, 요양기간별 등 다양한 각도에서 분석함으로써 그 시사점을 제시함과 아울러 연구의 필요성을 제시하였으며, 또한 본 연구에 통계적인 자료로 활용하였다. 이를 요약 정리하면서 그 시사점을 다음과 같이 도출할 수 있다.

첫째, 2003년 이후 최근 6년간은 재해자 수가 94,924명에서 95,806명으로 9.2%로 소폭 증가하였으나 재해율은 0.9%에서 0.71%로 점점 감소하였음에도 불구하고 산재보험료는 88.7%로 증가(2조 5,374억 24백만 원→4조 7,886억 50백만 원)되었고, 보험급여 지급액도 약 37.8% 증가(2조 4,818억 14백만 원→3조 4,218억 85백만 원)하는 현상을 보이고 있다. 이로써 휴업급여뿐만 아니라 보험급여 전반에 대한 합리적인 관리의 필요성이 있다는 것을 시사하고 있다.

둘째, 휴업급여가 산재보험급여 대비 2004년도에는 33.4%이고 매년 조금씩 줄어 2008년도에는 23.2%에 이르고 있으나 여전히 보험급여 총 지급액 대비 20%를 넘고 있다. 이것은 일본이 약 15% 수준인 데 비해 매우 높은 편이다. 특히 60세 이상 휴업급여 수급자가 2003년도에 16,606명으로 전체 대비 13.9%를 차지하던 것이 2008년도에는 20,043명으로 16.6%로 나타나고 있어 매년 조금씩 증가하고 있다. 이로써 취업연령이 종료되는 초고령자 이상인 자에게 현재와 같은 휴업급여 지급체계가 합당한지에 대한 의문점과 함께 개선방안에 대한 연구의 필요성이 요구된다.

셋째, 최근 6년간 연령대별 휴업급여 지급현황을 살펴보면, 60세 이하의 수급자와 지급액은 점점 줄어들고, 이에 비해 61세 이상의 수급자 및 지급액이 2003년도 12,740명(10.7%)에 844억 2백만 원(10.3%)이던 것이 매년 조금씩 증가하여 2008년도에는 15,592명(12.9%)에 1,133억 45백만 원(14.3%)에 이르고 있다. 나아가 66세 이상의 수급자 및 지급액이 2003년도에 4,756명에 282억 34백만 원이던 것이 매년 조금씩 상승하여 2008년도에는 7,987명에 598억 89백만 원으로 수급자는 67.9% 증가하는 반면 지급액은 무려 212%가 증가하는 현상을 보이고 있다.

또한 2년 이상 장기 지급된 모든 휴업급여액을 전체 대비 연령대별에서도 30세 이하는 4.6%, 36세 이상~40세 이하는 7.3%, 46세 이상~50세 이하는 8.6%, 56세 이상~60세 이하는 9.6%, 66세 이상~70세 이하는 9.9%, 71세 이상은 12.9%로 나타나고 있다. 연령이 많은 고령자일수록 휴업급여 지급이 장기화되고 있다. 이와 같이 고령자는 수급자 수와 지급액 및 지급기간의 장기화의 증가폭이 다른 연령대보다 모두 커서 연령 및 노동능력을 고려하지 아니한 현행 휴업급여의 지급방식은 사회적 노동능력의 상실자인 고령자에게 장기 요양을 부추기는 요인으로 작용할 수 있다. 이에 개선방안에 대한 연구의 필요성이 요구된다.

넷째, 휴업급여의 10년 이상 장기간의 수급자는 최근 6년 동안 546명에서 1,035명으로 1.9배가 증가하였으나, 휴업급여 지급액은

2003년도 114억 85백만 원이던 것이 2008년도에는 305억 67백만 원으로 약 2.7배가 증가하였다. 이로써 장기로 지급되는 휴업급여 지급액의 상승폭이 상당히 높음을 알 수 있다.

다섯째, 유형별(상병 종류별) 휴업급여 지급현황에서 진폐 수급자는 최근 6년간 2% 수준을 유지하며 감소하는 추세(2.7%→2.3%)에 있으나 휴업급여 지급액은 2003년도에 237억 34백만 원이던 것이 점점 증가하여 2008년도에는 372억 89백만 원으로 약 1.6배가 증가되고 있다. 이는 다른 유형에 비해 증가폭이 크다는 것을 알 수 있는바, 그 원인과 대책에 대한 연구의 필요성이 요구된다.

2. 요양기간의 장단과 휴업급여의 지급률 차등방안

제3장에서는 현행 산재보험법상 휴업급여제도가 기간이나 상병상태 또는 연령과 관계없이 지급되는 불합리한 제도이기 때문에 이를 개선하기 위해 제 외국의 입법례(독일, 미국, 일본)를 살펴본후, 요양의 장기화에 따른 휴업급여제도의 문제점을 파악하였다. 그리고 그 개선방안으로 차등화 제도를 다음과 같이 도출하였다.

첫째, 현행의 휴업급여 지급률이 상병 상태와 관계없이 모든 기간에 대해 일률적으로 평균임금의 70%를 지급하고 있으나, 재해발생 후 2년이 경과한 후에는 증상이 어느 정도 고정되므로 상병보상연금 대상이 안 되는 재해근로자에 대해서는 특별히 입원치료 중인 경우를 제외하고는 평균임금의 65%를 지급한다. 그리고 이후 5년 경과 시에는 최초 감액 시 평균임금 5%p를 낮춰 평균임금의

60%를 지급한다. 이는 휴업기간과 상병 상태를 반영한 감액방식이라고 할 수 있다.

둘째, 또한 요양 개시 후 2년이 경과하였으나 상병보상연금 대상자가 되지 않는 경우로서 입원치료 중이 아닌 50세 이상인 자는 평균임금 증감대상에서 제외한다. 그리고 이미 휴업기간 장기에 따라 감액조정의 대상이 된 재해근로자라도 50세 이상이 되면 휴업급여 증감제도의 적용을 중단한다. 이는 실질적인 소득수준에서 재직근로자와의 형평성을 맞추기 위한 것이다.

셋째, 55세 이상인 고령자가 요양 개시 후 2년이 경과하였으나 상병보상연금 대상자가 되지 않는 경우로서 입원치료 중이 아닌 자에게는 평균임금을 3년마다 5%p씩 감액하는 휴업급여 피크제를 도입하여 점진적으로 감액조정 한다. 한편 기간에 따른 감액제도를 적용받고 있는 재해근로자가 55세 이상이 되는 경우에는 고령에 따른 감액제도만 적용한다. 그리고 현재 근로기준법상 휴업급여가 평균임금의 60%를 지급하고 있으므로 그 미만으로 되면 사업주 부담분이 발생하므로, 어떠한 경우라도 하한선을 평균임금의 60%까지로 한다.

넷째, 휴업급여 차등제도를 신설하는 것이 위헌인지 여부에 대해서는 재산권의 침해, 평등원칙의 위반, 소급효금지 및 신뢰보호의 원칙, 포괄위임금지원칙의 위반 등에 비추어 검토하였는바, 요양기간이 길어지거나 고령화될 경우 휴업급여가 줄어들도록 차등화하는 휴업급여 차등지급은 그 한도를 설정하여 다른 보험사업 실시를 위한 재원을 마련하며 재직근로자와의 급여수준의 형평성을 제고하고, 재해근로자의 사회복귀를 촉진하며 도덕적 해이를 방지하

기 위한 것이다. 이에 이른바 '휴업급여 차등지급제도'의 도입은
헌법에 위반되지 않는 것으로 보인다.

3. 고령자의 휴업급여 지급 및 조정방안

  제4장에서는 고령자의 휴업급여 지급 및 조정방안을 마련하기
위하여 현행 휴업급여의 법적 성격을 살펴보면, 소득보장설과 사회
보장급여설로 구분할 수 있다. 이러한 법적 성격을 고려하여 고령
자의 휴업급여를 지급할 것인지, 지급한다면 언제까지 지급하고 그
지급수준은 어느 정도이며, 지급중단은 언제부터 가능한지가 고령
자의 휴업급여를 논의하는 주요 과제의 대상이 된다. 이하에서는
다음과 같이 연구해 결론을 도출하였다.
  첫째, 고령자 휴업급여의 조정과 취업능력의 판단하는 문제를 연
구하였다. 이러한 연구를 위해서 현행 휴업급여의 지급수준과 취업
능력의 상실률(0.7), 부분휴업급여의 문제점, 취업가능기간과 고령
자의 휴업급여중단 등에 대하여 검토를 하였다. 그 결과 현재 61세
이상 초고령자에 대한 연령별 감액기준은 불합리하고, 취업가능기
간을 고려하여 휴업급여의 지급기간을 제한하는 등 조정이 필요한
것으로 나타났다.
  둘째, 현행 휴업급여의 산정기준과 지급 여부에 대해 검토를 하
였다. 휴업급여의 산정방식에 대한 유형은 ㉠ 과거소득에 연계하는
방식, ㉡ 과거소득에 기초한 기본소득과 보충급여의 가산방식, ㉢
과거소득과 관계없이 일정액을 지급하는 정액방식으로 구분하여

검토하였다. 또한 고령자의 개념적 충돌문제, 고용보험 법 등 다른 법률에 따른 고령자의 감액기준 등을 검토하였다. 그 결과 과거소득을 기초로 휴업급여를 차등지급 하는 경우에는 그대로 소득반영을 해야 하기 때문에 연령 기준만을 이유로 감액하는 것은 불합리한 것으로 나타났다.

셋째, 61세 이상~65세까지 고령자에 대한 휴업급여를 지급하는 것이 합리적인지, 직종별 정년에 따른 취업가능기간, 다른 법률에 나타난 고령자의 연령기준별 차이, 취업연령을 도과하여 지급하는 경우에 대한 합리성을 검토하였다. 이를 위해서 4대보험(산재보험, 고용보험, 국민연금, 건강보험)에서 고령자 차등기준이 있는지, 산재보험법에 의한 휴업급여와 어떠한 차이가 있는지를 검토한 결과 같은 소득보장급여임에도 고용보험은 연령기준을 정하고 있는 반면, 국민연금은 연령 이외에 가입기간, 부양가족 수를 고려하여 차등을 두는 것으로 나타났다. 그러나 고용보험은 실업을 전제로 소득보장을 하는 것이므로 산재보험법상 휴업급여의 재해기간 동안 생계보장을 목적으로 하는 유사성이 있으나, 실업기간 중의 재해발생이 경합될 여지가 없어 지급요건과 차이가 있기 때문에 중복조정의 대상이 될 여지가 없는 것으로 나타났다. 또한 건강보험은 요양급여를 주목적으로 하기 때문에 소득보장적 급여를 지급하지 않아 연령기준 등에 따른 차등감액기준은 없는 것으로 나타났다. 따라서 65세까지 고령자를 고소득근로자와 저소득근로자에 대한 휴업급여의 지급기준을 구분할 수 있으나, 취업연령을 경과한 자라는 점, 사회보장급여로서 법적 성격을 고려하여 차등적 지급이 가능하다는 점을 고려하여 휴업급여의 지급수준을 노동부장관이 고시하는 금액으로 지급함이 바람직한 것으로 나타났다. 또한 현행 연령 기준에 따른 감액기준은 ㉠ 소득보장급여에서 사회보장급여로 전환하는 성격상 부적합하고, ㉡ 과거소득을 산정기준으로 하는 경우에도 재직자와 달리 고령자에 대해 저소득수준과 연령별 차등기준을 적용하면 이중적 불이익이 발생하는 문제점 등이 있어 불합리하므로 산정기준을 개선할 필요가 있는 것으로 나타났다.

넷째, 휴업급여의 조정을 위한 취업능력 상실계수의 도입방안을 검토하였다. 종래의 휴업급여는 요양을 전제로 취업능력의 상실 정도를 일률적으로 70%까지 인정하는 제도라는 문제점을 지니므로 이를 개선할 필요가 있다. 따라서 취업능력 상실계수의 개념, 도입 취지, 노동력 상실률과 유사 개념의 차이, 취업능력 상실계수의 유형과 장·단점, 적합성의 여부를 검토하고, 스위스 등 외국의 사례를 소개하였다. 또한 건설 일용공의 경우 취업일수만을 기준으로 일률적으로 노동통계계수(0.73)를 인정하는 문제점을 개선하고, 근로기준법에 의한 휴업보상(0.6)을 동시에 개선할 필요가 있는 것으로 나타났다. 따라서 재해근로자의 연령에 불문하고 신체부위별 중증도에 따라 노동력 상실률과 취업가능기간 등을 고려하는 취업능력 상실계수를 도입할 필요가 있다.

다섯째, 고령자의 휴업급여와 중단문제를 검토하였다. 고령자의 휴업급여 중단을 위한 합리성을 검토하기 위한 전제조건으로서 통계적인 경제활동인구와 취업자 수의 분석, 직종별 취업연령과 휴업급여의 중단시기, 고령자 휴업급여와 연령기준의 합리성, 장기 요양 중인 고령자의 휴업급여와 연령기준의 검토, 재취업한 고령자의 소득수준과 중단문제, 과거소득이 없는 고령자의 휴업급여 중단문제, 66세 이상 고령자의 휴업급여 중단방안을 검토하였다. 따라서 고령자가 상대적으로 재직자에 비하여 경제활동이 상대적으로 저조한 점, 재해 직전 소득이 없는 점, 간헐적 또는 일시적 근로로서 소득활동기간이 극히 짧은 점, 다른 사회보험이 연계되어 지급되는 점 등을 고려하여 휴업급여의 지급을 중단할 수 있는 것으로 나타났다. 또한 휴업급여의 산정기준을 재직자와 동일하게 소득기준으로 적용하여 61~65세 고령자는 실제 받은 평균임금을 기준으로 휴업급여를 산정하고(저소득이라도 재직자와 동일한 소득수준으로 보장할 필요 없음), 66세 이상인 자에 대한 휴업급여의 지급은 중단할 필요가 있는 것으로 나타났다.

여섯째, 휴업급여의 지급과 중복수급권의 조정을 검토하였다. 4대 사회보험 중에서 국민연금은 노령연금이 소득보장급여로서 휴업급여와 중복조정의 대상이 되는 것으로 나타났다. 따라서 65세 이후 중복급여의 여지가 있으므로 조정이 필요하다. 또한 자동차교통사고로 인해 자동차손해배상보장법에 따른 자동차보험에서 휴업손해액에 대한 배상액은 휴업급여와 중복조정의 대상이 되는 것으로 나타났다. 그러나 휴업급여와 자동차보험 사이에는 중복조정에 관한 법적 근거가 없으므로 법률 개정이 필요하다. 또한 공무원의 경우에 고령자가 재취업을 하여 재해를 당한 경우에도 동일한 취지에서 휴업급여와 공무원연금 간에 소득보장 부분에 대한 조정이 필요하므로 휴업급여를 중단함이 합리적인 것으로 나타났다.

4. 무소득자 등의 요양 시 휴업급여의 지급문제

제5장에서는 무소득자 등이 요양할 때에도 휴업급여를 지급함이 타당한지를 구명하기 위하여, 먼저 '요양으로 인하여 취업하지 못한 기간'의 의미와 미취업 요양자의 유형별로 휴업급여 지급의 정당성 여부를 연구하여 다음과 같은 결론을 도출하였다.

첫째, 산재보험의 휴업급여 지급사유인 '요양으로 인하여 취업하지 못한 기간'이란 원칙적으로 근로능력 있는 자가 요양으로 인하여 취업하지 못하여 임금소득이 상실된 기간으로 보아야 한다고 결론지었다. 이는 휴업급여는 근로자가 업무상재해로 인하여 요양을 받지 않았더라면 취업하여 임금소득을 얻을 수 있었을 것이라는 전제하에 지급하는 보험급여이기 때문이다. 그러나 산재보험급여의 민사상의 손해배상적 성격을 완전히 배척할 수 없는 한계를 감안한다면 예외적으로 비록 요양기간 중에 단기간의 근로계약이 종료되어 실질적인 임금상실은 없으나, 취업능력이 있는 자가 새로운 취업의 기회가 제한되거나 취업 이외의 다른 사회활동에 제한을 받는 경우에도 휴업급여는 지급되어야 할 것이다. 따라서 이와 같은 휴업급여의 취지를 살리려면 근로기준법 제79조 제1항의 휴업보상 규정도 산재보험법의 규정과 같이 "사용자는 제78조에 따라 업무상 사유로 부상을 당하거나 질병에 걸린 근로자에게 요양으로 취업하지 못한 기간에 대하여 평균임금의 100분의 60의 휴업보상을 하여야 한다."로 개정하여 상호 조정할 때 충돌의 문제를 사전에 차단하여야 할 것이다.

둘째, 진폐재해자는 평균임금의 산정에 있어 보통의 재해근로자에 비하여 여러 가지 특례를 적용받고 있음이 나타났다. 현재 산재보험법의 관련 규정에 대한 개정안이 입법 예고되어 있으며, 동법 개정안에 따르면 진폐재해자에 대해서는 진폐보상연금으로 일원화하고, 유족에 대해서는 진폐 유족연금을 지급하도록 하여, 요양과 소득보상을 분리하고, 소득보상을 연금으로 지급하여 진폐 요양관리의 합리화 및 진폐재해자의 생활 안정에 기여할 것으로 기대된다.

셋째, 퇴직 후 직업병에 걸린 최초 요양근로자의 휴업급여 지급에 대하여 연구하였다. 요양 직전에 경제적인 소득활동에 참여하지 아니하였을 뿐만 아니라 요양기간 중에도 그러한 능력을 이미 상실한 퇴직근로자의 요양기간에 대해서도 계속하여 휴업급여를 지급하는 것은 정당성이 의심된다는 결론을 얻었다. 다만 산재보험급여의 법적 성격에 사회보장적 측면을 완전히 배제하기 어려운 점을 감안한다면 사회보장 수준의 휴업급여의 지급은 가능하다 할 것이다.

넷째, 일시적 취업자의 휴업급여 지급에 대한 연구를 하였다. 일시적 취업자는 일용근로자의 형태로 취업하는 경우가 일반적이다. 이와 같은 일시적 취업자는 요양기간 중에 근로계약기간이 종료되어 근로제공의 기회가 없음에도 휴업급여를 지급하여야 할 것인가에 대한 논란이 있다. 산재보험급여의 민사상의 손해배상적 성격을 완전히 배척할 수 없는 한계와 사업주의 부담 경감의 차원에서도 취업기간이 겹치지 않는 요양기간 중에도 휴업급여는 지급되어야 할 것이라는 결론을 얻었다.

다섯째, 장해급여 수급자의 휴업급여와 상병보상연금의 조정방안에 대한 연구를 하였다. 재요양근로자의 휴업급여와 상병보상연금은 그 지급 취지에 따르면 재요양 직전의 임금소득의 발생 여부에 따라 그 지급 여부가 결정되어야 하며, 재해근로자가 복수의 사업장에 취업하여 임금이 발생되었다면 재요양 직전의 평균임금은 복수의 사업장의 임금을 합산하여 평균임금을 산정하여야 할 것이라는 결론을 얻었다. 여기에 앞서 판례는 취업 여부에 관계없이 상병보상연금의 지급을 인정하고 있어 이에 대한 논란을 없애기 위해 상병보상연금의 지급요건을 휴업급여와 같이 "요양으로 인하여 취업하지 못한 기간에 대하여 지급한다."로 개정하여 취업하지 않는 경우에만 상병보상연금이 지급됨을 명문화하여야 할 것이다.

참고문헌

가. 국내문헌

근로복지공단, 『재해보상편 산재보험 질의회시집(1995 – 1999)』, 1999.
국회(2001), 『2001년도 환경노동위원회 국정감사 요구자료 Ⅰ·Ⅱ』.
국회환경노동위원회, 「산업재해보상보험법개정연혁」, 산업재해보상보험법 일부개정법률안 검토보고서, 2007.
근로복지공단(1995), 『각국의 산재보험제도 연구: 뉴질랜드, 오스트레일리아편』.
근로복지공단(1996a), 『노재보험 특별가입제도 해설(일본)』.
근로복지공단(1996b), 『독일산재보험법』.
근로복지공단(1996c), 『통일 전후 산재보험과 재활체계에 관한 한·독 세미나』.
근로복지공단(2000a), 『일본 노동자재해보상보험법령』.
근로복지공단(2000b), 『고용·산재보험 통합징수 등에 관한 법률 제정을 위한 워크숍 개최자료(안)』, 내부자료.
근로복지공단(2000c), 『통합징수에 관한 설문조사 결과보고』, 내부자료.
근로복지공단(2001), 2001년도 환경노동위원회 국정감사 요구자료, 2001.
근로복지공단(2004a), 『미국·캐나다 산재보험법(온타리오 주, 오하이오 주, 뉴욕 주)』.
근로복지공단(2004b), 『프랑스 사회보장법전』.
근로복지공단(2004a), 『노재보험법 해석총람』.
근로복지공단(2004b), 『사이버 직무교육교재 산재보험보상』.
근로복지공단(2005), 『독일 산재보험법 해설서』.
근로복지공단(2008), 『산재보험법령 직무교육 교재』.

근로복지공단(2009a), 『2009 산재보험법령 직무교육교재』, 교육자료 급여 - 2009 - 다 - 8, 2009. 2.

근로복지공단(2009b), 『2009 산재·고용보험실무편람』, 정기간행물 2009 - 바 - 2, 2009. 2.

근로복지공단, 산재보험연보통계표 및 2003~2008년 산재보험·고용보험 실적분석, 2004~2009.

근로복지공단, 내부 통계자료, 2009.

김강식(2001), 「한국 산재보험제도의 개선방안」, 『경영연구(제8권 제1호)』.

김경원(2005), 「산재보험제도 개선방안 연구」, 서강대학교 석사학위논문.

김상환, 「평균임금에 관한 고시 부작위의 위헌 확인」, 결정해설집, 2002.

김수복(2008), 『산업재해보상보험법』, (주)중앙경제.

김순희·김우영·박종희·최재욱, 『산재노동자의 삶의 질 제고를 위한 산재보험제도 개혁방안』, 한국노총 중앙연구원, 연구총서 2005 - 11(2005. 12).

김용하 외(1997), 『산재보험 운영효율화 방안』, 한국보건사회연구원.

김우기(1988), 『산업재해보상보험법상해』, 중앙경제사.

김재근(2005), 「산재보험제도의 실태분석 및 개선방안에 관한 연구」, 한양대학교 석사학위논문.

김진구(2002), 「한국 산재보험제도의 문제점과 개선방안」, 협성논총 제14집, 협성대학교.

김진수(1999), 「산재보험급여체계 개선 및 발전방안」, 산재보험 선진화 방안과 정책과제, 한국노동연구원.

김진수(2002), 「산재보험과 국민연금 중복체계의 합리화 방안」, 강남대학교부설 사회복지연구소.

김태수(2003), 『산재보험제도의 위기와 개편방향에 관한 연구』, 고려대학교 노동대학원.

김호경(2000), 『산재보험 중장기 재정추계』, 한국노동연구원.

노동부, 『산재보험사업연보』, 각 연도.

노동부(2000a), 『제1차 산업재해예방 5개년 계획(2000~2004)』, 2000.

노동부(2000b), 『고용보험제의 주요 내용』.

노동부(2000c), 『고용보험 업무편람』.

노동부(2004), 『일본의 노동자재해보상보험법·시행령·시행규칙』.

노동부(2006), 『산재보험제도 개선방안』, 제2차 산재보험제도 발전위원회.

노사정위원회, 『산업재해보상보험제도 개선방안 논의자료』, 2007.

노상헌(2004), 「국민연금법제의 현황과 과제」, 『법제연구』 제27호, 한국
　　　법제연구원.

문원주·조석련(1992), 『산업재해보상보험법』, 법원사, 1992.

박석돈(2005), 『사회보장론』, 양서원.

박승두(1997), 『사회보장법』, 중앙경제사.

법제처(2008), 『헌법과 법제실무』.

박찬용 외(2000), 『사회안전망 확충을 위한 소득보장체계 개편방안』, 한
　　　국보건사회연구원.

방하남·허재준·심규범·강현주·안학순(1999), 『사회보험 통합방안 연
　　　구』, 한국노동연구원.

사회보험통합추진기획단(1999), 『최종회의 결과보고』, 내부자료.

산재보험정책연구회, 『산재보험정책연구』, 제1호, 제2호, 제3호.

신수식(한국사회보험연구소), 산재보험급여체계의 합리적 개선방안에 관
　　　한 연구, 노동부용역보고서, 2005. 12.

신수식(한국사회보험연구소), 보험제도의 도덕적 해이－산재보험을 중
　　　심으로－, 한국노동연구원, 2002.

신태식, 『산재보험제도의 도덕적 해이 개선을 위한 제도적 접근』, 충북
　　　대학교 대학원, 2006.

신태식·김병석(2008), 『산업재해보상 및 방지론』, 형설출판사.

신태식(2009), 『산업재해보상론』, 형설출판사.

심규범, 「사회보험의 적용 및 징수통합방안」, 『사회보험통합방안 연구』,
　　　한국노동연구원, 1999.

오선균, 「개정 산재보험법의 내용과 쟁점 및 평가」, 「노동법포럼」 제2
　　　호, 노동법이론실무학회, 2009. 4.

오선균, 「개정 산재보험법의 내용과 쟁점 및 평가 － ’07. 12. 14. 개정
　　　산업재해보상보험법(법률 제8694호)을 중심으로 －」, 노동법이
　　　론실무학회, 제4회 정기연구발표회 자료집(2008. 9. 20).

유광호(2005), 『한국의 사회보장』, 유풍출판사.

윤조덕(1996), 『산재보험급여 및 관련임금체계에 관한 연구』, 한국노동
　　연구원.
윤조덕(1999), 『산재보험과 노동운동(우리나라와 독일의 비교를 통하여)』,
　　한국노총 중앙연구원.
윤조덕 외(1999), 『사회보험 통합에 대비한 산재보험의 역할 재정립 방
　　안 연구』, 한국노동연구원.
윤조덕 외(2001a), 『산재보험 재활사업의 중장기 발전전략』, 한국노동연
　　구원.
윤조덕 외(2001b), 『산재보험요율 결정 및 제도개선 방안』, 한국노동연
　　구원.
윤찬영(2008), 『사회복지법제론(개정 4판)』, 나남출판.
윤찬영(2007), 『사회복지의 이해』, 학현사.
이경범, 「산재보험급여의 문제점과 개선방안」, 『근로복지포럼(05. 9～10)』,
　　근로복지공단, 2005, 18면.
이광석, 『산재사고 보상과 소송실무』, 백영사, 2009.
이광찬(1999), 『한국산재보험의 문제점과 개혁방향』, 사회복지정책 제9집.
이기영 외(1998), 『산재보험제도 운영주체의 다원화 방안에 관한 연구』,
　　한국조세연구원.
이병태(2007), 『노동법』, 중앙경제사.
이상국(2001), 『산업재해보상보험법』, (주)청암미디어.
이상국(2006), 『산업재해보상보험법』, 대명출판사.
이상국(2006), 『산재보상책임과 구상권의 행사』, 한국학술정보(주).
이승환, 「기본권침해의 직접관련성에 관한 헌법재판소 결정의 정리와
　　체계화 시도」, 헌법논총, 2006. 12. 29.
이완영(2002), 「산재보험제도의 문제점 분석」, 『경영연구(제8권 제1호)』.
이원덕 외(2001), 『고용 및 산재보험의 역할』, 생산적 복지 국제 심포지
　　엄 자료집, 보건복지부.
이익섭(1996), 「산재장애근로자의 실태와 그 대책」, 『21세기 한국산업
　　복지의 방향 모색』, 제10회 연세대학교 사회복지연구소 사회복
　　지학술발표회.
이인재 등, 『사회보장론(개정 2판)』, 나남출판.

이정우, 「산재보험제도 휴업급여의 개선방안에 관한 연구」, 사회보장연구 제23권 제1호, 한국사회보장학회, 2007.

이종익, 「재산권의 보호영역」, 헌법논총, 2005. 12. 26.

이현주 외 5인, 『주요국의 산재보험 급여체계 비교연구』, 한국노동연구원, 2003.

전광석(2004), 「사회보험법의 현황과 과제」, 『법제연구』 제27호, 한국법제연구원.

정종섭(2009), 『헌법학원론(제4판)』, 박영사.

조경배(2004), 「고용보험법제의 현황과 과제」, 『법제연구』 제27호, 한국법제연구원.

조보현(2000), 『산업재해보상보험법』, 홍익재.

최병호·고경환(2000), 『우리나라 사회보장비 현황과 수준 제고방안』, 보건복지포럼, 한국보건사회연구원.

최율(2004), 『산재환자의 도덕적 해이 실태 및 원인분석』, 고려대학교 석사학위논문.

통계청, 『경제활동인구 부가조사(근로형태별, 비임금근로) 결과, (2007년 8월 실시)』.

한경식(2008), 『산업재해보상 및 배상론』, 한국학술정보(주).

한국노동연구원(1999), 『산재보험 선진화 방안과 정책과제』, 한국노동연구원 산업복지연구센터 개소기념 심포지엄.

한국노동연구원(1999), 『산재보험제도 합리화 방안』, 한국노동연구원.

황운희(2008), 『미지급 사회보험급여 연구』, 한국학술정보(주).

허재준(2001), 『고용보험 징수체계 개선방안』, 한국노동연구원.

허재준·유길상(2000), 『일용근로자 고용보험 적용방안』, 한국노동연구원.

헌법재판소, 『실무제요』, 2003. 06. 10.

나. 외국문헌

David Durbin and Pholip S. Borba, Ed., *Workers' Copmpensation Insurance: Claim Costs, Prices, and Regulation*, Kluwer Academic Publishers, 1993.

OECD, *Review of Labour Market and Social Safety−net Policies in Korea*, Paris, 2000.

Peter M. Lencsis, *Workers Compensation: A Reference and Guide*, Quorum Books, 1998.

Social Security Administration, *Social Security Programs Throughout the World*, 1999.

Williams C. Arthur, Jr. *An International Comparison of Workers' Compensation*, Kluwer Academic Publishers, 1991.

國立社會保障・人口問題研究所編,『社會保障制度改革』, 東京大學出版會, 2005.

菅野和夫, 勞働法, 弘文堂, 2008.

勞働省 勞働基準局 勞災管理課,『(三訂新版) 勞働者災害補償保險法』, 勞務行政研究所, 1992.

厚生勞働省/都道府縣勞働基準監督署,『勞災保險制度の概要』, 2009.

厚生勞働省 勞働基準局 勞災補償部 勞災管理課,『勞災保險制度の詳解』, 株式會社 勞務行政, 2004.

厚生勞働省 勞働基準局,『平成19年度 災害補償保險事業年報』.

井上 浩, 勞災補償法 詳說, 經營書院, 2008.

秋元美世 外, 社會保障の制度と行財政, 有斐閣, 2001.

安田純子, "社會保險料・公的料金徵收における效率的な仕組みづくり", 「知的財産創造」, 2007. 7.

日本 厚生勞動省(http://www.mhlw.go.jp) 자료.

寺田 晃, 休業補償給付(休業給付)について, 林材安全, 林材業勞災防止協會, No.707(2008. 1), pp.26−29.

寺田 晃, 勞災保險ABC(第6回)勞災保險における保險給付(2)休業(補償)給付, 働く人の安全と健康, 中央勞働災害防止協會 Vol.56, No.6 (2005/6), pp.581−583.

柳澤 旭, 勞災補償のおける休業補償(給付)と治癒後の復職・所得保障− 神奈川都市交通事件[最高裁一小平成20.1.24判決], 法律時報 Vol.81, No.1(2009/1)(通号 1004), pp.111−114.

柳澤　旭, 勞災補償法における休業補償(給付)の意義と性格－「神奈川
　　都市交通事件」最高裁1小判・平成20年1月24日判決を素材として,
　　山口経濟學雜誌, 山口大學経濟學會, Vol.57, No.3(2008. 9),
　　pp.471－489.

小室　豊, 健康保險,勞災保險,雇用保險 勞働・社會保險に關する『給付』
　　場面の總務のお仕事完全ガイド(第8回・最終回)ビジネスガイド,
　　日本法令, Vol.45, No.1(2008/1)(通号 665), pp.86－101.

勞働調査會, 勞災保險關係の諸樣式(4) 休業(補償)給付は休業4日目か
　　ら支給－休業(補償)給付の請求手續き, 勞働基準廣報 No.1516
　　(2005/9/21), pp.18－22.

勞働調査會, 實務特集/業務上災害に係る勞災保險の給付 休業補償給付
　　は休業4日目から支給, 勞働基準廣報 No.1510(2005/7/21), pp.6－
　　10, 15－16.

東京社會医學研究センター, 資料 勞災保險休業(補償)給付の請求手續
　　き(特集 わかりやすい勞災補償Q&A60), 勞働と医學 No.74(2002/7/5),
　　pp.55－58.

이승길 ....

▍약 력

　성균관대 법과대학 및 동대학원 졸업(법학박사)
　한국경영자총협회 노동경제연구원 연구위원(전)
　산업연구원 연구위원(전)
　경기지방노동위원회 공익위원(심판)
　서울중앙지방법원 조정위원(노동)
　국무총리실 행정심판위원회 위원
　고용보험심사위원회 위원
　산재보험심사위원회 위원
　아주대학교 법학전문대학원 교수(노동법)

▍주요 논저

　『성과주의인사와 임금법제』(2005)
　『노동법의 쟁점사례』(2007)
　『합리적 산재보험의 정책방안 연구』(2009)
　「임금채권보장제도 실태분석 및 개선방안 연구」
　「일본에 있어 임금채권보장법의 동향」
　「휴업급여제도 개선방안 연구」
　외 다수

이상국 ....

▍약 력

　단국대학교 대학원 법학과 졸업(법학박사)
　공인노무사 제3회 합격(1991년)
　동아대학교 법학과 겸임교수(전)
　강원지방노동위원회 심판위원(전)
　서울지방노동위원회 조정위원(현)
　한국서비스정책연구원 연구위원
　선우상선주식회사 상무이사

▍주요 논저

　『산업재해보상보험법』(2006)
　『징계권행사와 법률지식』(2008)
　『사회보험법』(2009)
　「산재보험급여의 구상권에 관한 연구」(박사학위논문)
　「사용자의 징계권에 관한 연구」(2008, 한양법학회)

이희자

▌약 력

성균관대학교 대학원 법학과 졸업(법학박사)
공인노무사 제2회 합격(1989년)
세명공인노무사 사무소 소장

▌주요 논문

「과로성 재해에서의 건강배려의무」(2008, 성균관법학)
「과로성 재해의 업무상 재해 인정기준」(2009, 노동법포럼)
「산업재해보상보험법상 업무상 재해의 인정기준에 관한 연구」(박사학위논문)

황운희

▌약 력

아주대학교 대학원 법학과 졸업(법학박사)
오산대학 강사(전)
수원 신한노무법인 대표노무사
아주대학교 법학전문대학원 겸임교수
근로복지공단 업무상질병판정위원
중소기업청 규제개혁영향평가자문위원

▌주요 논저

『노인복지시설의 행정 및 시설관리』(공저: 2004)
『행정지원직군 도입에 관한 법적, 제도적 정책 연구』(공저: 2007)
『미지급 사회보험급여 연구』(2008, 한국학술정보)
「산재보험의 유족급여 수급권자 결정에 관한 연구」(2002, 석사학위논문)
「산업재해보상보험 미지급보험급여의 상속법리에 관한 연구」(2007, 박사학위논문) 등

안말수 ··

▌약 력

　숭실대학교 노사관계대학원 노사관계학과 졸업
　공인노무사 제2회 합격(1989년)
　서울지방노동위원회 알선위원(전)
　열린노무법인 대표노무사(전)
　국민권익위원회 노동상담 전문위원
　산재보험재심사위원회 위원

▌주요 논문

　「우리나라 고용보험제도의 효율적인 실시방향에 관한 연구」(1995, 석사학위논문)
　「과로사와 산재보상」(2001, 한국노동연구원)

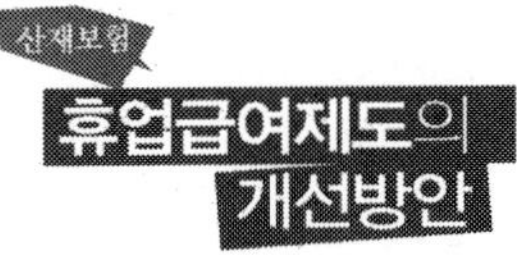

초판인쇄 ｜ 2010년 7월 12일
초판발행 ｜ 2010년 7월 12일

지 은 이 ｜ 이승길, 이상국, 이희자, 황운희, 안말수
펴 낸 이 ｜ 채종준
펴 낸 곳 ｜ 한국학술정보㈜
주　　소 ｜ 경기도 파주시 교하읍 문발리 파주출판문화정보산업단지 513-5
전　　화 ｜ 031) 908-3181(대표)
팩　　스 ｜ 031) 908-3189
홈페이지 ｜ http://ebook.kstudy.com
E-mail ｜ 출판사업부　publish@kstudy.com
등　　록 ｜ 제일산-115호(2000. 6. 19)

ISBN　　978-89-268-1155-9 93360 (Paper Book)
　　　　978-89-268-1156-6 98360 (e-Book)

내일을여는지식 ■ 은 시대와 시대의 지식을 이어 갑니다.

이 책은 한국학술정보(주)와 저작자의 지적 재산으로서 무단 전재와 복제를 금합니다.
책에 대한 더 나은 생각, 끊임없는 고민, 독자를 생각하는 마음으로 보다 좋은 책을 만들어갑니다.